죽을 듯 사랑해 결혼하고
죽일 듯 싸우는 부부들의 외침

나는 다른 사람과 살고 싶다

이주은의 부부 상담 에세이

● 일러두기
　상담 사례에 등장하는 이름은 사생활 보호를 위해 모두 가명을 사용하였습니다.

차례

1 우리 부부, 독립 만세 8
결혼은 집안 대 집안의 만남이 아니라 한 남자와 여자의 결합

내가 어떻게 키운 아들인데 - 자녀 부부의 결혼 생활에 개입하는 부모 11

가엾은 우리 엄마 - 행복한 결혼 생활에 죄책감을 갖는 딸 24

시집에 잘해야 좋은 부인인가 - 결혼 후 아내, 엄마, 며느리로만 살기를 강요한다면 34

둘만의 세상 - 부부는 의견 일치, 부모님과는 의견 불일치 44

좋은 며느리의 조건 - 세상 모든 며느리가 처음에는 좋은 며느리를 꿈꿨다 53

캥거루족 - 결혼 후에도 부모에게 받는 걸 당연하게 여기는 철부지 65

2 존중한 그대, 존중받으리 74
존중하는 마음이 결혼 생활을 견고하게 하는 접착제이자 보존제

남편의 도리, 부인의 도리 – 내가 받기 원하는 만큼 배우자도 원하는 바가 있다 77
밑지는 결혼 – 배우자에게 인정받지 못할 때 가장 슬프다 87
남편은 초혼, 부인은 재혼 – 한 사람의 희생으로 유지되는 아픈 결혼 생활 96
겉은 부부, 속은 남남 – 심리적 별거가 물리적 별거보다 위험하다 104
당신이 뭘 안다고 그래 – 배우자의 목소리에 귀 기울이지 않는 사람들 116
시집왔으면 당연히 – 전통과 관습의 가치가 부부의 행복보다 중요한가 126

3 혼자 피는 꽃이 어디 있으랴 136
부부는 인생을 함께 걸어가는 동반자이다

슈퍼우먼 부인 – 할 수 있는 일과 할 수 없는 일은 분명하게 표현할 것 139
나는 다른 사람과 살고 싶다 – 배우자와 정서적 교감이 이루어지지 않을 때 147
이혼, 두 번은 못할까 – 마음을 바꾸지 않으면 상대를 바꾼다고 해서 달라지지 않는다 156
남자의 자격 – 가장으로서 모든 짐을 짊어지는 게 남자인가 165
동상이몽 – 함께 만든 목표, 돌아가더라도 둘이 발맞추어 나가길 174
그렇게 공부 잘하던 우리 아들이 – 부부 관계가 자녀에게 미치는 영향 182
외로운 부부 – 함께 살아도 외로움을 느낀다면 189

4 함께 있되 거리를 두라 198
부부, 서로 다름을 인정하기

이런 사람인 줄 정말 몰랐다 - 살아온 환경이 다르니 다를 수밖에 없다 201
관심이라는 이름의 구속 - 결혼은 사랑을 소유하려고 하는 것이 아니라, 나누려고 하는 것 210
나만 쳐다보지 말고 애나 낳지 - 결혼 생활은 핑크빛 물든 판타지가 아니다 219
남편이 내 말을 안 들어요 - 배우자의 영역을 인정해주고 사랑받고 싶은 마음도 알아주기 228
내조의 여왕을 꿈꾸다 - 배우자의 성공이 곧 나의 성공이라고 생각하는 삶 236
나는 집에서 뭘까 - 원하는 모습이 아니라 있는 그대로의 모습을 사랑하기 244

5 아름답고 소중한 성 254
온 마음으로 사랑하고, 온몸으로 표현하라

사랑하지만, 아내를 사랑하지만 - 정신적인 사랑 VS 육체적인 사랑 257
나를 피하는 남편 - 성생활이 부담이 되어버린 부부들 266
결혼 전이 문제라고 - 자신의 약점 때문에 배우자를 의심하는 투사 심리 275
남자는 힘 - 혼자 만족하기보다 함께 행복할 수 있는 284

에필로그 292

1. 우리 부부, 독립 만세

결혼은 집안 대 집안의 만남이 아니라
한 남자와 여자의 결합

옛말에 결혼은 집안 대 집안의 만남이라고 했다. 그 때문일까? 결혼 생활을 하는 부부를 보면 남자 가족 대표 선수 남편과, 여자 가족 대표 선수 부인이 살고 있는 듯한 모습을 보일 때가 있다. 그들의 대화를 보면 "당신네 집 사람들은 정말……", "당신 어머니는 어쩜……" 하고 불만을 토로하다 결국 큰 갈등이 일어나고, 그 갈등을 풀어보려 해도 각 집안의 코치를 받다가 결국 해결하지 못한다. 과연 결혼이 집안 대 집안의 만남일까? 물론, 어떤 면에서는 그렇다. 하지만 궁극적으로 결혼은 한 남자와 한 여자가 만나 독립된 가정을 이루는 것이다. 결혼 생활에 있어 사랑 · 신뢰 · 존중 모두 중요하지만, 이에 앞서 부부가 예전 원가족에서 독립해 새로운 가정을 이루었다는 의식이 우선되어야 하지 않나 싶다. 이것이 선행될 때 사랑도 유지되고, 신뢰도 쌓을 수 있고, 존중도 가능한 것이다.

내가 어떻게 키운 아들인데

자녀 부부의 결혼 생활에 개입하는 부모

우리 부모님 여행갈 때는 용돈 한 푼 안 드리더니

현재 우리는 각 방을 쓰고 있다. 대략 보름 정도 되어가는가 보다. 성관계를 안 한 지도 꽤 되었고 지난달부터 사다놔야 했었던 콘돔은 이제 사러 가야 할 필요가 있을까 싶다. 남편은 분명 나를 아끼고 사랑하는 사람이다. 지금도 그렇다고 믿고 있다. 남들이 부러워하는 안정된 직장에 좋은 아파트와 차……. 그런데 어디서부터 잘못된 걸까?

시어머니는 시도 때도 없이 내 휴대전화로 전화를 하신다. 그럴 때마다 머리가 쭈뼛 선다.

"예, 어머니……."

"얘, 너 어디니? 또 나갔니? 집에 전화했는데 안 받아서 휴대전화로 했다. 뭐 하니?"

"예, 친구가 결혼식 준비하는데 뭘 좀 같이 봐달라고 해서요. 잠깐 친구 만나고 있어요."

"또 친구냐? 넌 참 친구도 많다. 그래 언제 집에 들어갈 거니?"

"잘 모르겠어요. 재훈 씨 만나서 집에 같이 들어가려고요. 무슨 일 있으세요, 어머니?"

"얘, 네가 그렇게 재훈이를 귀찮게 하면 걔가 신경 쓰여서 어디 일이나 제대로 하겠니? 그건 그렇고, 네 시아버지께서 다음 주에 누굴 좀 만나러 가셔야 하는데 와이셔츠랑 넥타이가 마땅치 않구나. 이번 주말에 백화점에서 하나 사갖고 와라. 사이즈 알지?"

"……."

"왜 대답을 안 해?"

"예……."

"매번 너 친구 만나는 데 재훈이 좀 불러내지 마라. 그 녀석도 물러 터져서, 쯧. 끊는다."

시어머님은 매번 이런 식이었다. 이렇게 시집 스케줄에 맞추어 우리 부부를 조종하려 들고 물질적인 요구도 당연시한다. 심지어 얼마 전에는 시아버지 차에 문제가 있다면서 차까지 바꿔주길 바랐다. 우리 사는 집이 작으니 큰 집으로 옮겨야 하지 않겠느냐는 둥, 차도 더 좋은 걸로 타라는 둥 간섭도 이만저만 아니다. 시어머니가 이러시는 게 친정이 넉넉한 편이라 뭔가 더 해주길 기대하기 때문인 것 같고, 그 점 때문에 더

화가 난다. 지금 사는 아파트, 남편이 모는 차, 그리고 살림살이 모두 친정에서 마련해준 것이다. 그런데도 시어머니의 요구는 끝이 없다. 그런 말을 들을 때마다 너무 기가 막히고 불편한데 남편은 그저 "예, 예" 하며 그냥 듣고만 있다. 이런 일 때문에 남편과 싸운 적이 한두 번이 아니다. 남편은 부모님께 더 잘해드려야 하는데 그럴 수 없어 마음이 아프단다.

한번은 시어머니가 어버이날 유럽 여행을 가고 싶다고 하셨다. 남편은 그때도 "예, 보내드려야죠"라고 대답했다. 유럽 여행이 한두 푼 드는 것도 아닌데, 상의 한마디 없이 그 자리에서 바로 보내드린다고 말하는 것이 너무 화가 나서 그날부터 3일 동안 남편과 말을 하지 않았다. 하지만 남편은 나를 달래주거나 미안해하기는커녕 오히려 화를 내며 같이 입을 꾹 다물고 있었다. 그러다가 4일째 되는 날 남편 입에서 나온 말에 나는 정말 기가 막혔다.

"장인 장모님은 전 세계 안 가본 데 없이 다 여행해보셨지만, 우리 부모님은 몇 년 전에 태국 한 번 다녀오신 게 다야. 이번에 우리 적금 해약해서 보내드리자."

남편의 말에 화도 나지 않았다. 오히려 하염없이 눈물이 났다. 언제까지 그렇게 부모님을 위해서만 살아갈 거냐고, 장인 장모 여행 갈 때는 용돈 한번 쥐어드린 적 없으면서 어떻게 그럴 수가 있느냐고 울면서 묻는 내게 남편은 "부모님 해외여행 한번 보내드리자고 한 게 뭐가 그렇게 서럽게 울 일이야?"라며 오히려 화를 냈다.

그래 나도 안다. 남편과 시어머니 사이가 일반 모자들보다 각별할 수밖에 없다는 것을. 남편은 셋째 아들이다. 위로 형이 둘 있지만 배다른 형제이다. 시어머니는 시아버지의 둘째 부인이다. 그러다 보니 어머니는 하나밖에 없는 아들에게 의지하며 둘째 부인으로서 받는 설움을 이겨냈고, 남편 역시 어렵고 무서운 아버지보다 어머니를 더 많이 따랐다.

그렇더라도 이건 너무 심하다. 결혼 전에는 그러지 않더니 결혼하자마자 나보다 시어머니를 더 챙기고, 효도를 강요하고, 심지어 친정 힘까지 빌려가며 시부모님에게 효도를 해야 하는 이 상황을 더 이상 참을 수가 없다.

부모님이 사시면 얼마나 더 사신다고

부모님은 부족한 게 많은 내게 의지를 하신다. 더욱이 아버지 연세가 많아 더 신경이 쓰이는 게 사실이다. 형들이 있긴 하지만 부모님을 돌볼 자식은 현실적으로 나 하나뿐이다. 형들은 명절 때나 생신 때 잠깐 들러 얼굴만 비추고 그마저도 안 올 때가 더 많다. 아버지가 큰어머니와 이혼을 하신 뒤 형들과 함께 살지 않았고, 형들도 큰어머니를 챙겨야 하니까 어쩔 수 없을 것이다. 그런 걸 생각하면 부모님이 더 불쌍하고 안쓰럽다. 게다가 넉넉하지 못한 형편에 나를 키우느라 애쓰셨기 때문에 늘 감사하는 마음이다. 그런 마음으로 나는 공부도 열심히 했고, 부모님께 자랑스러운 아들이 되려고 노력했다.

그런데 문제는 아내다. 부모님과 얼굴 붉히지 않고 좋게 넘어가도 되는 일을 사사건건 따지고 신경질 내고 날이 서서 예민하게 군다. 좀 더 잘살고 능력 있는 집에서 나누며 사는 게 잘못된 건 아니라고 생각한다. 만약 입장이 바뀌어서 우리 집이 더 잘살고 처갓집 살림이 어렵다면 난 얼마든지 도왔을 것이다. 이렇게까지 내가 아내의 눈치를 보고 살아야 하는지, 그리고 이런 일로 부부 상담까지 받아야 하는지 한심할 뿐이다.

아내는 친구 소개로 만났다. 처음 봤을 때부터 내 여자라는 생각을 했고, 오랜 연애 기간 동안 사랑을 키우다 결혼했다. 아내는 장점이 많은 여자였고 무엇보다 처갓집이 경제적으로 넉넉한 편이라 내게 해준 게 많다. 솔직히 처갓집이 궁색하지 않아서 좋았다. 장인 장모님 두 분 다 좋은 분이고 나를 믿어주고 기다려주시는 분들이다. 그런 면에서는 난 정말 운이 좋은 놈이다. 그래서 나도 장인 장모님과 함께하는 시간도 자주 갖고 감사하는 마음을 전하려고 노력한다.

하지만 아내는 우리 부모님 집에 가는 것 자체를 싫어한다. 물론 어머니가 잔소리를 많이 하고 간섭도 하는 편이긴 하지만 지나치게 심한 것도 아니고, 어른이 걱정돼서 하는 말씀이니 들어드릴 수도 있는 거 아닌가? 그리고 부모님이 사시면 얼마나 더 사신다고, 어른들께 그렇게까지 예민하게 굴지 않았으면 좋겠는데……. 두 분이 적적하시니까 주말에 좀 찾아뵙고 같이 한 끼 정도 식사하고 오는 게 아내는 그렇게 싫은가 보다. 이제는 마지못해 앉아 있는 듯한 아내의 표정을 보는 것도 싫고, 부모님을 힘들게 해드리는 것 같아 마음이 불편해서 가자고도 못하겠다. 그렇다고 혼자서 갈 수도 없는 일이다.

아내가 결혼하면서 다니던 직장을 그만두고 집에만 있으니 더 예민해진 것 같다. 사회생활을 해야 세상도 알고 마음도 더 넓게 쓸 수 있을 것 같다. 그러면 우리 부모님에 대해서도 좀 더 너그러운 마음을 갖지 않을까?

결혼한 후 愛

부모님께 어떻게 효도할지는 부부가 상의해서 결정

결혼 2년차, 30대 초반의 이 부부는 마냥 행복할 줄만 알았던 결혼 초기부터 이상하게 부딪히고 감정이 쌓이다 보니 아직 아기를 가질 생각도 하지 못했습니다. 결혼 후 처음에는 부부 두 사람만으로도 혼란스럽습니다. 연애할 때는 놀러 다니고 맛있는 거 먹고 서로에게 좋은 이야기만 해주니 둘이 있는 게 마냥 좋기만 했을 테지요. 하지만 함께 일상을 살아간다는 것은 그것과 다른 현실입니다. 이제 각자 남편으로서 부인으로서의 역할이 요구됩니다. 거기에 남편의 가족, 부인의 가족까지 나의 가족 범위 안에 들어오게 되면 그 혼란은 가중되겠지요.

두 사람이 사랑하고, 아무리 오랫동안 교제하며 서로 이해하고 있더라도 결혼 후 갈등이 벌어지는 이유는, 결혼과 연애는 엄연히 다르다는 것을 뒤늦게 깨닫기 때문입니다. 그중 가장 다른 것은 '관계 맺음'이라고 할 수 있습니다. 연인 관계는 말 그대로 연인 두 사람만의 관계이지만 부부 관계의 '관계' 안에는 수많은 사람이 얽히고설켜 있게 마련입니다. 시부모와의 관계, 장인 장모와의 관계, 시누이와의 관계, 형님 동서와의 관계……. 그러나 이 수많은 관계 중 가장 중요한 관계는 '부부 관계'입니다. 이러한 관계 맺음을 잘못할 경우, 가장 중요한 '부부 관계'에 치명적인 상처를 받을 수 있음을 알아야겠습니다.

이 케이스에서 친정 부모는 결혼한 딸 부부를 아끼고, 아파트와 차를 마련해주었지만 일상생활에서의 개입은 없습니다. 그러니 부인 입장에서는 시부모가 친정 부모의 반만이라도 됐으면 좋겠다는 생각이 들 수 있고, 오죽 부담스럽고 힘들었으면 그런 생각을 할까 싶기도 합니다. 시어머니의 잦은 전화나 주말마다 의무가 되어버린 시집 방문 등으로 부부 둘만의 시간을 갖지 못하고 방해받는 것은 분명 문제가 있습니다. 게다가 앞으로도 시부모님은 아들 며느리에게 계속 이렇게 원하실 터이니까요.

이럴 경우 부부는, 효도를 바라는 부모님께 어느 정도 효도를 할지

의논해서 결정해야 합니다. 부모가 원하는 수준의 효도는 부모님의 바람일 뿐이니까요. 어떤 식으로 어느 정도 시간을 내서 효도할 수 있는지는, 반드시 부부가 상의해서 정해야 합니다. 여기에 부모님의 의사는 '참고 사항' 정도가 될 수 있습니다.

지금 이 부부와 같은 상황은 결혼을 했어도 부부가 주체가 되어 사는 것이 아니라, 부모님 중심으로 사는 것과 다르지 않습니다. 결혼했으면 반드시 부부 중심으로 살아야 합니다. 부모님 부부 역시 부부 중심으로 살아야 하고요.

그런데 참 이상하지요. 남자들은 결혼 전에는 개인주의로 가족은 나 몰라라 하고 살다가 결혼과 동시에 갑자기 가족주의자로, 효자로 변하곤 합니다. 그 내면에는 아들로서 남편으로서의 의무를 다해 주위의 기대에 부응하고 싶은 심리, 즉 외부에 기혼자로서 모범이 되는 모습을 '보여주고 싶은' 심리가 있습니다. 이런 모습에 새내기 부인은 당황할 수밖에 없습니다. 연애 때 나만 바라보고, 나만 사랑하고, 나만 있으면 된다고 달콤하게 속삭이던 남자가 결혼하자마자 부인보다 부모님, 형제, 친지를 더 우선순위에 두니 말입니다. 그뿐만 아니라 그런 행동을 부인에게까지 강요합니다. 그럴 때 부인은 남편에게 "결혼한 뒤 변한 것 같아. 나 아직도 사랑해?"라고 물을 수밖에 없지요. 당연히 사랑한다고 대답하지만, 말만 그렇게 하고 행동은 부인을 가장 뒷전으로 내몰고 있는 남편이 못미더워집니다. 여기서 갈등이 생기곤 합니다.

실제 이 케이스의 남편도 그랬습니다. 결혼 전에는 부모님께 지금처럼 마음을 쓰지 않았다고 합니다. 하지만 결혼을 하고 나니 부모님, 특히 어머니에 대한 안쓰러운 마음이 생기게 된 것입니다. 그리고 자신의 몫까지 아내가 잘해드리기 바랐습니다.

부모님의 행복을 위해 부부 관계를 희생 마라

이 케이스의 시부모님 부부 관계는 그다지 원만하지 않습니다. 표면상으로 두 분이 같이 사시니 편안한 것 같지만 실상 그렇지 않은 것이지요. 한동안 첩으로 살았던 시어머니는 당시 남편이 외도를 해서 자신을 만났던 것처럼, 또 다른 여자를 만나지 않을까 불안해하며 살았습니다. 늘 남편을 의심해왔고, 그러다 보니 남편은 이름만 남편이었을 뿐 심리적인 의지 대상은 아들이었습니다. 두 분의 부부 관계가 그다지 결속력이 없기 때문에 당신의 하나뿐인 아들만 바라보고 있는 상황이 된 것입니다. 다시 말해 부모님에게는 두 사람의 연결 고리인 아들이 반드시 필요합니다. 장가를 보냈으니 이제는 아들 내외가 되는 것이지요.

어머니는 아들 내외 없이는 부부 관계를 유지할 자신이 없습니다. 그러다 보니 크고 작은 일이 생길 때마다 아들 며느리에게 연락을 합니다. 하다못해 집안의 베란다 정리도 아들 내외가 와야 하겠다는 생각을 갖습니다. 한 주는 냉장고 정리, 한 주는 묵은 카펫 세탁, 한 주는 집안 창틀 청소 등……. 나름대로 매우 효율적으로 아들 내외를 불러들일 구실을 만듭니다.

상황이 이렇게 되면서 이 부부에게 문제가 생긴 것입니다. 가장 위험한 것은 시집에 대한 스트레스로 부인의 말 수가 점점 줄어든 점입니다. 시집에 가면 당연히 부부간의 대화는 할 수 없는 상황이고, 냉랭해진 부부는 집에 와서까지 남편은 컴퓨터와 텔레비전 앞으로 부인은 혼자 방으로…… 이렇게 냉기가 흐릅니다. 그런 날은 잠자리에 들 때도 한 침대를 사용하는 것 자체가 껄끄러워지게 되는 상황까지 가게 됐습니다. 부인의 말 수가 줄어드는 것은 상당히 위험한 사인입니다. 그나마 부부 싸움을 하면 울고불고 거친 말이 오가더라도 그 가운데 설득도 하고 화해도 가능하지만, 이렇게 대화 자체를 단절하고 거부해버리면 관계 회복이 어려워지는 것은 자명합니다.

부부 상담을 하는 동안 남편과 상담 진행이 쉽지 않았습니다. 남편이 가지고 있는 부모님에 대한 마음이 상당히 애잔했기 때문입니다. 아들 내외가 오기만을 일주일 내내 목을 빼고 기다리는 부모님인데 어떻게 실망을 드릴 수 있느냐며 몹시 괴로워했습니다. 연세도 많고 날로 건강도 쇠약해지시는데, 무엇보다 며느리를 그렇게 아끼시는데 어떻게든 자주 찾아뵙고 집안일도 도와드리는 것이 자식 된 도리 아니냐며 촉촉해진 눈으로 애틋한 마음을 반복해서 내보였습니다.

이렇게 시부모와 며느리 관계가 서먹해질 때 실상 괴로움을 당하는 것은 며느리보다 아들입니다. 따라서 당신들로 인해 아들이 훨씬 괴로워진다는 사실을 부모님이 아셔야 합니다. 대부분 이 땅의 시부모들은 당신들의 문제를 인정할 자신이 없어 가장 쉬운 방법을 택합니다.

즉, 예로부터 보편타당하게 여겨온 유교적 정서를 내세우는 것이지요. 부모의 말에 불응하면 불효하는 괘씸한 며느리로 몰아 심리적 제압을 하려 합니다. 그리고 불효를 당한 당신들이 피해자인 양 동정 어린 관심을 불러 일으켜 아들뿐만 아니라 주변 지인들과 친지들의 공감대까지 이끌어냅니다.

이러니 며느리의 마음이 상하는 것은 당연하고, 시집에 가는 자체를 꺼리고 싫어할 수밖에 없습니다. 그럴 때마다 남편은 전전긍긍하며 부모님과 부인의 눈치를 살피다 고립감마저 갖게 됩니다. 유사 케이스에서 정리하면, 남편은 '불행'하고 부인은 '불편'하며 자녀는 '불안'합니다. 부모님께 효를 하는 것은 마땅하나 이로 인해 소중한 자신의 가정을 제물로 바쳐 공중분해시킬 수는 없습니다. 효도보다 우선순위는 마땅히 부부 관계입니다. 그래야 정말 제대로 된 효도를 할 수 있습니다.

아들의 효심이 잘못되었다는 것은 아닙니다. 하지만 절대적으로 보호해야 하는 것은 당연히 부부 관계임을 강조하고 싶습니다. 부모님의 유일한 기쁨이 아들이기 때문에 신경을 쓸 수밖에 없다고 생각한다면, 정작 우리 부부가 해체되는 위기까지 갈 수 있음을 경고합니다.

부부 사이에 누구도 개입시키지 않기

결혼 생활에 어떤 색을 입히고 어떤 모양으로 살까 하는 계획에 부부 외에 그 누구도 개입시켜서는 안 됩니다. 왜일까요? 우선 부부 외에는 그 누구도 왈가왈부할 자격조차 주어지지 않기 때문입니다. 바꿔 말하면, 부모님 부부 관계에도 자녀가 개입해서는 안 됩니다. 부부 관계, 부부생활을 만드는 주체는 딱 두 사람, 남편과 부인뿐입니다. 부모님이 원하는 대로 다 해드릴 수 있다면야 좋겠으나, 부모님의 요구 사항이 부부의 갈등을 유발하게 된다면 그것은 조속히 조절을 해야 합니다.

또한 부모님들의 이중 메시지를 잘 구별해 들어야 합니다. 대부분의 부모님들은 입으로는 "너희들만 잘 살면 된다"고 하시며 자녀 가정에 사사건건 개입합니다. 이것이 바로 이중 메시지입니다. 부모님 입장에서 정말 자녀 부부가 잘 살기를 원한다면 "우리 부부도 바쁘다, 신경 쓰지 말고 너희 재밌게 지내라"라고 하시길 부탁드립니다. 그래서 며느리의 마음이 편안해지고, 그런 부모님이 고마운 마음에 자녀 부부가 부모님을 스스로 찾게 되는 것이 바람직하겠지요. 부모님들은 자녀 부부가 찾아 왔을 때 한 가지만 하면 됩니다. "어서 와라, 너희들 봐서 참 좋다, 이렇게 와줘서 참 고맙다." 이렇게 반기고 칭찬하며 고마움만 표현하면 자녀 부부들은 더 잘하게 되어 있습니다.

남편은 부인에게 "우리 부모님 때문에 마음고생이 많지? 아까 어머님이 하신 말씀, 마음 많이 상했지?" 하며, 부인의 어려움을 인정하고 알아주어야 합니다. 그리고 부모님 집 주말 방문도 부부의 시간이 필요할 때는 갈 수 없다고 말씀드려야 합니다. 이때 물론 남편이 적극적으로 나서야겠지요. 당장 처음에야 불같이 화도 내실 테고 며느리가 잘못 들어와서 내 아들이 저렇게 됐다 불만을 토로하실 겁니다. 그래도 어머니 뜻을 다 수용할 수는 없다는 태도를 보이실수록 근본적인 문제가 며느리에게 있는 것이 아님을 증명할 수 있습니다. 그런 분노는 실상 어머니의 내적인 자기 불안으로 인한 두려움에서 나오는 행동일 뿐입니다. 어머니의 불안한 마음에 아들이 일일이 장단 맞출 수 없으며, 며느리가 따라 춤출 수 없습니다.

궁극적으로 혈육 관계는 어떠한 식으로든 회복되게 되어 있습니다. 아들이 분명하게 부부의 삶이 중요하다고 밝힐 때 부모님은 아들 가정을 존중하게 될 것입니다. 부모님이 자녀의 결혼 생활에서 밖으로 나가야 행복할 수 있다는 것을 자녀 입장에서는 정중히 알려드려야 하는 이유가 또 있습니다. 그렇게 하는 것이 부모님 두 분도 당신 부부 중심으로 더욱 돈독해질 무언가를 찾으며, 건강한 삶을 사실 수 있기 때문입니다. 노부부 두 분이 서로의 건강도 더 챙겨주고 보살피는 케이스는 어렵지 않게 볼 수 있습니다.

가엾은 우리 엄마

행복한 결혼 생활에 죄책감을 갖는 딸

이제라도 장모님과 살지

아내는 홀어머니 슬하에서 자란 외동딸이다. 그래서 그런지 장모님을 생각하는 마음이 각별하다. 나와 결혼할 때는 장모님께 정말 잘하겠다는 다짐을 요구할 정도였다. 그런 아내의 마음이 애틋하게 느껴져 나 역시 사위 된 도리를 다할 것을 약속했다.

그런데 살다 보니 장모님께 잘해야 하는 정도가 어디까지이며, 사위 된 도리가 어느 정도인지 정말 모르겠다. 매주 주말이면 장모님 집에 가는 것은 기본이고, 여행이든 외식이든 늘 장모님과 함께이다. 게다가 맞벌이하는 우리 부부를 도와준다는 명목으로 아침저녁 시도 때도 없이 오시는 장모님 때문에 내 집이지만 편하게 쉴 수도 없다. 그리고 집안 구조나 살림을 장모님 방식으로 바꾸시기 때문에 우리 집 모양이 장모님 댁하고 똑같아지고 있다.

한번은 이런 일이 있었다. 어느 날 퇴근하고 돌아왔는데 장모님이 내가 결혼 전부터 수집해온 애장품 미니카를 박스에 넣어 모두 베란다에 내놓으셨다. 애도 없는데 장난감이 너저분하게 거실을 차지하고 있어 보기 좋지 않다고 하셨다. 장모님 댁도 아니고 내 집에서 취미 생활도 할 수 없다는 게 너무 답답하다. 그래서 그날 장모님께 그러지 않으셨으면 좋겠다고 말했더니 아내는 발끈했다. "혼자 사는 우리 엄마가 얼마나 불쌍한데 그렇게 몰아붙이냐"며 아내는 하루 종일 서럽게 울었다. 그럴 때 보면 아내는 내 사람이 아니라는 생각에 씁쓸해진다. 그냥 이제라도 장모님하고 살지, 나랑 왜 사나 하는 생각이 들 정도다.

이런 부분은 그래도 결혼 전 약속도 있고, 사위로서 장모님께 잘해야 하기 때문에 참아보려고 하는데, 이것 외에도 아내의 구속 때문에 숨이 막혀 이제 못살 것 같다. 연애 때도 아내는 내 휴대전화에 자주 손을 댔다. 이 문자 내용은 뭐냐부터 보낸 사람이 누구냐까지 꼬치꼬치 묻곤 했다. 그럴 때마다 일일이 설명해야 하는 상황이 좀 짜증스러웠지만, 그래도 나에 대한 애정과 관심의 표현이려니 하면서 넘겼다. 그런데 결혼 후에도 이 버릇은 멈추지 않았다. 밖에서 친구라도 만나고 있으면 전화를 걸어 화상으로 주변을 확인하려 든다. 이렇게 친구를 만날 때마다 회식을 할 때마다 아내가 민감하게 구는 탓에 이젠 친구들과도 거의 연락이 끊긴 상태이고 회사에서도 마누라에게 꽉 잡혀 사는 인간으로 낙인 찍혔다. 집에 가도 내 집 같지 않고, 밖에 나가면 감시당하고……. 정말 어디 하나 내가 편안하게 머물 곳이 없다.

우리 엄마는 혼자인데

내가 남편에게 바라는 건 우리 엄마한테 잘하는 것과 나에게 신뢰를 주는 것인데 남편은 그 정도도 못해준다.

엄마 생각을 하면 마음이 아프다. 혼자 사는 엄마는 내 마음의 어둡고 묵직한 그림자이다. 부모님은 내가 고등학교 졸업 즈음 이혼하셨다. 두 분이 심하게 싸운 어느 날 엄마가 아버지 옷과 물건을 현관 밖으로 내놓았고, 아버지는 그 길로 집을 나가셨다. 그리고 얼마 지나지 않아 이혼을 했다. 평범하다고 생각한 내 삶에 엄청난 폭풍이었다. 그때까지 나는 부모님이 그렇게까지 사이가 나쁘신 줄 모르고 있었다. 아버지는 집을 떠나면서 "어린 너에게 상처를 주지 않기 위해 참고 살아왔다. 너도 곧 성인이 될 테니, 이런 아빠를 이해해다오"라고 하셨다.

내가 기억하는 아버지는 마음이 따뜻하고 자상하신 분이었다. 나를 참 예뻐하고 잘 이해해주셔서 학교생활, 친구들과의 일을 다 털어놓고 의논하기도 했다. 그런 아버지가 나와 엄마를 떠났다는 것을 받아들이는 데는 많은 시간이 필요했다.

그 뒤 아버지는 재혼을 했고, 내게 가끔 연락도 하신다. 처음에는 아버지를 용서할 수 없을 것 같았다. 하지만 나이가 들면서 차차 아버지를 이해할 수 있게 되었고, 지금은 내가 먼저 연락을 드릴 때도 있고, 뵙기도 한다. 매번 뵐 때마다 느끼지만 참 다행히도 아버지는 젊고 의욕 있게 잘 사신다.

내가 아버지와 연락하는 걸 알면 엄마는 딸한테도 배신을 당했다고 생각하실 거다. 엄마도 아버지처럼 행복하게 사셨으면 좋겠는데, 아직도 아버지에 대한 적대감에서 벗어나지 못하고 괴로워하신다. 게다가 몇 년 전에 외할머니가 돌아가신 후 엄마는 외삼촌들과 가까운 친척과도 싸우고 의절을 하다시피 살아오셔서 그나마 의지할 데가 나밖에 없다. 명절 때도 갈 곳도, 오는 사람도 없이 그냥 집을 지키고 있을 엄마 생각에 마음이 어둡다.

지금 돌이켜보면 부모님은 오래도록 각 방을 사용했다. 내가 엄마와 한 침대에서 자고 아버지는 작은방에서 혼자 주무셨다. 엄마가 나를 붙잡고 잔 건지, 내가 엄마를 붙잡고 잔 건지 기억은 잘 안 나지만, 내가 부모님 사이를 더 갈라놓은 건 아니었을까 싶어 이렇게 다 크고 결혼을 하고 보니 마음이 쓰인다.

남편이 이런 내 마음을 조금만 이해해줘도 내가 이렇게 힘들지 않을 테고, 우리가 싸우는 일은 없을 것이다. 엄마가 그랬다. 아무리 착하고 성실한 남자도 시간이 지나면 다 똑같아진다고. 역시 엄마 말이 맞는 것 같다. 남편은 우리 엄마에게 잘하겠다는 약속만 어기는 것이 아니라, 일상생활에서도 나와 한 약속을 지키지 않는다. 내가 혼자 있는 걸 뻔히 알면서도 친구만 만나면 정신을 못 차리고 나와 약속한 시간을 어기고 새벽에 들어온다. 걱정도 되고 궁금해서 전화를 하는 게 당연한데, 내 전화 때문에 자기 인간관계가 다 끊겼다고 화를 낸다. 그리고 이젠 전화도 잘 받지 않는다. 이렇게 나에게 믿음을 주지 않으니 싸울 수밖에 없다.

친정어머니와 자신의 삶을 동일시하는 부인

이들은 결혼 후 일단 몇 년간은 혼인신고를 미루는 것이 낫다는 친정어머니 때문에 아직 혼인신고도 하지 않은 2년차 젊은 부부입니다. 이 부부는 각자의 직업을 갖고 열심히 일하고 있으며, 퇴근 후에는 데이트도 자주 하고 가사도 함께합니다. 이 정도면 부부 사이에 무슨 문제가 있을까 싶은데, 부인이 친정어머니에게 쓰는 마음이 지나치다, 당연하다를 놓고 부부가 갈등을 겪고 있었습니다. 부인의 말대로 혼자된 어머니에게 마음이 쓰이는 것은 어느 정도 이해할 수 있습니다. 그런데 차라리 친정어머니와 같이 살지 왜 결혼을 했느냐며 남편이 씁쓸해하는 정도라면 문제가 될 수 있겠지요.

결혼한 딸에게 친정엄마는 언제나 달려가 기댈 수 있는 큰 나무인 동시에 가슴 한곳을 아프게 하는 안타까운 대상이기도 합니다. 결혼하면 엄마처럼 살지 않을 거야, 하며 엄마에게 대들던 딸들은 결혼 생활을 하면서 엄마의 삶을 이해하기도 합니다. 그런데 딱 거기까지만 해야 합니다. 더 나아가서 어머니와 자신의 삶을 동일시하거나, 어머니가 자신 때문에 불행한 삶을 사셨다는 죄책감을 떠안으면 안 됩니다.

부인은 친정어머니와 자신을 동일시하고 있습니다. 아마도 어머니가 이혼 후 당시 고등학교를 갓 졸업한 딸 앞에서 남편에 대한 분노를 거침없이 표현하고, 배신감과 적의를 무의식적으로 강요했기 때문이겠지요. 아직 남녀 관계, 더 나아가 부부 관계에 대한 가치관이 정립되지 않은 당시 부인은, 딸과 당신을 동일시하려는 어머니에게서 심리적으로 벗어날 수 없었으며, 이것이 결혼 후까지 이어져왔다고 볼 수 있습니다. 이렇게 부부 갈등의 원인이 남편에게만 있다고 주장하는 어머니 입장을 주입당하다시피 한 부인에게는 남자에 대한 원망과 의심과 불안, 그리고 피해의식이 생겨날 수밖에 없었을 것입니다.

이야기를 들어보니 친정어머니의 삶도 부인과 유사했습니다. 비교적 부유하게 살았던 친정어머니의 아버지는 당시 첩을 두고 두 집 살림을 했습니다. 그런 아버지로 인해 남성에 대한 신뢰가 깨져 있는 친정어머니는 결혼 생활을 편안하게 꾸려가지 못하신 듯합니다. 이렇게 근 삼대에 걸친 심리적 유산 때문에 이 젊은 부인은 같은 가슴앓이를 하고 있으며, 자신의 남편을 친정아버지와 마찬가지로 희생시키고 있다고 볼 수 있습니다.

많은 사람들이 어렸을 때 부모와의 관계에서 조금씩 상처를 가지고 있습니다. 사람에 따라 이를 잘 극복하는 경우도 있지만, 이처럼 벗어나지 못해 자신의 삶에서 갈등 요인으로 부각되는 경우가 있습니다.

마음껏 행복할 수 없는 죄책감

이 부부의 상담에서는 부인이 친정어머니와 자신을 분리하는 데 중점을 두었습니다. 어머니와 자신을 동일시하며 남편이 모녀를 돌봐주길 바라는 마음은 충분히 이해할 수 있으나, 남편이 아버지를 대신하는 대상이 되어서는 절대 안 되기 때문입니다.

부인은 현재 아버지와의 관계를 기준으로 남편을 대하고 있습니다. 아버지가 자신을 사랑했으나 불현듯 어느 날 떠난 것으로 인지하고 있어, 남편도 언제든 자신을 버리고 떠날 수 있는 존재라고 생각하는 것이지요. 어린 시절 마음에 상처를 받으면 그때의 부정적인 감정이 쉽게 사라지지 않고 마음에 그대로 남습니다. 그러다 그 사건과 유사한 상황이 벌어지면 그때 마음에 남아 있던 부정적인 감정이 무의식적으로 되살아나 이성적으로 통제하기 어려워지는 것입니다. 남편이 자신 이외에 친구나 동료와 시간을 보내는 것에 예민한 것은, 아버지의 부재로 입은 과거의 상처와 연관되어 '날 버리고 떠나면 어떡하지?' 하는 두려움과 배신감이 남편에게 그대로 옮겨갔기 때문입니다. 그러나 남편 입장에서는 그런 부인의 반응을 이해할 수 없고 답답해할 수밖에 없습니다.

부인은 분명 머리로는 아버지를 충분히 이해하고 있습니다. 자식이 성인이 될 때까지 당신의 모든 것을 희생하며 가정을 지켜준 데 대해 감사해합니다. 하지만 어머니와 자신을 분리해서 생각하기 힘들었던 그녀는 그런 마음을 갖는 것조차 어머니에게 죄책감을 느낍니다.

상담이 진행되면서 부인은 아버지가 떠난 것은 자신이 아니라 어머니이며 그것은 아버지로서는 어쩌면 마땅한 결정이었다는 점, 그리고 지금껏 어느 한순간도 딸인 자신을 떠난 적이 없다는 것을 깊이 이해하고 받아들였습니다. 그리고 어머니가 자신을 심리적 남편으로 붙잡고 살아왔기 때문에, 자신이 얼마나 지쳐 있었던가를 깨달았습니다.

그녀는 어머니가 아버지에 대해 불만과 증오를 거칠게 표현할 때마다 얼마나 괴로웠는지를 토해냈습니다. 그 시절 어머니의 말이 맞다고 고개를 끄덕여주었지만, 뒤돌아서면 가슴 저 밑바닥에서 엄마는 아빠한테 뭘 그렇게 잘했느냐고 되묻고 싶은 심정이었다고 말했습니다. 그러면서 부인의 내면에 숨겨둔 어머니에 대한 원망을 찾아내 대면했습니다. 그녀는 자신은 지금까지 어머니의 눈치를 보며 살았던 것 같다며 자신을 붙잡고 놓아주지 않는 어머니에게서 벗어나고 싶어했습니다. 이제야 자신을 있는 그대로 보며 인정한 것입니다. 그녀가 혼자 계시는 어머니에 대한 애틋한 마음과 심지어 자신만 행복하게 사는 것에 대한 죄책감을 덜어내는 일이 쉽지만은 않았습니다. 하지만 행복한 가정생활을 꾸려나가는 것이 어머니의 삶과 분리될 수 있는 유일한 길이라는 것을 알았기에 열심히 노력했습니다.

마침내 부인은 친정어머니 쪽에 더 가까워질수록 남편의 외로움이 짙어질 수밖에 없다는 것과 결혼을 했으면 반드시 부부 중심의 삶을 살아야 한다는 것을 깨달았습니다. 그리고 어머니가 자신을 의지하며 붙잡고 살 수밖에 없는 입장은 수용하되, 어머니에 대한 효를 어떤 방식으로 얼마만큼의 시간을 내서 어떻게 할지 그 수위 조절을 반드시 남편과 상의하기로 했습니다. 드디어 어머니 중심에서 부부 중심의 결혼 생활로 돌아선 것입니다.

어머니의 외로움 때문에 부인과 남편이 더 이상 희생양이 되어서는 안 되며, 더 이상 죄책감을 가질 일도 아닙니다. 궁극적으로 어머니가 해야 할 몫은 하나밖에 없는 내 딸이 사위와 행복하게 잘 사는 모습을 바라는 것입니다. 친정어머니가 잘못했다고 말하는 것은 아닙니다. 어머니는 그분대로의 삶이 있음을 인정하고, 그 주체는 바로 자신이라는 것을 수용할 필요가 있다는 말입니다.

오래전에 혼자되신 내 어머니를 잘 돌보자고 남편이 부인에게 강요할 수 없듯이, 혼자 계신 친정어머니를 잘 돌봐주기를 남편에게 강요해서는 안 됩니다. 부부 관계는 두 사람이 주체가 되어야지 양가 어떤 분에게도 그 사이 자리를 내어주어서는 안 되고, 자녀 때문에 어쩔 수 없이 유지해서도 안 됩니다. 그런 상황이라면 절대 바람직하고 건강한 부부 생활을 할 수 없기 때문입니다.

부부 싸움은 부부 안에서 그칠 것

    부부 싸움 후 자녀들 앞에서 "네 아빠는……", "너희 엄마는……" 하고 배우자에 대한 비판을 하는 경우가 있습니다. 부부 싸움에서도 이런데 이혼을 했다면 자녀 앞에서 배우자에 대해 안 좋은 이야기를 하는 일이 더욱 많아지겠지요. 하지만 자녀 입장에서는 아버지, 어머니가 각각 다 소중한 대상이기 때문에 한쪽에서 다른 한쪽을 비난할 경우 혼란스럽고 마음이 아플 수밖에 없습니다. 자녀에게 배우자를 욕하고 비난하는 것은, 자녀를 자신의 부정적인 감정을 풀고 해소하는 대상으로 삼는 행동이라는 걸 생각해본 적 있으신가요? 이때 자녀가 갖게 되는 심리적인 상처에 대해서는요? 부모가 이렇게 행동하는 것은 자녀의 어린 날개를 꺾어버리고 평생 안고 갈 짐을 지워주는 것이나 마찬가지의 모습입니다.

    부부 싸움이든 이혼이든 부부의 책임이며 선택입니다. 그리고 부부의 문제는 자신들이 풀어야 할 과제이지요. 부부 싸움에 자녀를 끌어들여 자신의 심리적 편을 만드는 것은 열등감의 반영이라고밖에 말씀드릴 수 없습니다. 이런 태도에서 속히 벗어나길 바랍니다.

시집에 잘해야 좋은 부인인가

결혼 후 아내, 엄마, 며느리로만 살기를 강요한다면

외도를 하고도 당당한 아내

그땐 아내와 그자가 어느 선까지 갔을까, 도대체 내가 뭘 잘못했다고 외도를 했을까 생각하는 것만으로도 미칠 것 같았다.

의심스러웠던 건 3개월 전부터였다. 아내의 저녁 외출이 잦더니 집에 들어오는 시간도 점점 늦어졌다. 그리고 일단 외출하면 전화도 잘 받지 않고 뭔가 이상하다는 생각이 들어 하루는 뒤를 밟아봤다. 아내는 시내까지 나가더니 호프집에서 웬 남자와 만났다. 그자를 만난 순간부터 얘기하는 내내 아내의 표정은 밝았다. 나는 아내에게 그런 표정이 있는 줄도 몰랐다. 지금까지 10여 년을 함께 살아온 나와는 눈도 잘 맞추지 않았는데. 내 앞에서는 저렇게 웃기는커녕 미소 한번 지어본 적이 없던 사람이 어떻게 저럴 수가 있나. 하늘이 무너지는 것 같았다. 다리에 힘이 빠지고 속에서는 천불이 났다. 더 이상 지켜볼 수도 없었다. 당장 쫓아가서 난리를 쳐볼까도 싶었으나 그럴 가치조차 없다고 생각이 들었다. 그 길로 집에 그냥 들어왔다.

그날 아내는 새벽 한 시가 훌쩍 넘어 들어왔다. 현관문을 열고 들어오는 아내에게 "당장 나가! 다 필요 없으니까 변명도 하지 말고 당장 나가. 애들한테 손도 대지 마. 더러워. 당신 같은 여자가 어떻게 집으로 기어들어와. 당장 내 집에서 나가!" 하며 고함을 질러댔다. 놀라고 당황한 얼굴로 뭐라 얘기를 하려는 아내를 향해 손에 집히는 대로 집어던졌다. 소란스러운 소리에 잠을 깬 아들이 나와 나를 말렸고, 딸아이는 겁이 났는지 방에서 나오지도 못했다.

결국 그날 아내는 그대로 집을 나갔다. 그러고는 일주일이 지나도록 아무 연락이 없었다. 당연히 다음 날 손이 발이 되도록 빌며 집으로 들어올 줄 알았는데. 아이들과는 연락을 주고받고 있는 눈치였지만 남자로서 자존심이 상해 묻지도 않았다. 그러다 백번 양보해서 먼저 전화를 걸었다. 그런데 내게 미안해서 말도 못하고, 무조건 잘못했다고 용서해달라고 할 줄 알았던 아내의 태도는 예상을 비껴갔다. 냉랭한 목소리로 "아이들에게 미안하지만 이렇게 나와 있으니 오히려 좋아. 난 잘 지내고 있으니 당신도 아이들 데리고 잘 지내. 그리고 이제라도 나 자신을 찾아 제대로 살 수 있는 기회를 만들어줘서 고마워"라는 뜻밖의 말을 했다. 분명 우리나라 말로 이야기를 하고 있는데 도무지 무슨 얘기를 하는지 알아들을 수가 없었다. 울며불며 잘못했다고 매달려도 용서해줄까 말까인데, 지금 이 여자가 무슨 생각으로 이러는 건가. 이게 아닌데, 이렇게 돼선 안 되는데…….

미안할 정도로 홀가분하고 마음이 가볍다

그날 집을 나와 그래도 심정적으로나마 아이들과 가까이 있고 싶어 집에서 20분 거리에 위치한 고시원에 터를 잡았다. 처음엔 갑작스러운 남편의 고함과 분노에 겁이 나고 당황하고, 억울한 마음도 들었다. 그러나 집을 나오는데 새벽 공기가 그렇게 시원할 수 없었다. 가슴속에 얹힌 무언가가 한 번에 쑤욱 내려가는 기분이랄까. 물론 나도 엄마인데 아이들 걱정도 되고, 앞으로 어떻게 해야 하나 적잖이 겁도 난다. 아들은 그래도 잘 있어줄 것 같지만 여린 딸아이가 걱정됐다. 가서 안아주고 별일 아니라고 말해줘야 하는데, 얼마나 놀랐을까, 엄마의 빈자리가 얼마나 클까. 그런 생각을 하면 가슴이 미어진다. 그럼에도 집에 돌아갈 수 없는 건 내 삶이 없는 결혼 생활을 더 이상 유지할 자신이 없기 때문이다.

결혼 후 나는 내 생활이 없었다. 우리 집에 있는 시간보다 5분 거리에 있는 시집에서 더 많이 살다시피 했다. 남편의 출근과 동시에 시어머니가 전화를 한다. 일주일 내내 이렇게 오전마다 호출한다. 모르는 사람이 보면 내가 시집 파출부로 출퇴근을 하는 줄 알 것이다. 아이들이 어렸을 때도 데리고 가서 내내 시집 청소, 빨래, 시부모님 식사까지 준비하며 파출부 생활을 했다. 쓸고 닦고 쓸고 닦고, 정말 지겹게도 했다. 내가 시부모님과의 일을 얘기하면 아무도 믿지 않는다. 사람들이 "요즘 시어머니들은 며느리 눈치 보면서 산다는데"라는 말을 하는데, 내겐 먼 나라 이야기일 뿐이다.

내가 이렇게 살아온 건 남편 때문이다. 어쩌다 몸이라도 아픈 날에 "여보, 나 아파서 오늘은 어머니 댁에 못 가겠으니까 당신이 말씀 좀 드려줘요"라고 해본 적도 있다. 그러면 남편은 "바빠 죽겠는데, 당신이 직접 전화하면 될 걸, 왜 아침부터 사람을 귀찮게 해"라고 소리를 지르고 문을 쾅 닫고 나가버린다. 남편은 그런 사람이다. 한번은 이러다가 내가 미치는 게 아닐까 싶어 남편에게 조심스럽게 "난 애들도 돌봐야 하고 마냥 어머니 댁에 매여 있을 수가 없으니까, 차라리 도우미 아줌마를 보내드리는 게 어떨까?" 하고 의논을 청해봤다. 그때 남편은 대꾸도 하지 않고, 도대체 무슨 소리를 하느냐는 표정으로 빤히 쳐다보기만 했다. 남편은 이렇게 나를 이해하지도 못하고, 아니 사람 취급도 하지 않는다.

남편이 이러니 시어머니가 나를 종 부리듯 하시는 게 당연한지도 모른다. 어머니는 외아들인 남편 눈치를 보시면서도 내겐 무지막지하게 대하신다. "밭일 하다가도 애를 낳고 다시 일하는 게 여자다"가 시어머니의 주요 레퍼토리다. 이젠 귀에 딱지가 앉을 정도다. 시누이도 시어머니 못지않게 내 속을 뒤집는 존재다. '때리는 시어머니보다 말리는 시누이가 밉다'는데, 누가 만든 말인지 정말 걸작이다. 한번은 시누이가 남편에게 "오빠 나 이번 생일에 구두 하나 사줘"라고 했다. 걸레질을 하다가 그 말을 듣고 내가 쳐다보니 "언니 무서워서 오빠가 나 구두도 못 사줘?"라고 하는 거다. 그러자 남편은 귀찮다는 표정으로 지갑에서 '10만 원'짜리 수표 한 장을 꺼내주었다. 그때 정말 나는 망치로 머리를 한 대 크게 얻어맞은 기분이었다. 나는 시장에서 파는 5천 원짜리 티셔츠 하나도 몇 번을 들었다 놨다 망설이며 사지 못하고, 로션 하나 제대로 된 것 없이 몇 년째 샘플만 쓰고 있다. 남편이 주는 빠듯한 돈으로 아이들 학원비며, 생활비를 이리 쪼개고 저리 쪼개서 쓰고 있는데, 남편은 저렇게 자기 기분 내키는 대로다. 그러니 내가 남편에게, 그리고 이 집에 무엇을 기대하겠는가?

　남편이 본 남자는 동창생일 뿐이다. 결혼한 뒤 동창 모임에 한 번도 나가지 않다가 어쩌다 참석하게 되었다. 그때 정말 오랜만에 내 이름 석 자를 다시 불려봤고, 존재감을 찾게 되었다. 그 뒤 남편이 야근이나 술자리로 늦게 들어오거나 아이들이 학원에서 늦는 날 친구들에게 연락이 오면 가끔 만나곤 했다. 그런데 남편이 그날 공교롭게 그 친구와 단둘이 만나는 것을 보고 외도라고 난리를 친 것이다. 억울하기도 하지만 달리 생각하면 이번 기회에 훌훌 털고 나온 것이 오히려 잘된 일인지도 모른다.

예전부터 요가도 하고 싶고 퀼트도 배우고 싶었다. 퀼트를 배워서 나중에 가게를 갖고 싶다는 꿈을 꿔본 적도 있다. 하지만 집에 있을 때는 한낱 허상이라고 생각했다. 내게 그런 날이 올까, 가능치도 않은 일이라고 생각했다. 하지만 이젠 그 꿈이 내 손에 닿을 것 같다. 지금 시간제 아르바이트를 하고 있다. 그동안 남편 몰래 어렵게 모았던 적금을 기반으로 열심히 일하며 돈을 모아 그 꿈을 꼭 이루리라. 지금도 내게 "밥 잘 챙겨 드세요"라고 문자를 보내는 아이들은 그동안의 내 아픔을 유일하게 이해하고 있다. 그 아이들을 위해서라도 나는 힘을 낼 것이다.

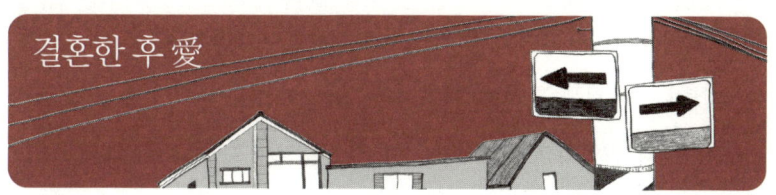

결혼한 후 愛

아내에게도 이름이 있다

혼자 상담을 온 남편은 상당히 경직되어 있었습니다. 상담실에 왔음에도 불구하고 처음 한동안은 말도 제대로 하지 않고 심각한 표정으로 앉아만 있어 상담이 매우 어려웠지요. 다행히 두 번째 상담부터 부인이 합류해 진전이 있었습니다. 부부의 심리검사를 해석해보니 남편이 부인보다 우울증 정도가 더 심각했습니다. 부인은 나름대로 마음 정리를 하고 앞으로의 계획을 세우고 안정을 찾은 반면, 남편은 현재의 상황을 받아들이지 못하고 무척 혼란스러워했습니다. 아내가 외도한 것이 아니라 자신이 오해한 것임을 알고 안심했지만, 집을 나간 아내가 돌아오지 않겠다는 걸 이해하지 못했습니다.

남편은 자신은 밖에서 열심히 일해 가정을 꾸려나갈 돈을 벌어오면 되려니 싶었습니다. 가정은 아내가 돌보는 것이니 특별히 신경 쓰지 않아도 되고, 쓰고 싶은 마음도 없었습니다. 밖에서 아무리 힘든 일이 있어도 아내에게 말하거나 의논한 적이 없는 그는 아이 낳아 보살피고, 부모님께 잘하고, 살림 열심히 하는 것이 여자의 도리인데, 그 일이 힘들다고 불평하는 아내를 이해하지 못했습니다. 더욱이 이제 그 일에서 손을 놓아버리겠다는 행동은 말도 안 되는 것이었습니다.

남편의 이야기를 들어보면 그동안 그는 자신이 가지고 있는 신념과 가치관에 입각해 아내를 바라보고 있었음을 알 수 있습니다. 다시 말해 그에게 아내라는 존재는 꼭 현재의 그녀일 필요도 없었고, 단지 아내 역할, 아이들의 엄마 역할, 주부 역할을 할 '사람'이었다는 것입니다.

상담에서 남편에게 '아내'가 단지 자리를 채우는 가족 구성원이 아니라, 자신과 함께 인생을 살아가는 반려자임을 인식시키기 위해 노력하고, 그동안 그가 간과해온 부인의 괴로움을 경청하도록 했습니다. 다행히 남편은 부인의 이야기를 듣고 그동안 그녀가 느꼈을 외로움과 고통을 뒤늦게나마 깨닫고 용서를 구했습니다. 그간 폭풍이 부는 메마른 언덕에 아내를 덩그마니 내버려두고 바람막이가 되어주지 못한 자신이 참으로 한심스럽다고 뒤늦은 후회를 했습니다. 지금은 부인이 집으로 돌아오는 것의 여부를 떠나 그녀의 소중한 삶에 자신이 어떻게 하면 협조자가 될 수 있는지 도움을 주기 위해 노력하겠다고 했습니다.

남편은 아내를 사랑하지 않은 게 아니었는데, 자기 방식대로 사랑하면서 안주하고 있었다고 했습니다. 그리고 그간 아내가 자신에게 말했던 어려움을 매몰차게 모른 척했을 때마다 심적인 괴로움이 얼마나 컸겠는가를 생각하며 참 여러 차례 굵은 눈물을 흘렸습니다. 정말 진심으로 후회하는 모습이더군요.

말로만 사랑하지 마세요

부부 상담 사례에서 보면 대부분의 남편들은 말로는 아내를 사랑한다, 중요하다 말을 하곤 합니다. 하지만 실제로는 아내를 가장 후순위에 두고 함부로 대하는 행동을 일삼습니다. 그러면서도 말과 행동이 이중적인 것을 잘 인지하지 못합니다. 정말 아내를 사랑하고 중요하다 생각하면 행동도 그에 준하게 해야 할 텐데, 그렇지 못했던 자신의 모습을 상담 중에 깨닫곤 합니다.

정말 안타깝고 아쉬운 일이지요. 아내의 정서적인 면에 관심도 없고 소통도 하지 않다가, 일이 벌어지면 갑자기 그 순간부터 아내를 몹시 사랑한다고 말하는 격입니다. 왜 갑자기 아내를 사랑한다고 하느냐 물으면 대부분 원래부터 사랑해왔었다고 주장합니다. 하지만 오랜 시간 아내의 정서를 돌보지 않다가 나 아닌 다른 남성과 정서적 소통은 절대 안 된다는 주장은 너무 억지스럽지 않을까요.

부부 상담 사례별로 봤을 때 시집과의 갈등은 오히려 해결이 수월한 편입니다. 남편이 노력하면 해결의 실마리가 보이기 때문이지요. 사실 시집과 갈등이 있는 부부의 경우 대부분 남편은 가족 내에서 오랜 시간 고립감을 갖게 될 수밖에 없습니다. 물론 그 누구도 아닌 자신이 만든 울타리에 스스로 갇혀 고립감을 갖게 되는 겁니다. 따라서 그 울타리에서 나와 앞에 나서야 합니다. 이 부부의 상담에서도 그동안 남편의 가치관에서는 당연하다고 생각했을 시어머니의 개입을 선을 그어 분명하게 막았습니다.

너를 며느리가 아니라 친딸로 생각한다?

며느리가 시어머니에게 듣는 말 중 가장 무서운 게 무엇일까요? 바로 "나는 너를 며느리가 아니라 친딸로 생각한다"라고 합니다. 이 말을 들었을 때 '아, 어머니가 나를 친딸처럼 가깝게 여기고 싶다는 거구나'라고 생각하며, 긍정적인 마음만 받고 며느리 자리에 그대로 남아 있는 것이 낫다고 말씀드리고 싶습니다. 실상 그 이면에는 '며느리를 당신 딸처럼 여기고 내가 개입하겠다'는 의도가 있을 수 있습니다. 즉, 이 말은 대부분 시어머니가 자신을 위해 쓰는 말일 뿐이라는 것이지요. 하지만 정말 이 말대로 시집에서 며느리를 딸처럼 조건 없이 사랑하고 먼저 손을 내밀어주면 좋을 것입니다. 물론, 아들을 사랑하는 마음으로 며느리를 사랑하는 시부모님들도 많이 계시겠지만, '시집에 잘해야 한다'라는 조건을 걸고 며느리에게 사랑을 준다면 갈등이 일어날 수밖에 없습니다.

착하고 말 잘 듣는 며느리가 되는 대가로 어르신들의 사랑을 받을 수 있다면, 그래서 며느리 자신은 답답하고 불만스러운 감정을 누르고 참고 살아야 한다면, 분명 잘못된 것입니다. 심리적으로 부모에게 묶여 자립하지 못하는 남편과 똑같이 자립하지 못한 며느리가 되어 시집 중심의 결혼 생활을 하는 것은 곤란합니다.

시집 어른들에게 좋은 평가를 받기 위해 너무 애쓰지 말라고 권하고 싶습니다. 며느리로서 자신이 할 수 있는 일과 할 수 없는 일을 명확하게 분별하고, 할 수 있는 만큼만 하십시오. 다시 말해 시집의 만족보다는 자신의 만족이 기준이 될 때 편안한 상태가 됩니다.

둘만의 세상

부부는 의견 일치, 부모님과는 의견 불일치

명절에 시집에 안 가겠다니

대학 때 두 살 어린 아내를 만나 오랜 기간 연애를 하고 결혼해 이제 3년째 접어들었다. 아직 아기는 없는데, 아내가 현재 박사과정 중이어서 솔직히 언제 가질지는 묘연하다. 오랜 연애 기간에도 큰 싸움 한번 없이 우리는 참 잘 맞았고, 결혼 후에도 큰 문제없이 잘 지내왔다. 다만, 아내가 명절 때 우리 부모님 댁에 가지 않는 것이 우리 부부의, 아니 남편인 나의 가장 큰 어려움이다.

결혼하고 첫 명절 때 문제가 발생했다. 아버지가 장남이시기 때문에 명절 때 많은 식구들로 북적인다. 결혼한 후 첫 명절이라 아내가 어른들의 관심의 대상이 되는 데다 서툰 부엌일에 힘들 것 같아 안쓰럽고 미안한 마음이었다. 그러나 내가 주방에 얼쩡거리는 것도 어른들께 안 좋게 비쳐질 것 같아 거실에서 있을 수밖에 없었다. 그래도 음식 장만은 주로 어머니와 작은어머니가 하시고 아내는 옆에서 보조만 하려니 생각해 큰 걱정은 안 했다.

그런데 차례를 마치고 오후에 처가에 가는 길에 아내가 상기된 얼굴로 앞으로 명절 때 시집에 가지 않을 거라고 못 박았다. 나는 그게 무슨 소리냐며, 며느리가 명절 때 시집에 안 가겠다는 게 말이 되느냐고 물었다. 아내는 시집이건 친정이건 자신의 존재감 없는 상황은 참을 수 없고, 그런 자리에 있고 싶지도 않다고 했다. 그리고 덧붙여 이런 자신의 심정을 헤아릴 줄 모르는 남편은 남편도 아니라는 말까지 했다. 음식 만드느라 고생한 거 안다, 마음 아프게 생각한다고 달래도 봤고, 음식은 어른들이 다 하고 솔직히 설거지만 해놓고 이러는 건 너무하는 거 아니냐고 화도 내봤지만 요지부동이었다.

그날 도로에 차를 세워놓고 한바탕 싸운 후에 결국 나는 아내의 의사를 존중하겠다는 대답을 할 수밖에 없었다. 이후 돌아오는 명절부터 아내는 정말 부모님 댁에 가지 않았다. 부모님이 크게 화를 내고 기가 막혀 하셨지만, 아내를 설득할 힘도 없고 그런 일로 싸우느라 부부 사이가 나빠지는 것도 싫어서 어머니께 죄송하다는 말만 거듭할 뿐이었다. 대신 명절 전에 부모님을 미리 찾아가 인사를 하는 것으로 그나마 죄송한 마음을 덜고 있다. 그런데 지금까지 그 룰이 잘 지켜지고 있었는데 최근 어머니가 "애야, 이제는 명절 때 오지 그러니"라고 넌지시 말씀하시는 바람에 다시 그 일이 수면 위로 떠올라 아내와 다투게 되었다. 그동안 부모님께서 너그럽게 이해해주셨으니 이제 명절 때 가 뵙는 게 도리 아니냐고 했더니, 아내는 이미 결정한 일을 어머니 말 한마디에 원점으로 돌리는 이유가 뭐냐고 화를 냈다.

그렇게 끝도 없는 다툼이 이어지다가 급기야 아내는 자신에게는 아무래도 결혼이라는 제도가 맞지 않는 것 같다며, 결혼 자체를 다시 한 번 생각해봐야겠다고 별거를 요구했다. 명절 때 시집에 가기 싫어서 별거니 이혼이니 하는 말까지 하는 건 너무하다 싶다. 하지만 결혼과 동시에 짊어진 시집에 대한 부담과 며느리로서 해야 할 의무와 도리가 너무 힘들었고, 시집과 얽힌 문제가 생기면 본의 아니게 남편에게까지 나쁜 감정이 생긴다는 아내의 고백을 듣고 더 이상 아내에게만 책임이 있다고 말할 수는 없었다.

내가 특별히 아내에게 잘못한 것은 없는 것 같은데, 그리고 뚜렷한 해결책도 없는 것 같은데, 그렇다고 이대로 아내와 헤어질 수는 없는 노릇이고……. 정말 답답하다. 이러다 정말 아내를 잃게 될까봐 걱정이다. 이 일 때문에 밥도 제대로 먹을 수 없어 몸무게가 6킬로그램이나 줄었다.

주부들의 명절 증후군, 위로가 필요해

　추석과 설, 이렇게 1년에 두 번 있는 명절 즈음이면 상담실에는 혼자 상담을 오는 부인들이 꽤 있습니다. 명절에 시집에서 힘들게 일하고 온 후 부부 관계가 악화된 경우부터 명절에 시집에 가고 싶지 않은 마음을 객관적인 사람에게 지지받은 후 당당해지고 싶다는 분까지 사유도 여러 가지입니다. 사실 부부 상담실을 찾는 자체가 절대 쉬운 일이 아닙니다. 시간도 내야 하고, 상황에 따라서는 먼 거리를 와야 하며, 비용도 들여야 합니다. 그럼에도 며칠 전에 예약까지 하며 기어이 찾아오는 걸 보면, 며느리가 명절에 시집에 가는 부담과 괴로움이 얼마나 크고, 그 심정이 얼마나 절박한지 충분히 이해가 갑니다.

　명절이 되면 부인들은 음식 장만을 위해 눈코 뜰 사이 없이 바쁩니다. 그것도 자기 집이 아니라 익숙하지 않은 시집에서 상 차리고 치우고, 설거지를 반복해야 합니다. 게다가 서먹한 시집 식구들, 편하지 않은 눈길을 보내는 시어머니를 대하면서 받는 스트레스도 이만저만이 아닙니다. 평소 집안일을 잘 도와주던 남편이라도 이날만큼은 가부장적인 집안 분위기에 동화되어 차려주는 음식을 먹고 TV나 보면서 얄미운 행동을 하지요. 그러니 결국 명절 때만 되면 부인들은 육체적인 고통과 정신적인 고통에 몸서리치며 울화를 터트릴 수밖에 없습니다.

일전에도 결혼한 지 얼마 되지 않은 앳된 부부가 유사 케이스로 상담을 신청한 적이 있습니다. 부인이 외동딸이고 남편은 장남인데 제사 때는 상관이 없으나 명절 당일을 어디서 지내느냐를 갖고 2년 동안 싸웠다고 합니다. 남편은 아무리 남녀평등이지만 우리나라 사회가 대부분 남편의 부모님 집에서 명절을 보내고 있으니, 당연히 시집에서 명절을 쉰 후 처가에 가는 것이 마땅하다 주장했고, 부인은 남편 말마따나 남녀평등이고 호주제도 폐지된 마당에 왜 그래야 하는지 이해할 수 없다고 일관하며 엄청나게 싸웠다더군요. 그리고 둘이 머리를 맞대고 타협점을 찾은 것이 홀수 해에는 시집에 먼저 가고 짝수 해에는 처가에 먼저 가는 것입니다. 하지만 처가에 먼저 가기로 한 해에 결국 남편은 약속을 지키지 않아, 부인은 혼자 친정으로 향했습니다. 이 때문에 부인은 시집에서 못된 며느리가 됨과 동시에 도대체 가정교육을 어떻게 받은 거냐며 친정 부모까지 욕을 먹었다고 억울함을 호소했습니다.

사실, 몇 년 전까지만 해도 명절을 친정에서 보내야 한다고 주장하는 부인은 그다지 없었습니다. 하지만 최근 젊은 세대를 중심으로 많은 변화가 생긴 듯합니다.

명절이 남자는 식구들과 먹고 마시고, 여자는 허리 휘도록 음식을 만드는 날이 아니라, 상호 소통하고 함께 어울리는 날이 되면 좋을 것입니다. 그러나 현실이 그렇지 않다면 남편의 역할이 중요합니다. 실상은 명절 때 시집에 먼저 가고 아니고를 논하기 전에, 남편이 부인에게 어르신들의 문화에 맞춰줘서 고맙다는 표현만 제대로 해도 괜찮을 수 있습니다.

부부의 행복이 가장 큰 효도

부인은 상담에 오지 않았습니다. 그녀는 상담의 필요성을 느끼지 못해서 참석하지 않는다고 했습니다. 부인 입장을 들어보지 못한 것은 참 아쉽습니다. 아쉬운 대로 남편의 상담을 통해 부인의 마음을 헤아려보면, 결혼 전에는 남편을 삶의 파트너로 잘 맞는 사람이라 생각했는데, 막상 결혼을 하고 보니 둘만의 세상이 되긴 어렵다는 것을 인식하고 많은 부분에서 힘들어한 것 같습니다.

부부는 일주일 중 토요일 저녁 시간만큼은 가까이 있는 시집에 가서 저녁 식사를 함께해야 했습니다. 갈 때마다 시어머니는 공부하는 며느리를 배려한다며 밑반찬이나 반찬 재료를 싸주셨습니다. 그런데 "쟤는 북엇국을 좋아하니까 이걸로 국 끓여서 줘라. 장조림은 냉장실에 사오일만 두어도 시큼한 냄새가 날 수 있으니, 반은 냉동실에 따로 뒀다가 나중에 먹어라. 더덕무침은 고추장 양념이니까 불이 세면 금방 탄다. 약한 불에 기름 조금만 두르고 해라"라고 당부하시며, 바쁜 며느리에게 아들이 밥을 못 얻어먹을까봐 전전긍긍하는 모습을 보이셨습니다. 부인은 이런 시어머니의 태도를 받아들이기 힘들어했습니다. 실제로 싸주신 음식은 남편이 먹는 것인데 그런 이야기를 모두 자신이 들어야 한다는 것에 심한 스트레스를 받았습니다. 시어머니 때문이 아니라 불합리한 상황에 대한 스트레스를 참지 못한 것으로 보입니다.

몇 달 전에는 결국 음식을 싸주시는 시어머니를 향해 부인은 "어머니 죄송하지만요, 그거 모두 이 사람이 먹을 거니까, 보관이나 조리 방법은 모두 이이한테 얘기해주세요. 여보, 어머니한테 잘 듣고 배워와요. 나 먼저 주차장에 가 있을 테니까" 하고 현관을 나섰습니다. 이후 어머니는 반찬을 주시긴 해도 이런저런 말씀도 안 하시고, 시집에서 하는 저녁 식사도 매주 한 번이 아니라 한 달에 한 번 정도로 줄었습니다.

부부는 집에서 거의 밥을 먹지 않는 편입니다. 직장생활을 하는 남편과 대학에서 연구를 하는 부인은 둘 다 바빠서 아침을 거르기 일쑤고, 점심은 각자 자신의 일터에서 해결합니다. 그리고 저녁은 부인이 끝나는 시간에 맞춰 남편이 학교로 가 근처 음식점에서 먹습니다. 어떤 날은 저녁을 간단하게 해결한 뒤 부인이 학교로 다시 들어가기도 하고, 때로는 시간을 내 함께 영화를 보며 즐기기도 합니다. 휴일에는 도서관에 가서 각자 관심 분야의 책을 보는 것이 데이트요 휴식이기도 한 부부입니다.

아마 맞벌이를 하는 젊은 부부의 일상이 대부분 이와 비슷할 것입니다. 남편에게 이런 생활에 불만을 갖느냐고 묻자, 만족한다고 했습니다. 다만 둘이 있을 때는 크게 문제가 없는데 아내가 시집과의 관계를 유난히 힘들어하니 그 부분이 자신도 힘들다고 토로하더군요. 부인이 남편에게 가장 많이 하는 얘기가 "부모님 댁에만 가면 당신은 내 편이 아니야. 불편한 마음도 헤아리지 않고, 내가 무엇을 참고 있는지도 모른다고"랍니다. 남편은 나름대로 부인을 이해하려고 노력하는데 더 어떻게 해야 할지 모르겠다고 어려워했습니다.

사실 이 부부 정도면 시집과의 갈등이 과하지는 않은 편입니다. 또한 남편이 부인의 입장을 여러모로 헤아려서 부모님을 설득하려고 노력하니 다행입니다. 이런 이해의 밑바닥에는 아내에 대한 배려와 사랑이 함께 있기 때문에 더욱 긍정적입니다.

이들 부부의 사례를 나이 드신 어른, 특히 아들 가진 어머니들이 보시면 며느리가 너무 이기적이라고 할지도 모르겠습니다. 그러나 객관성과 보편타당성보다는 개인의 가치관과 감정이 중요합니다. 객관성과 보편타당성을 근거로 받아들이기 어려운 일을 강요할 수는 없습니다. 결국 인생에서 가장 소중한 사람은 자기 자신이기 때문입니다.

남편은 별거를 선언하고 나선 부인을 잡고 싶은 마음이 있고, 이 사람이 아니면 안 된다는 내면의 목소리가 있다면 부인의 바람을 존중해야 합니다. 그리고 '부부의 가정생활을 침범하지 않는 범위에서 부모님께 해야 할 도리를 어떻게 할지' 부인과 함께 상의해서 정해야 합니다. 그러다 보면 분명 부모님을 이해시키고 설득해야 할 일이 발생할 것입니다. 그때는 남편 쪽에서 행복한 모습을 양가 부모님께 보여드리는 것이 진정한 효도라고 적극적으로 나서십시오. 그리고 함께 룰을 정하다 남편 입장에서도 혹여 부당하다고 생각되는 부분이 있으면 주저 없이 부인에게 표현하십시오.

이런 경우 대부분의 시부모님들은 아들 내외, 특히 며느리를 매우 괘씸해하시고 불편한 심기를 드러낼 것입니다. "우리가 아들을 어떻게 키웠는데, 겨우 이런 꼴 보자고 결혼을 시켰나. 며느리가 잘못 들어와서 우리 아들을 망쳐놨네" 하면서요. 그런데 부모님들이 아셔야 할 것이 있습니다. 이런 경우 실상 며느리는 불편한 마음 정도지만, 부모님과 부인 사이에서 이러지도 저러지도 못하는 아들은 불편을 넘어 불행하다는 것을 말이지요. 부모님 입장에서 결국 아들이 행복하고 편하길 바란다면, 아들을 며느리 편으로 보내야 합니다. 며느리가 행복해야 내 아들도 행복하다는 것을 받아들여야 합니다. 물론 섭섭한 마음도 있겠지만, 결국 아들 내외가 잘 사는 것이 부모님의 가장 큰 행복이며 위안이 아닐까 합니다. 현명한 어르신이라면 당신 아들의 행복을 바라며 뒤로 물러서실 겁니다. 권위적이고 독선적인 어르신이라면 이런 부분을 허락하지 못하시겠지만요.

좋은 며느리의 조건

세상 모든 며느리가 처음에는 좋은 며느리를 꿈꿨다

좋은 며느리가 되고 싶었어요

시집에서 결혼을 반대했다. 하지만 결국 당신들 아들이 좋다니까 어쩔 수 없이 나를 받아들이셨다. 시부모님께 서운한 마음도 있었지만 그래도 결혼해서 잘하면 언젠가 인정해주시겠지 생각했다. 하지만 원래 애교가 있거나 싹싹한 편이 아니기 때문에 시어른께 다가가기도 어려웠고, 언제나 미간을 찌푸리고 나를 바라보는 시어머니의 냉랭한 시선에 움츠러들었다. 시어른께 잘 보이려고 돌쟁이 딸아이를 업고 시집에 자주 가보기도 했다. 하지만 남편 없이 혼자 그곳에 있는 내 모습은 참으로 초라했다.

남편에게 이런 얘기를 하면, 내 마음이 어떤지 무슨 말을 하는지 들을 생각을 하지 않는다. 아니 듣긴 듣는데 이해하지 못하는 것 같다. 그저 "부모님한테 당신 잘 보이게 하려고 내가 얼마나 애쓰는데 그래. 당신이 좀 더 이해하고 노력해봐"라고 할 뿐이다.

친정엄마에게 고민을 털어놓으면 원래 시집이 다 그렇게 어려운 거라고, 본인 시집살이 얘기를 들려주며 "좀 더 노력해서 어른들께 사랑받는 며느리가 돼라. 아무래도 네가 아들을 낳아야겠구나"라고만 하신다. 딸아이 돌잔치 때 무표정으로 일관하다 "그래도 장남한테는 아들이 있어야지"라고 하신 시아버지 말이 마음에 걸린 모양이다.

정말 내가 좀 더 노력하면, 그리고 아들을 낳으면 좋은 며느리로 봐주실까? 나는 시부모님께 인정받는 며느리가 되고 싶었다. 가족 모두를 편안하고 행복하게 만드는 중심에 서고 싶었다. "맏며느리가 최고지" 하는 칭찬 한마디가 듣고 싶었다. 하지만 아무래도 안 될 것 같다. 어떻게 해야 좋은 며느리가 될 수 있는지 점점 더 모르겠다.

시어머니는 툭하면 내게 무릎 꿇고 빌라고 말씀하신다. 처음엔 어머니가 너무 무서워서 그냥 하라는 대로 했는데, 시간이 갈수록 며느리와 시어머니 관계가 이런 건가 싶어 억울한 마음이 든다. 남편에게 얘기를 했더니 워낙 무서운 분이라 그렇단다. 남편은 실제로 아직까지 어머니를 무서워하는 것 같다. 내가 무릎 꿇고 혼이 나고 있어도 말 한마디 못하는 사람이다. 어쩌다 내 편을 들려고 하다가도 어머니가 싸늘하게 "넌 좀 빠져 있어라. 며느리와 내 문제다"라고 하면 찍소리도 못한다.

게다가 최근 남편은 부부 싸움을 하고 나서 어머니한테 보고하는 지경에 이르렀다. 그 일로 시어머니가 한걸음에 달려오셔서 여느 때와 마찬가지로 내게 무릎을 꿇고 빌라고 하셨다. 이젠 시집에서 혼내는 것도 모자라 집에까지 원정 오셔서 큰소리치는 어머니와 그 뒤에 숨어 편들어달라고 하는 남편 모두 정나미가 떨어진다. 그날은 나도 한계에 다달아 "네가 무슨 잘못을 했는지 몰라서 지금 이렇게 뻣데고 있는 거냐?"라고 하는 어머니한테 처음으로 반항을 했다. "맞아요, 어머니. 제가 뭘 그렇게 잘못한 거죠? 부부가 싸울 수도 없나요? 저희 부부 일은 저희끼리 해결할 테니까 어머니는 모르는 척해주세요." 이 말을 듣고 시어머니는 쓰러지다시피 하며 난리를 치셨다. 그리고 다음 날 시누이에게 전화가 왔다. 어머니가 가슴에 파스를 붙이고 누워 계신단다, 나 때문에 가슴에 멍이 들어서.

이제 더 이상 시집에 잘 보이기 위해 노력할 자신도 없고, 그럴 생각도 없다. 그리고 이런 때 아무런 도움도 되지 않는 남편이 원망스럽다. 어머니께 내가 그렇게 밉고 싫었으면 왜 더 적극적으로 결혼을 반대하지 않으셨느냐고 묻고 싶다.

부모 형제들과 잘 지내면 좋지 않은가

내가 아내에게 특별한 것을 요구하는 것도 아니고, 어머니도 유난스럽게 며느리에게 잘하라고 그러시는 건 아니다. 나나 어머니는 그저 보통 사람일 뿐이다. 나는 장가가서 자식도 생기고 했으니 더 열심히 일해 지금 사는 전세에서 빨리 벗어나 집 사는 것이 목표이고, 어머니는 우리 가족 모두 건강하고 부모님과 형제들 다 좋게 지내는 게 행복이라고 생각한다. 솔직히 이런 부부 상담실이라는 게 있는지도 몰랐는데, 나더러 여기 와서 뭘 어떻게 하라는 건지 모르겠다.

아내는 부모님 때문에, 아이 때문에 힘들다고 한다. 하지만 우리 부모님이 며느리한테 뭘 크게 바란다거나 모질게 하는 것도 아니고, 여자들이면 누구나 다 애 낳고 키우는데 그걸 유독 힘들어하니 이해할 수 없다. 남들은 서넛도 거뜬히 키우지 않는가. 우리 어머니만 해도 네 형제 키우면서 힘들다는 내색 한번 없으셨다.

아내는 부모님이 처음부터 결혼을 반대하신 터라 자기가 아무리 잘해도 예쁘게 안 봐주신다고 하는데, 싹싹하게 잘하면 어느 시부모가 싫어하겠는가. 나도 아내가 부모님께 안 좋은 소리 듣는 게 싫어 부모님께는 다 잘하는 여자라고 말씀드리곤 한다. 하지만 부모님도 눈이 있으신데 그 말을 곧이곧대로 믿으실 리 있겠는가.

상담실에 오게 된 결정적인 이유가 부부 싸움 후에 내가 어머니께 전화를 드렸기 때문이라는 걸 나도 안다. 하지만 아내 말처럼 어머니께 고자질하려고 그런 건 아니다. 다만, 나는 다음 날 출근해야 하는데, 아내가 내 입장은 생각도 않고 밤늦게까지 이게 힘들다, 저게 힘들다 불평을 해대는 통에 견딜 수가 없었다. 이런 일이 하루 이틀도 아니고, 집에 오면 편하게 쉬는 게 아니라 스트레스만 쌓인다. 그날도 답답한 마음에 어머니도 같은 여자니, 아내가 왜 그러는지 이럴 땐 어떻게 해야 하는지 의논차 전화를 드린 것이다. 솔직히 어머니가 그 밤에 달려오셔서 그럴 거라고 예상치도 못했다. 그 일로 어머니는 요즘 하루에도 몇 번씩 내게 전화를 걸어 왜 며느리가 용서를 빌러 오지 않느냐고 역정을 내신다.

나도 정말 잘 살고 싶다. 장남으로서 부모님께 잘 사는 모습을 보여 드리고 싶고, 아내와 행복하게 살고 싶은 마음이다.

결혼한 후 愛

남편이 차라리 고아이기를 바라는 마음

상담하다 보면 때때로 남편이 차라리 고아였으면 좋겠다, 시집과 모든 연을 끊고 살았으면 좋겠다고 호소하는 부인들을 만나곤 합니다. 그리고 안타깝게도 그 수가 적지 않습니다. 이렇게 시집과의 관계를 힘들어하는 사람일수록 처음에는 시집에 인정받고 사랑받고 싶은 마음이 강했고, 그만큼 의욕적으로 잘했던 경우가 대부분입니다. 그런데 그런 마음이 제대로 전달되지 않았을 때, 혹은 마땅히 들어야 할 칭찬과 따뜻한 말 한마디가 돌아오지 않을 때 지쳐가게 되는 것이지요. 그러다 상처도 받고 실망도 하고 급기야 시집과 남편을 향한 원망만 쌓이게 됩니다.

전혀 다른 환경에서 다르게 살아왔던 사람과 아무런 갈등 없이 살 수는 없는 일입니다. 각자의 입장과 욕구가 다르고 생각과 가치관이 다르다는 것을 인정하고 서로를 받아들이고 이해하기 위해 좀 더 노력할 필요가 있겠습니다. 세상 모든 며느리가 좋은 며느리, 칭찬받는 며느리가 되고 싶겠지만, 각 집안의 상황, 시부모님의 교양 수준과 성숙도, 그리고 시부모님의 부부 관계의 질에 따라 며느리를 평가하는 기준은 천차만별이기 때문에 쉽지만은 않습니다. 이에 따라 며느리 입장에서 겪는 마음고생 또한 각양각색입니다. 그러나 모든 부인들이 공통적으로 꼭 기억해야 할 것은 '자기 삶의 기준이 시집이 되어서는 안 된다'는 사실입니다. 내 삶의 기준은 남편도, 자식도 아닌 반드시 '나'이어야 합니다. 좋은 며느리, 착한 며느리로 살 생각에서 당장 벗어나 '정서적으로 편안한 나'를 유지하는 데 마음 쓰기 바랍니다.

시집 어른이야 당신들 기준으로 좋은 며느리, 나쁜 며느리라 평가할 수 있습니다. 하지만 왜 그 평가를 고스란히 며느리가 책임져야 할까요? 나름대로 어른들께 최선을 다한 후에 좋은 며느리로 봐주면 고맙고, 나쁜 며느리로 본다면 아쉬울 뿐이라고 생각하면 됩니다. 그리고 시부모님께 하는 이 최선의 정도는 남편과의 애정, 친밀도 정도에 따라 결정되는 것이니, 이 부분에 있어서 부인이 당당했으면 좋겠습니다. 남편과 애정이 없고 정서적인 친밀감이 없는데, 그래도 며느리의 도리는 해야 한다는 생각으로 기능적인 역할에 최선을 다하다가는 결국 자신만 상처 입고 맙니다.

상담을 하다 보면 전날 부인에게 손찌검을 하고서도 주말에 시집에 가서 며느리로서 할 도리를 하라고 강요하는 남편들이 꽤 많습니다. 그리고 부인들 역시 자신이 잘하면 남편이 뉘우치지 않을까 하는 기대를 갖고 그런 날 역시 시집에 가곤 합니다. 하지만 이런 때는 안 가는 게 맞습니다. 부부 싸움의 상황은 덮어두고 며느리의 도리를 우선시하게 되면 남편 입장에서는 하등 불편한 점이 없기 때문에 개선의 의지를 느끼지 않습니다. 그럴수록 부인은 화가 쌓여가지만, 결국 스스로 남편에게 어떤 부당한 대우를 받더라도 며느리의 도리는 다해야 하는 상황을 만들고 만 것입니다.

남자들은 '나와 상관없이 우리 부모, 형제들과 잘 지내줘'라고 요구합니다. 하지만 절대 그런 일은 있을 수 없습니다. 다시 말하지만 시집 식구와의 관계가 남편과의 관계를 넘어서지 못합니다. 남편과의 정서적 교류가 원만치 않고 시어른이 며느리를 인격적으로 존중하고 긍정적으로 대해주지 않는다면, 웬만해서는 시집에 혼자 가는 것은 좋지 않습니다. 부인이 상처 받을 일이 많아질 수밖에 없기 때문입니다.

재판관이 되려는 남편들

갓 결혼한 부인에게 시집은 거대한 낯선 집단입니다. 이 큰 집단의 구성원 중 유일하게 아는 사람은 남편뿐이지요. 그러니 남편이 부인의 마음을 알아주고 보호해줘야 하는 것은 마땅한 일입니다. 이 상담 케이스에서 남편은 말로는 아내 편이라고 아내를 위해서라고 하지만, 그것은 남편의 비겁한 자기변명일 뿐입니다. 그는 편한 대로 행동했고 부모님의 마음만 풀어드리려 노력했습니다. 어디에도 아내를 위한 행동과 말은 없었으며, 이 점이 무척이나 아쉽습니다.

시집과 부인의 갈등 상황에서 남편은 문제를 해결해보겠다며 어설픈 재판관이 되려 하거나 중립을 지키는 경우가 많습니다. 하지만 그렇게 해봤자 갈등이 해결되지 않고 오히려 더 심화되기 때문에 남편에게 돌아오는 건 고립감과 무력감뿐입니다. 이럴 때 남편은 중립적인 입장을 취하는 것이 아니라 적극적으로 아내 편을 드는 것이 맞습니다. 이것이 부모님, 아내, 자녀 그리고 자기 자신까지 포함된 가족 전체가 편안하고 평화로울 수 있는 유일한 길입니다.

나를 중심으로 부모님과 자녀와는 혈육 관계이기 때문에 그야말로 끊을려야 끊을 수 없습니다. 하지만 부부 관계는 그렇지 않습니다. 부부는 사랑과 신뢰로만 유지될 수 있는 이성 관계입니다. 이성 관계에 필요한 사람은 남녀 둘이면 충분합니다. 거기에 다른 사람이 끼면 깨지고 말겠지요. 갈등 상황에 남편이 부인의 마음을 더 적극적으로 이해하며 편을 들지 않고 중립을 고수한다면, 신뢰 관계는 무너지고 부인은 남편과의 정서적인 끈이 끊어집니다. 시집과의 갈등뿐만 아니라 모든 상황에서 남편은 절대적으로 부인의 정서적인 지지자가 되어야 하고, 부인 역시 그 어떤 상황에서도 남편의 정서적인 지지자가 되어야 합니다.

남자는 결혼하면 남들에게 행복한 가정을 보란 듯이 보여주고 싶어 합니다. 타인에게 인정받고 싶은 욕구 때문입니다. 그래서 내부에 분열이 생기거나 문제가 생기면 얼른 그것을 덮어버리고 싶어합니다. 부인과 어머니의 갈등이 빚어지는 경우에도 상황을 직시하고 문제를 해결하기보다 빨리 종료하기 위해 역정을 내는 어머니 편을 들어 일단 불화를 잠재우기 일쑤입니다. 그리고 속으로 '일단 어머니가 좀 누그러지면 후에 아내를 달래주면 되겠지'라고 생각합니다. 하지만 막상 급한 불을 끄고 나면 느긋한 마음에 '아내가 이해하겠지' 하며 그냥 묵과해버리는 경우가 많습니다. 그러면 부인은 남편이 그래도 자신의 마음을 헤아려주겠지 싶어 기대했다가 실망하며 남편에 대한 마음을 접게 됩니다.

남편의 그런 행동 저변에는 '꼭 말로 위로해줘야 하나? 말하지 않아도 알아줘야 부부 아닌가' 하는 생각이 깔려 있습니다. 그러나 어머니 앞에서는 아들로서 도리를 다하면서 정작 같이 살고 있는, 훨씬 더 중요한 아내에게는 할 도리를 다하지 않는 남편의 마음을 아내가 어떻게 다 헤아리겠습니까. 남편은 "부부니까, 그만큼 편하니까 그렇죠"라고 합니다. 하지만 이 말은 사실, "만만하니까 그렇죠"라는 말의 다른 표현일 뿐입니다. 그리고 "어머니보다 아내가 더 중요하단 말입니까?"라고 따지듯 묻는 남편도 있습니다. 당연히 아내가 더 우선입니다. 그 이유는 두말할 필요도 없이 결혼했기 때문입니다. 어머니 편을 들어줘야 하는 사람은 따로 있습니다. 바로 아버지입니다. 물론 안타깝게도 아버지는 어머니 편을 들지 않겠지요. 돌아가셨거나, 살아 계시더라도 부인 편을 적극적으로 드는 경우는 드물 테니까요. 그렇다고 어머니가 자신의 존재감을 아들 내외에게서 찾거나 아들에게 자신의 편이 되어달라고 하는 것은 아들 부부를 파탄으로 내모는 길입니다.

지위로 억압하는 시부모님

무릎을 꿇는 일은 그 대상이 누구든 절대 해서는 안 됩니다. 며느리가 마음에 들지 않을 때마다 무릎을 꿇게 하는 것은, 시어머니가 지위로 며느리를 억압하고 무력화시키려는 행동입니다. 현재 시어머니는 그것이 어른으로서 마땅히 할 수 있는 일이라 생각합니다. 하지만 이는 자신의 뜻을 관철시키기 위한 고집으로밖에 보이지 않습니다. 무릎을 꿇고 빌면 용서해주겠다고 해서 며느리가 무릎을 꿇는 것은 시어머니의 아집만 더 강화시키는 결과를 낳아, 당신 마음에 들지 않는 일이 생길 때마다 "무릎 꿇고 빌어라"가 만성이 되기 쉽습니다.

가족 사이에서는 무릎 꿇고 비는 일이 아예 성립되지 않는다고 생각하는 것이 맞습니다. 가족은 소통적 관계여야 합니다. 며느리가 잘못한 일이 있다면 어르신은 어떠한 행동에 화가 나고 무엇 때문에 걱정이 되었는지 대화로 전달하고, 며느리 역시 어르신이 무엇을 염려하는지 마음을 헤아리고 반성하는 자세를 가져야겠지요.

무릎 꿇고 비는 행위에 초점을 맞춰 군림하려는 모습이 시부모와 며느리 외에 다른 가족 사이에서도 비일비재합니다. 요즘은 사위에게 무릎 꿇고 빌라는 장인 장모도 많습니다. 이 역시 절대 안 될 일입니다. 자신이 절대 해서는 안 될 행동을 구분해야 하며, 어르신이 무릎 꿇고 빌기를 통해 진정으로 원하는 것이 무엇인지를 파악하는 것이 중요하겠습니다.

남편은 적극적으로 아내 편이 되기를

다시 한 번 강조하지만 남편 입장에서 봤을 때 전체 가족 구성원 중 가장 우선순위가 되어야 할 사람은 마땅히 부인입니다. 그래서 예를 들어, 제삿날 부인이 아프다면 그 입장을 헤아려야 합니다. 일반적으로 남편들이 아픈 부인을 기어이 시집에 끌고 가거나, 한술 더 떠 "어른들 앞에서 얼굴 표정이 그게 뭐야? 걱정하시게"라며 부모님 마음 편하시게 연극까지 하기를 종용합니다. 그러나 이럴 때는 부인을 쉬게 한 후 혼자 제사 드리러 가고, 갔다가도 아내가 아파서 빨리 가봐야 한다고 부모님께 양해를 구하고 돌아오기를 권장합니다. 그리고 부모님들도 이런 아들의 의사를 존중해주기를 바랍니다. 그래야 내 아들이 행복하기 때문이지요. "걔는 툭하면 아프다고 하는구나. 하필 제삿날 맞춰서 아프다니" 등의 말씀을 해봤자 이때 가슴앓이를 하는 건 결국 내 아들이라는 사실을 아셨으면 합니다.

상담을 온 30대 중반의 남편이 이렇게 말한 적이 있습니다. "저희 어머니가 '자고로 부인은 맘에 안 들면 바꿀 수 있지만 어미는 하나다'라고 하던데요." 그 말에 저는 고개를 끄덕이며 이렇게 대답해드렸습니다. "바로 그겁니다. 어머니 말씀이 지당하십니다. 어떻게 해도 어머니는 절대 바뀌지 않습니다. 그러니 마음 놓고 지금 부인을 최우선으로 하십시오."

세상에 아주 못된 며느리는 없는 것 같습니다. 대부분 시어른께 잘 보이고 싶어하고 그렇게 해서 남편에게 사랑받고 고마워하는 마음을 얻기 바랍니다. 그러니 시부모님께서 며느리를 칭찬하고 고마워해주신다면 어떤 며느리도 그런 시어른을 외면하지 않을 것입니다.

캥거루족

결혼 후에도 부모에게 받는 걸 당연하게 여기는 철부지

술주정뱅이 시아버지 때문에 못살겠다

이제 백일이 된 아들을 생각하면 눈물만 난다. 내가 너무 우울하고 제정신이 아니라 아이에게 잘해주지 못해 미안할 뿐이다. 결혼과 함께 내 삶이 이렇게 나락으로 떨어지다 보니 가장 귀한 우리 아기에게도 소홀하게 됐다.

결혼 전 나는 집에서 독립해 혼자 살면서 자유를 만끽하고, 원하는 일을 즐기며 살았다. 남편을 만나게 된 것도 취미 생활로 즐겼던 음악 동호회에서였다. 1년여 연애를 하며 꿈같은 사랑을 나누었다. 만나면 마냥 좋았고, 같이 있으면 헤어지기 싫었다. 그러다 덜컥 임신을 해버렸다. 아무런 준비 없이 임신을 했지만 서로 사랑했고, 나이도 먹을 만큼 먹었기 때문에 서둘러 결혼을 했다. 하지만 갑자기 결혼을 하다 보니 정말 아무 준비도 못했다. 친정에서는 극구 말렸지만 일단 시집에서 신혼살림을 시작했다. 그땐 그게 불행의 시작일 줄은 꿈에도 몰랐다.

 연애 시절에는 시집이 그저 평범하고, 시어른도 우리 부모님과 별반 다르지 않을 거라 생각했다. 하지만 결혼하고 보니 그게 아니었다. 시아버지는 알코올 중독자처럼 술을 마시고, 술만 마시면 폭군으로 변해 가족을 공포로 몰아넣는다. 평소에도 말도 안 되는 생트집을 잡아 가족을 못살게 군다. 처음에는 그런 아버지 밑에서 자란 남편이 한없이 불쌍했고, 나보다 네 살 어린 시누이와 가장 힘들었을 시어머니가 너무 딱했다. 하지만 시간이 지날수록 아버지와 대등하게 싸울 법도 한데 가만히 있는 남편이나, 매일 당하고만 있는 시어머니가 이해가 안 됐다. 하도 답답해서 남편에게 왜 아버지를 그대로 두냐고 했더니, 지병이 있어서 저러시니 그냥 두는 게 낫다는 식으로만 말한다. 하지만 내가 이 이상한 식구의 일원이 되어 함께 피해를 보고 있는데, 어떻게 그대로 두고 볼 수만 있겠는가?

 시집은 방 3개 화장실 1개가 있는 작은 연립이다. 방이 3개라지만 그나마 2개만 방다운 방이고 하나는 방이라고 할 수 없을 만큼 작고 초라하다. 그 방에서 시어머니가 시누이와 함께 지낸다. 그리고 중간 크기의 방을 우리가 쓰고, 어이없게도 제일 큰 방을 시아버지 혼자 차지하고 있다. 가족 다섯 명이 화장실 하나를 두고 쓴다는 것은 정말 고역이다. 샤워 한번, 용변 한번 편하게 해본 적이 없을 정도다. 게다가 무섭고 싶은 시아버지가 거실에 떡하니 버티고 있어 매일 방에서 감옥 아닌 감옥살이를 하고 있다. 시아버지와 밥도 함께 먹기 싫을 정도라 식사 시간에도 방에 있곤 한다. 그래서 남편과 함께 저녁 식사를 해본 게 언제인지 기억도 나지 않는다.

이렇게 힘들어하는 나를 남편과 시어머니는 그래도 이해해주고 다독여준다. 남편은 참 착하고 좋은 사람이다. 시어머니도 불쌍한 분이다. 하지만 뾰족한 해결책도 내놓지 못하는 무능한 남편과 시어머니가 원망스럽다.

남편은 호텔에서 일을 한다. 일을 한 지 아직 몇 년밖에 되지 않아 지금 당장 분가할 전세금을 마련하는 건 쉽지 않은 일이다. 게다가 육아비와 생활비도 적지 않게 들어가 돈을 모아 분가를 한다는 건 요원하다.

결혼할 때 시어머니가 이런저런 일을 하면서 모아놓은 목돈이 있다며, 일단 신혼살림은 시집에서 시작하지만 곧 분가를 시켜주겠다고 말씀하셨다. 그 말만 믿고 나는 겁도 없이 시집에 들어왔고 임신 기간 동안에도 그 약속만 믿고 참고 지냈다. 그러다가 출산하기 직전에, 그래도 아이에게만은 시아버지의 그런 모습을 보여주며 살 수가 없어 어머니께 분가하고 싶다고 말씀드렸다. 그런데 어머니는 아이 낳고 몸이나 추스르고 나가라며 내 눈을 피하셨다. 이상한 마음에 계속 여쭤봤더니 곤란한 표정으로 하시는 말씀이, 시아버지가 사업을 해보겠다고 그 돈을 가지고 나가셨는데 아무래도 다 날린 것 같다는 것이다. 순간 머릿속이 하얘지고 눈앞이 캄캄했다. 모든 희망이 다 사라지고, 그 희망을 빼앗아간 사람이 바로 내가 끔찍하게도 싫어하는 술주정뱅이 시아버지라는 사실이 분하고 억울했다. 그때 처음으로 시어머니가 너무나 원망스러웠다. 전혀 믿음도 가지 않는 시아버지를 그래도 남편이라고 덥석 돈을 줘버리다니, 그렇게 미련하니 평생 당하고만 살지……. 이젠 남편도 시어머니도 싫고, 남편과 결혼한 것이 그저 후회스러울 뿐이다.

결혼한 후 愛

스스로 불행을 끌어안고 있는 부인

30대 중반의 부인은 얼굴이 몹시 상해 있었습니다. 남편이 출장을 간 동안 시아버지 때문에 살 수가 없고 우울해서 못 견디겠다고 혼자 개인 상담을 왔었지요. 하얗고 예쁜 얼굴에 양미간을 잔뜩 찌푸리고 있는 모습이 상당히 안타까웠습니다. 부인의 마음은 현재 정말 억울하고 속상하고 힘이 듭니다. 정말이지 어떻게 살아갈 수 있을까 싶습니다.

부인의 얘기를 듣고 있으면 마치 신혼부부가 사는 집에 시부모님이 얹혀사는 것처럼 보입니다. 부부만의 보금자리에서 아이를 낳고 알콩달콩 살고 있는데 오갈 데 없는 시부모님이 들이닥쳐 자리를 차지했고,

특히 시아버지의 유난한 술주정 때문에 힘든 상황 같습니다. 하지만 현실을 직시하면 그 반대의 경우입니다. 장성한 아들이 결혼을 한 후에 집을 마련하지 못해 아직 부모님 댁에 머물러 있는 형국입니다. 다시 말해, 이 부부는 부모님으로부터 머물 곳을 제공받고 있는 것입니다.

부인에게는 기꺼이 구석방을 사용하며 아들 내외에게 편의를 제공하는 시어머니와 시누이, 그리고 힘들어하는 자신을 이해하고 다독여주는 착한 남편까지 있습니다. 그런데도 부인은 자신이 피해자인 양 너무 힘들어하고 있습니다. 이 경우 사실 문제의 원인은 시아버지라는 외부 요인이 아니라, 부인 내부에 자리 잡고 있다 하겠습니다.

부인의 친정은 부산입니다. 예쁜 얼굴에 어릴 때부터 공부도 잘했던 그녀는 서울에 있는 대학에 합격해 그때부터 혼자 자취를 했습니다. 서울에 친정 오빠가 두 명이나 있었지만 그다지 잘살지 못하는 오빠들과 함께 살고 싶은 마음은 눈곱만큼도 없었기 때문입니다. 고집스러운 막내딸에게 모든 가족은 오냐오냐했습니다. 왜 우리 집은 자가용이 없는 거야? 왜 우리 집은 이사를 많이 다녀? 왜 우리 집은 다른 집처럼 근사한 데서 외식 안 해? 그녀는 어릴 때부터 넉넉하지 못한 살림을 항상 못마땅하게 여기며 불만이 많았습니다. 그리고 그렇게 속으로 가족들을 무시하며 혼자 자유롭게 살아왔습니다.

지금까지 자기 식대로 자유롭게 살아온 그녀에게 시집에서의 생활이 스트레스였을 것이라는 점은 이해합니다. 남편과 둘만 살아도 익숙지 않고 버거운 생활일 텐데, 시집 식구와 부대끼며 사는 것도 싫었을 테고, 특히 술만 먹으면 폭군으로 변하는 시아버지도, 분가를 약속하고 지키지 않는 시어머니도, 아무것도 해줄 수 없는 남편도 원망스러웠을 것입니다. 그렇게 그녀는 '내가 생각한 결혼 생활은 이게 아닌데' 하며 우울의 나락에서 헤어나지 못하고 있습니다.

하지만 실상 부인은 자신을 힘들게 하고 괴롭히는 불행의 요인을 스스로 끌어안고 있음을 직시해야 합니다. 다시 말해 자신을 바라보는 관점에 변화를 주어야 한다는 것입니다. 부부가 시집에서 살기 시작한 것은 어느 누구의 강요도 아닌 자신의 선택입니다. 부부가 살 신혼집은 그것이 월세든, 전세든 혹은 내 집이든 스스로 마련해야 하는 것인데, 그럴 능력이 되지 않아 시집에 들어가 살겠다고 선택한 것입니다. 시집에서 전세금을 마련해주신다면 감사한 일이겠으나, 전세금을 마련해주지 못하는 형편이라도 어쩔 수 없는 일입니다. 그 돈을 시어머니가 어디에 어떻게 쓰셨든지 부인이 왈가왈부할 수는 없습니다. 시아버지의 돈이든 시어머니의 돈이든 시부모님이 결정해서 쓸 일입니다.

시아버님이 사업에 실패하신 것은 안타깝습니다. 하지만 시아버지가 실패하고 싶어서 일부러 그런 것도 아니고, 세상 모든 일에는 실패의 위험이 따릅니다. 만약 시아버지가 사업에 성공해서 아들 내외에게 집을 사주고 고급 승용차를 마련해주며, 매번 두둑하게 용돈을 주신다면 시아버지의 술주정이 성공한 CEO의 고뇌하는 모습으로 보였을지도 모릅니다. 덧붙여 남편에게 당신도 아버지의 반만이라도 닮아보라는 친절한 조언도 하지 않았을까요.

부인은 현재 자신이 느끼는 불행을 모두 남의 탓으로 돌리지 말고 마음을 바꾸어야 합니다. 시집에 살기 힘들다고 해서 원망해야 할 대상은 시아버지도, 시어머니도 아닌 부부 자신들임을 알아야 하겠지요. 그리고 방을 제공해주신 부모님의 배려에 감사하며, 시집의 도움을 받는 기간 동안 부부가 능력을 더 키우고 서로 협조해서 앞으로의 삶에 대한 계획을 세우고 스스로 자립할 길을 모색하길 바랍니다.

1회 상담만 와서 자신의 억울한 마음만 하염없이 풀어놓고 간 부인은 문제를 자신에게서 찾아야 할 필요가 있다는 제 말이 들리지 않는 듯했습니다. 충분히 그럴 수 있습니다. 부인은 집으로 돌아가 지금까지 그래왔던 것처럼 시아버지와 시어머니를 원망하고, 남편에게 스트레스를 풀고, 어린 아들을 심리적으로 방치할지 모릅니다. 그런 부인을 생각하니 오지랖 넓은 제 마음이 긴 시간 동안 무겁게 가라앉았습니다.

진정한 성인이 되기를

결혼을 하기에 앞서 자신이 심리적으로 성인이라 할 만큼 성장했는지를 먼저 살펴봤으면 합니다. 사실, 많은 분들이 성인이 아니라 성인아이 상태에서 결혼합니다. 성인이라면 부모로부터 심리적인 자립과 경제적인 자립이 가능해야 합니다. 그것이 진정한 독립이라고 생각합니다. 이러한 바람직한 성인의 모습이 갖춰졌을 때 비로소 결혼 준비를 제대로 했다고 볼 수 있습니다.

캥거루족이라고 들어보셨는지요. 성인이 됐음에도 자립하지 못하고 부모에게 얹혀사는 사람들을 일컫는 말입니다. 요즘은 결혼을 하고도 부모에게 얹혀사는(봉양이 아닌), 혹은 얹혀살지는 않더라도 육아나 기타 살림 여러 부분에서 도움을 받으며 살고 있는 사람들이 많습니다. 한 연구 기관에서 기혼 직장인 1,339명을 대상으로 '부모님의 경제적 지원 현황'에 대해 조사한 적이 있습니다(2007년). 이때 응답자의 52.2퍼센트가 최종학교 졸업 이후에도 부모에게 경제적 지원을 받았다고 합니다(결혼 자금까지 지원받는다 25.8퍼센트, 직장 취업 준비까지 지원받는다 16.1퍼센트, 주택 자금까지 부모님의 도움을 받는다 8.0퍼센트, 결혼 후 생활비까지 받는다 1.7퍼센트, 자녀 양육비까지 받는다 0.6퍼센트 등).

우리는 결혼을 부모로부터의 진정한 '독립'이라고 일컫습니다. 하지만 경제가 어려워짐에 따라 목돈 마련이 어려워진 결혼 적령기 젊은이들이 경제적 자립을 하지 못하고 부모님께 의지할 수밖에 없는 것이 현실입니다. 그렇다고 부모님께 받는 도움이 당연한 것은 아닙니다. 더욱이 부모님이 경제적 도움을 주지 않는다고 원망해서도 안 될 것입니다.

결혼 이후에도 부모로부터 심리적·경제적 독립을 하지 못하면 건강한 결혼 생활을 꾸려나가기 쉽지 않습니다. 부부 중 한 사람이라도 이러한 생각을 갖고 있으면 부부 사이는 분명 삐걱거리기 마련입니다.

'효테크' 때문에 힘든 시집살이를 꾹꾹 참아내다가 결국은 폭발해서 상담실을 찾은 케이스도 많습니다. 시부모가 상당한 자산가라 재산을 물려받기 위해 억지 효도를 하다 그 재산이 자신들에게 오지 않자 부부 사이까지 금간 경우였습니다.

  이미 우리는 부모님으로부터 많은 것을 물려받았습니다. 물질적인 도움을 받지 못했다고요? 하지만 낳아주시고, 키워주신 게 바로 부모님입니다. 건강과 재능, 열정, 성실 등 우리 내면에 가진 좋은 기질 역시 부모님으로부터 받은 소중한 자산입니다. 그것만으로도 감사한 마음을 가졌으면 합니다.

2. 존중한 그대, 존중 받으리

존중하는 마음이 결혼 생활을 견고하게 하는
접착제이자 보존제

부부 상담을 하다 보면 '남자는 하늘, 여자는 땅'이라는 가부장적인 사고방식 때문에, 또는 남편이 나이가 많거나 부인 집안이 재력이 있거나 더 많이 배웠다고 해서 부부 중 어느 한쪽이 위에서 군림하려 들다가 결국 갈등이 생기는 경우를 종종 본다. 부부는 어느 한쪽이 위이고 어느 한쪽이 아래일 수 없는 상호 '동등'한 관계이다. 옛 어른들이 말씀하셨던 '남자는 하늘, 여자는 땅'이라는 말은 하늘이 땅 위에서 군림하라는 것이 아니라, 서로 존중하고 조화를 이루라는 깊은 뜻이 숨어 있다. 부부는 이렇게 서로 존중하며 살아야 할 것이며, 이를 위한 소통과 이해는 결혼을 견고하게 하는 접착제이며 보존제이다. 부부는 너무 가까운 사이이다 보니 자칫 서로 존중하는 마음을 잊고 사는 경우가 많다. 하지만 우리가 진정 존중해야 하는 사람은 높은 지위에 오른 사람이나 유명 인사가 아니라, 바로 내 곁에서 나를 사랑하고 지지하는 배우자임을 잊지 않았으면 한다.

남편의 도리, 부인의 도리

내가 받기 원하는 만큼 배우자도 원하는 바가 있다

옆구리 찔러도 모르니 손이 올라갈 수밖에

세상에, 아내가 남편인 나를 경찰에 신고했다. 몇 대 때렸다고 그런 짓을 하다니. 그래, 내가 좀 다혈질이고 욱하는 성질이라는 건 인정한다. 그리고 아내를 때린 것도 사실이다. 하지만 화를 돋우어 폭발하게 만든 장본인은 바로 아내다. 참으려고 무진장 애를 쓰다가 도저히 참을 수 없어 손이 올라갔다. 그런데 원인 제공자인 아내는 맞았다는 이유 하나만으로 경찰에 신고까지 했다. 나 원 어이가 없어서. 그날 일은 두 번 다시 생각하고 싶지 않은 굴욕이다. 이를 알게 된 아버지는 쓰러지실 뻔했고, 어머니는 아예 그날로 몸져누우셨다.

아내는 정말이지 자기중심적인 여자다. 친구들 부인을 보면 눈에 보일 정도로 남편을 배려하는데, 아내는 한 번도 나를 세심하게 챙겨준 적이 없다. 그런 무신경함에 정말 화가 난다. 나한테는 그렇다 치더라도 적어도 아이 밥은 제대로 챙겨줘야 하는 거 아닌가? 맞벌이를 하는 것도 아니고 도대체 뭐가 그렇게 피곤하고 힘들다고 밥도 안 챙겨주고 잠을 자는지 모르겠다.

아내는 너무 게으르고 나태하다. 그리고 현명하지 못하다. 계절이 바뀌기 전에 옷장 정리도 하고 다림질도 깨끗하게 해놓아야 하는데, 내가 말할 때까지 할 생각을 전혀 안 한다. 저녁을 먹고 나면 과일이라도 내와야지 곰처럼 앉아서 TV 드라마만 본다. 하도 답답해 내가 먼저 과일 먹자고 말을 꺼내면 돌아오는 말이 "냉장고에 사과 사다놨어요"다. 세상에, 옆구리를 찌르면 절하는 시늉이라도 해야 하는데…….

이렇게 아내가 답답하니 정말 어떤 때는 제어가 안 될 정도로 화가 난다. 게다가 여자라면 다소곳하고 애교도 부리고 그래야지 도대체 그런 맛도 없다. 집안 꼴이 마음에 안 들어 화를 내면 눈치껏 일단 잘못했다고 빌고 빨리 치우는 시늉이라도 해야 하지 않나. 그런데 아내는 내 말에 한마디도 안 지고 바락바락 대든다. 그러니 조용히 넘어갈 수 있는 일도 폭력으로 치닫고 마는 것이다. 극한 상황으로 몰고 가는 것은 아내 쪽이다. 이렇게 모든 원인이 자신에게 있다는 사실을 아내는 완전히 망각하고 있다. 회사에서도 인정받고 어디 가든 모두가 나를 좋아하는데 집에서만 이 꼴이다. 정말이지 너무 억울해서 잠도 안 온다.

남편이 바라는 건 아내가 아니라 몸종

남편이 원하는 만큼 내가 챙겨주지 못하는 건 인정한다. 그러나 그 비위를 다 맞출 수 있는 여자는 어디에도 없을 것이다. 남편이 원하는 바를 들어보면 내내 자기 옆에서 시중을 들어줄 몸종을 원하는 것 같다. 내게 그토록 바라는 게 많은 사람이 내가 원하는 것이 무엇인지는 알려고 한 적이 없다. 내 기분이 상해 있거나, 자기가 휘두른 폭력 때문에 분위기가 냉랭해지면 "나가자, 내가 뭐 사줄게"라고 말하는 식이다. 그러다가 자기 뜻대로 하지 않으면 "배부르고 등 따습게 해줬더니 고마운 줄도 모르고"라고 윽박지르기 일쑤다. 내가 바라는 것은 단 한마디라도 진심으로 사과해주는 것인데 남편은 그걸 정말 모른다.

아이가 있건 없건 막말을 일삼는 남편과는 대화 자체가 안 된다. 시집 식구들 앞에서도 멍청하다느니 생각이 없다느니 하는 막말을 입에 달고 산다. 시어머니는 이런 아들을 나무라시기는커녕 "남편이 그럴 때는 그저 나 죽었소이다 하는 게 좋지, 미련하게 대들면 안 되는 거다"라고 하는 분이다. 심지어 한번은 심기가 좋지 않은 얼굴로 우리 부부를 불러 하시는 말씀이 "남편이 늦게 들어오고 혼자 즐기는 시간을 갖더라도 여자는 그런 걸 갖고 말하는 거 아니다"라고 하셨다. 사람이 밥에만 만족하지 못하고 가끔 자장면이나 카레라이스를 별식으로 먹는 것처럼 남자도 이 여자 저 여자 만날 수 있는 법이라나. 그런 시어머니에게 "어머니 저도 돈가스나 스파게티 먹을 줄 알아요"라고 반박하고 싶은 마음이 굴뚝같았지만, 옆에서 "마누라는 가정식 백반이지"라며 이죽거리는 남편을 보자 그 집 식구들과는 아예 말도 섞고 싶지 않았다.

시집의 분위기는 시아버지가 왕이고 시어머니는 아버님의 시중을 드는 하녀 같다. 시아버지는 젊은 시절 거리낌 없이 외도를 즐겼고, 60대 후반의 지금도 젊은 여자를 만나고 다닌다. 그래서 같은 여자로서 어머니가 너무 불쌍했는데, 그렇게 답답한 생각을 갖고 사셨으니 시아버지가 나이 드셔도 계속 외도를 하는 게 아닌가 하는 생각에 화가 난다.

남편이 나를 아내로 생각한다면 폭력은 있을 수 없는 일이다. 결혼한 지 몇 년이나 됐다고 벌써 남편은 크고 작게 십여 차례나 손찌검을 했다. 그때마다 차후 한 번만 더 폭력을 행사할 경우 경찰에 신고를 하겠다고 경고하고, 대화로 풀어보자고 부탁도 해다. 하지만 남편은 맞을 짓을 해놓고는 왜 내 탓을 하느냐며 이죽거리기만 할 뿐이었다. 그가 말하는 나의 맞을 짓이란 게 도대체 뭐란 말인가?

다림질을 마음에 들지 않게 한 것, 밥을 윤기 있게 못 하는 것, 말대답을 한 것, 자기를 주인처럼 떠받들지 않은 것, 이런 말도 안 되는 이유로 폭력을 휘두르는 남편을 참을 수 없어 이혼을 각오하고 그날 경찰에 신고했다. 그런데 경찰서에서 다시 한 번 남편에게 정나미 떨어졌다. 그는 나와 전혀 이혼할 마음이 없다고 했다. 얼굴이 벌겋게 상기되어 경찰에게 자신은 아내를 사랑하며 절대 이혼할 마음도 없고, 두 번 다시 아내를 폭행해 경찰서에 오는 일이 없도록 하겠다고 했다. 그 말에 정말 어이가 없었다. 나를 사랑한다고? 몸종처럼 부려먹고, 사람 취급도 안 하고, 막말과 폭력을 일삼으면서 사랑한다고? 나는 남편에게 물었다. "정말 나를 사랑해?" 남편은 "당연하지, 사랑하니까 같이 살지, 아니면 왜 살아"라고 대답했다. 정말 남편이 나를 사랑하는 건가?

결혼한 후 愛

부부 사이에 위아래는 있을 수 없다

부부는 3년 동안 연애를 했습니다. 연애 시절 듬직한 남자는 여자의 제일 친한 친구였고, 세심한 여자는 남자를 행복하게 만드는 사람이었습니다. 그들은 서로를 평생의 반려자로서 참 알맞은 사람이라 생각했고, 잘 살 수 있을 거란 확신으로 결혼에 이르렀습니다. 그런데 결혼 후 모든 것이 삐걱거렸습니다. 부인 입장에서는 결혼 전 그렇게 듬직하던 남자가 고루한 사고방식을 가진 가부장적인 남편이 되어버렸고, 남편 입장에서는 연애 시절 그렇게 곰살맞게 챙겨주던 아내가 이제는 자기가 몸종이냐며 따지고 드니 이해가 안 갈 뿐입니다.

서로에 대해 충분히 알고 있다고 생각해 결혼한 이들이 왜 이렇게 됐을까요?

그들은 결혼을 하기 전 예전 원가족의 사고방식을 간과했습니다. 남편의 부모님은 완전한 상하 관계를 유지하고 있습니다. 지금도 외도를 일삼는 아버지는 당신의 행동이 뭐가 잘못된 건지 인식하지 못하고 남자가 그럴 수도 있다고 정당화합니다. 그리고 어머니는 남편의 잘못이 별일 아닌 것이 되도록 최선을 다해 돕고 있고요.

남편은 아버지를 어떻게 인식하고 있을까요? 집안에서는 절대자이고, 밖에 나가서는 성공한 사업가이기 때문에 큰 존재로 인식하고 있습니다. 밖에서 늘 바쁘게 지내는 아버지는 어쩌다 가족과 외출할 때도 짐을 잔뜩 이고 다니는 어머니와 달리 깔끔한 복장으로 혼자 저만치 앞서 가곤 했습니다. 가족을 위해서 손 한번 내미는 걸 보지 못했습니다. 시험을 잘 보면 대견스러워하며 돈을 주셨는데, 남편은 그것이 아버지한테 받는 유일한 칭찬과 인정이라 여겼습니다. 남편은 어려서부터 '아버지는 저런 모습이구나'라고 생각했을 것입니다. 반면, 어머니는 늘 집안을 돌보고 가족에게 헌신적인 분이었습니다. 아버지가 사업으로 돈을 많이 벌어도 어머니는 변변한 외출복 한 벌 없었습니다.

이런 환경에서 자란 남편은 무의식적으로 부모님의 행동 방식을 따르고 있습니다. 그리고 자신의 어머니가 보여주었던 모습을 부인에게 강요하며, 부인이 왜 불만을 갖는지도 모릅니다. 그가 생각하는 부인의 도리는 예전 원가족의 특수한(어찌 보면 대한민국의 많은 가족들이 이러한 남존여비의 불평등한 사고방식을 갖고 있는 것 같다) 사고방식 탓에 부인의 생각과 너무나 차이가 있습니다. 그래서 대화를 요구하는 부인에게 부인으로서 도리나 먼저 하라는 주장을 펴는 것입니다. 연애 때는 동등한 친구, 연인 관계를 허용했지만, 결혼과 동시에 남편의 사고방식에 자리 잡고 있는 남존여비 인지가 작동하게 된 것이라고 할까요.

시대가 지나면서 각 세대만의 문화가 있습니다. 부모님 세대에서는 부부 사이에 상하 관계가 당연했는지도 모릅니다. 전쟁과 가난이라는 극한의 상황을 타개하기 위해 노동력이 우선시되었던 그 시대는 돈을 벌어오는 아버지가 가장 힘이 센 존재였으니까요. 하지만 지금은 가부장적인 태도를 고수할 경우 남자들이 고립되는 사회입니다. 부인과 자녀가 등을 돌릴 수밖에 없는 태도를 취하면서 가족이 자신을 존경하고 좋아해주기를 바랄 수 있을까요? 현재 남편의 태도는 '내가 이 집안의 가장이니 가족 모두 나를 존경하고 떠받들라'는 것입니다. 하지만 안타깝게도 이는 가족으로부터 자신을 고립시키는 행동일 뿐이며, 스스로를 돈 버는 기계로 전락시키는 일입니다. 이런 식으로는 절대 정서적인 가족 구성원이 될 수 없습니다.

심리적 유산 끊기

남편과 상담을 하며 그의 어머니의 삶을 재조명하고 관점에 변화를 갖도록 유도했습니다. 이들 부부의 문제는 부모님과의 심리적 유산의 대를 끊어야 풀리기 때문입니다. 그가 장남으로서 어머니가 어떻게 사셨길 바랐을까요? 과연 한 사람의 인격체로서 어머니가 행복하다고 여겼을까요?

그에게 현재 두 자녀의 부모가 된 입장에서 어머니를 바라보게 했습니다. 그렇게 관점을 변화시키자 그는 아버지에 대한 분노가 생긴다고 했습니다. 어린 시절 정말 바랐던 아버지의 모습은 어머니를 보살펴주고 보듬어주는 다정한 사람이었습니다. 외출할 때 무거운 가방을 들어주고, 어머니를 사랑으로 대해줬다면 아버지가 정말 멋있어 보였을 거라 했습니다.

남편은 큰소리 내며 부부 싸움하는 걸 있을 수 없는 일로 여겼습니다. 처음에는 행복을 원하기 때문이라고 주장했지만, 자신을 되돌아보는 과정을 통해 군림과 복종의 관계로 굳어진 부모님 부부가 싸우는 모습을 보지 못했기 때문이었다는 점을 알았습니다. 그리고 모든 원인을 부인 탓으로 돌린 것이 타당하지 않다는 것도 깨달았습니다. 그러면서 점차 현재 자신의 모습을 객관적인 시각으로 보게 되었고, 지금 자녀들이 아빠에게 무엇을 바랄 것인지도 연결시켜 생각했습니다. 그는 말로는 동등한 부부를 표방했지만 실제 행동은 전혀 그렇지 못한 이중적인 모습이었다는 점을 심히 부끄러워했습니다.

앞으로 이 부부에게는 남은 과제가 있습니다.

남편은 부인 앞에서 늘 '겸손'이라는 단어를 생각해야 합니다. 대우받고 보살핌받기 원하는 만큼 부인을 인격적으로 대우하고 사랑으로 보살펴야 함을 잊지 말아야 합니다. 중요한 것은 이 점을 머리가 아닌 마음에 깊이 새기고, 행동으로 연결시켜야 하는 것이지요. 아내를 존중하는 행동을 하더라도 그것이 하기 어려운 숙제를 하는 형국이라면 결국 며칠 가지 않을 것입니다. 진정성을 가지고 아내가 고귀한 인격체라는 것을 인정할 때, 부부 관계가 바람직하게 변화될 것입니다.

부인에게는 노력하는 남편을 격려하고 지지하며 긍정적 피드백을 제때 제대로 해주는 의지가 필요합니다. 더불어 남편의 변화를 기다려줄 줄 아는 성숙한 마음 자세도 중요하겠지요. 또한 남편에게 일관된 태도로 꾸준하게 자기표현을 할 필요도 있습니다.

결혼 초, 기선 잡기가 아니라 대화에 힘쓰기를

상담을 하다 보면 결혼 생활이 힘들고 이건 아닌데 하는 생각이 들어도, 시간이 좀 지나면 나아지겠지, 아이가 생기면 나아지겠지, 남편일이 잘 풀리면 괜찮아지겠지…… 이렇게 스스로를 위로하고 억누르며 시간만 보내고 있는 부인들의(남편들보다는 부인들이 주로 그렇습니다) 케이스를 많이 봅니다. 하지만 시간이 갈수록 갈등 상황은 더해갈 뿐, 배우자가 알아서 변하는 경우는 거의 없습니다. 오히려 시간이 지난 후에 이런 점이 힘들고 저런 점이 잘못됐다고 토로하면, 왜 여태 가만 있다가 이제 와서 그런 이야기를 꺼내느냐는 식의 말밖에 들을 수 없습니다.

결혼 초반이 중요하다는 말은 다른 게 아닙니다. 결혼 초반에 대화 시간을 많이 갖고 힘든 점이나 상대에게 원하는 것 등을 제대로 짚어보고 해결해야 한다는 말입니다. 부부 싸움을 하라는 것이 아닙니다. 힘들면 왜 힘든지, 어떤 상황이 싫은지 등을 정확하게 표현하고 어떻게 하는 것이 좋을지 같이 해답을 찾아가는 과정을 거치라는 것입니다. 여기에서 잊지 말아야 할 것은 양쪽 집안의 행동 방식을 기준으로 삼는 것이 아니라, 서로의 정서를 이해한 후 부부만의 행동 방식을 만들어가야 한다는 점입니다.

밑지는 결혼

배우자에게 인정받지 못할 때 가장 슬프다

내가 얼마나 봐주며 사는지 모른다

결혼이 이런 건지 정말 몰랐다. 혈혈단신으로 사업체를 일궈가며 고생하신 아버지는, 그 힘든 과정 속에서도 엄마한테 잘하셨다. 아버지가 걸레를 들고 방 청소를 하고 함께 식탁을 차리는 모습은 익숙한 풍경이었다. 그런 환경에서 자란 친정 오빠 역시 자랄 때 내게 무척 다정했고, 결혼해서도 올케에게 잘한다. 나는 세상 모든 남자가 아버지와 오빠 같은 줄 알았다. 결혼 전에는 남편도 내게 잘했다. 그래서 머리 하나 좋은 거 말고, 하나 볼 거 없는 그와 결혼을 결심할 수 있었다.

그런데 결혼을 하고 나니 남편은 변했고, 거기에 가난한 시집까지 내 머리를 아프게 한다. 시집 얘기가 나와서 하는 말인데, 시집은 솔직히 우리한테 평생 짐일 뿐이다. 시집에 가면 시부모님은 관리비가 많이 나왔네, 전기세가 얼마네, 무슨 고지서가 있네 등등, 돈 들어가는 얘기만 하신다. 도대체 어쩌라는 건지? 우리에게 도움 하나 주지 않았으면서, 이렇게 바라기만 한다.

남편 사업의 밑바탕은 친정의 힘이 절대적이었다. 아버지는 하나밖에 없는 딸인 나를 위해 남편 회사의 모체가 되는 사업체를 물려주었고, 그 덕에 지금의 남편이 있는 것이다. 그런데 남편은 그런 은혜에 보답할 생각은커녕 외도로 나를 기만했다. 사업 때문에 바쁘다고 내게 소홀한 것은 물론 애들하고 저녁 식사 한번 제대로 하지 않으면서, 딴짓을 했던 것이다.

남의 손을 빌어 외도 사실을 알게 되었을 때, 분하거나 화가 나기보다 기가 막히고 어이가 없었다. 그런데 더 기막히는 것은 외도 대상이 애까지 딸린 이혼녀라는 사실이다. 나이도 나보다 한 살 많다. 별 볼 일 없는 그런 여자가 도대체 어디가 좋다고 그랬는지 알 수가 없다. 사진을 보니 이만저만 여우 같은 여자가 아니다. 정말 둘 다 가만히 안 두려고 했다. 그래도 아이들 때문에 이혼만은 피하려고 생각하고, 남편에게 변명할 기회를 줬다. 그런데 마땅히 잘못을 했음에도 빌기는커녕, 오히려 뻔뻔스럽게 사람 시켜 다 알아내놓고 뭘 더 물어보냐는 것이다. 정말 죽이고 싶은 마음이 목구멍까지 차올랐다.

남편은 지금 이혼을 하자고 한다. 외도를 했건 안 했건 그것도 내 맘대로 생각하라는 식이다. 너무 화가 나 간통죄로 둘 다 콩밥을 먹이고 사회적으로 매장시켜버리겠다고 했더니 "간통죄? 그럴 수 있으면 그렇게 해. 손가락질하면 한두 달 욕먹으면 돼. 그리고 세상에 나한테 손가락질할 만큼 한가한 사람이 많지도 않을 거야. 남의 눈 때문에 집 앞 슈퍼에 갈 때도 화장하고 드라이까지 하는 당신이야말로 맘 단단히 먹고 고소해야 할 거야"라고 한다. 막말도 이런 막말이 없다. 그러면서 지금까지 자기한테 무슨 관심이 있었다고 이제 와서 이러느냐고 한다.

그 여자한테 전화를 했다. 그 여자는 나한테 연락 올 줄 알고 있었다고 하더니 "남편한테 잘하세요"라고 했다. 나를 가르치듯이 "성실하고 참 착한 사람인데 왜 그렇게 사장님 마음을 아프게 합니까?"라고도 하면서, 자기한테 연락할 거 없고 부부 문제는 부부가 알아서 하라고 먼저 전화를 끊더니 다시는 전화를 받지 않았다. 그 전화 때문에 내 자존심은 완전히 바닥으로 내던져졌다. 며칠 동안 억울하고 분해서 소리를 지르며 울었다. 그러다 선생님이 쓴 칼럼을 읽었다. 정말 내 마음을 잘 알아주는 구절들이 많아서 위로를 받았다. 내가 남편에게 원하는 말이 칼럼에 나와 있어서 선생님을 찾아왔다.

나를 인정하지 않는 아내

아내 외에 다른 여자를 만난 것은 분명 잘못된 일이란 걸 안다. 잘못했다는 걸 알면서도 오히려 내가 왜 억울한 심정이 드는지……. 아내도 현재 상황에서 몹시 힘들겠지만, 그간 내 삶의 고충을 아내는 눈곱만큼도 모를 것이다.

장인어른의 도움을 많이 받은 것은 사실이다. 결혼 후 장인어른 사무실에서 일하면서 함께 사업을 키웠다. 손위 처남은 다른 업종에 종사하는 터라 회사를 내가 거의 맡아서 하다시피 했다. 아버님은 열심히 일하는 나를 인정해주셨고, 그래서 사업을 물려주신 것이다. 물론 사위를 믿고 인정해주신 아버님께 언제나 감사한 마음이다. 이렇게 아내도 나를 인정해주었다면 지금 우리가 이 지경이 됐을까 싶다. 예전엔 아내에게 최선을 다했다. 아내를 사랑했기 때문이다. 정말 화목한 가정을 이뤄 잘 살고 싶었다. 그런데 지금은 그렇지 않다. 시간이 지날수록 내 모든 노력이 아내에게는 가치가 없다는 것을 깨달았기 때문이다.

아내는 내가 뭘 해도 인정하지 않는다. 인정하지 않는 것은 둘째 치고, 얼마나 애 쓰는지 전혀 알려고도 하지 않았다. 그리고 "좋은 대학 나오면 뭐해, 당신은 우리 아버지 덕에 사업이라도 할 수 있는 거야"라고 입버릇처럼 말하며 남자로서, 가장으로서의 자존심을 짓밟았다. 내가 애써서 사업을 일으킨 것은 아무것도 아니라는 얘기니, 아무리 능력을 발휘해 성과를 내도 기본적으로 소용없는 것이다.

아내가 하는 일은 마사지 받고 쇼핑하고 친구 만나러 다니는 것이 전부다. 집안 살림과 육아는 모두 도우미 아줌마의 몫이다. 아이 이유식 하나 자기 손으로 만들어 먹이지 않는 사람이다. 이렇게 아내로서 엄마로서의 역할은 하지 않으면서 자기한테 잘못한다고 투정만 부린다. 아내가 살림과 육아에 온몸을 바치길 바라는 것이 아니다. 다만 아내의 마음을 느낄 수 있었으면 하는 바람뿐이었다.

나한테도 이러니 우리 부모님께 어떻게 할지는 말 안 해도 알 것이다. 사업이 어느 정도 잘되니 부모님이 경제적으로 더 많은 도움을 주길 원하는 건 사실이다. 하지만 나는 일정 금액의 용돈 외에는 경제적인 도움을 드리지 않는다.

모든 면에 이기적인 아내에게 이제 만정이 떨어졌다. 더 이상 자신도 없고 사랑은커녕 어떤 때는 눈 마주치기도 싫다. 그냥 이제는 각자의 길을 가고 싶다. 아내가 아이들을 키운다면 양육비를 줄 테고, 나한테 키우라고 한다면 잘 키울 자신도 있다. 아이들을 사랑하는 내 마음까지 접고 싶은 생각은 없다. 다만 아내와의 인연은 여기까지였으면 좋겠다.

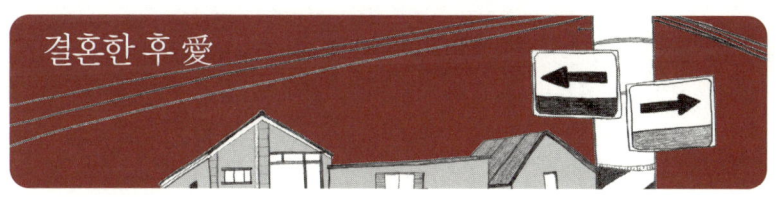

결혼한 후 愛

살아주는 것이 아니라 함께 살아가는 것

질투란 무엇일까요. 사전에는 질투란 '다른 사람이 잘되거나 좋은 처지에 있는 것 따위를 공연히 미워하고 깎아내리려 함'이라고 정의되어 있습니다. 그런데 부부 상담을 해오면서 정의 내린 질투는 이렇습니다. 내가 몹시 바라고 원하는 것, 그리고 내 것이어야 하는 것이 타인에게 가 있는 것을 보고 느끼는 괴로운 감정입니다. 내 것이 남에게 가 있으면 당연히 자존심에 큰 타격을 입고, 불쾌한 마음도 들고, 부러움도 생기겠지요. 그리고 타인에게 가 있는 그것이 내게 얼마나 소중하며 필요한 것이었는지를 깨닫고 가슴이 비어 있음을 더 크게 느끼게 됩니다.

부부 사이에서 몹시 바라고 원하는 것, 그리고 당연히 내 것이어야 하는 것은 물론 배우자의 사랑입니다. 부인은 현재 남편의 내연녀에게 질투를 느끼고 있다고 생각하지만, 사실 대상이 꼭 그 여자라서 질투를 느끼는 것이 아닙니다. 자신이 남편과 나누어야 할 정서적 교감을 타 여성이 누리고 있다는 것을 발견하고, 빼앗겼다고 생각하기 때문에 힘든 것입니다. 그러니 배우자와의 갈등을 풀어야지 내연녀는 상대할 대상조차 안 됩니다.

부인은 남편의 관심과 사랑을 몹시 원하는데, 그러한 소중한 감정 주머니들이 나와 연결되어 있지 않은 것을 확인한 순간 질투를 느꼈습니다. 하지만 부인은 질투를 느끼기 전에 깊이 자기성찰을 해야 합니다. 표면적으로는 부인이 피해자이며 참 많이 억울하고 힘든 상황처럼 보입니다. 하지만 그런 동정 어린 시선으로 이 문제를 해결할 수는 없습니다. 이 부부의 갈등 원인을 직시하면, 부인은 남편에게 사랑을 바란 것은 맞으나, 부인 자신은 남편에게 존중과 사랑을 보내지 않았습니다.

어쩌면 딸이 존재하는 자체만으로도 고마운 마음으로 평생을 살펴주신 친정아버지처럼 남편도 그러겠거니 하는 면이 있었습니다.

사실, 부인 말을 듣고 참 안타까웠습니다. "내가 별 볼 일 없는 남편이랑 결혼해주고 애를 둘씩이나 낳아줬으면 된 거지, 뭘 더 바라죠?" 부인의 말은 철이 없어도 너무 없어서 안쓰럽기까지 했습니다. 결혼은 자신이 남편에게 해준 것이 아니라, 본인 선택으로 한 것입니다. 그리고 아이도 낳아준 것이 아니라 사랑으로 함께 임신하고 출산한 것입니다.

경제적으로 허락된다면 부인처럼 가사와 육아에 시간을 많이 내지 않을 수도 있습니다. 그것은 삶의 여러 가지 형태 중 하나이기 때문에 잘잘못을 따질 수는 없습니다. 다만 일상에서 남편에게 격려와 지지, 그리고 감사하는 마음을 적절히 표현했다면, 부인이 원하는 남편의 관심과 사랑도 받을 수 있었을 것입니다. 부인은 남편에게 보내야 할 관심과 사랑에는 관심이 없고, 남편이 무조건 자신을 사랑하고 살펴줘야 한다는 계산만 하면서 모든 것을 못마땅하게 여겨왔습니다.

남편의 외도는 어떠한 말로도 용서받기 힘든 잘못임이 분명합니다. 하지만 재판을 하듯 누가 잘못했고 누가 잘했네라는 관점으로 이 일을 바라봐서는 안 됩니다. 사실 주위에 이런 일이 생기면 사람들은 남편이 그럴 수밖에 없었다, 혹은 그래도 남편이 심했다, 부인이 어쨌든 억울하겠다, 부인도 잘한 거 없다 등등의 말을 하곤 합니다. 그리고 위로하기 위해 편을 들어주기도 합니다. 하지만 이는 궁극적으로 당사자에게 아무런 도움이 되지 않습니다.

이제 할 일은 부부가 왜 그런 지독한 상황을 맞게 되었나를 잘 들여다보고, 그래서 앞으로 어떻게 할까를 공들여 찾는 것입니다. 감정적으로 문제를 대하면 문제에서 헤어나지 못하고 상대에 대한 단절감만 더 하게 되어 진정한 해결책을 찾을 수 없습니다.

상대가 바라는 것을 바라보기

상담이 진행되면서 부인은 남편이 아버지가 아니라는 것, 부부가 무조건적인 사랑을 주는 혈육 관계가 아니라 사랑을 주고받는 동등한 남녀 관계라는 것을 깨달았습니다. 그러고 나서 부인은 자신이 바라는 것이 있는 것처럼 남편 역시 바라는 것이 있다는 것을 이해하고, 그의 욕구에 관심을 갖고 무엇을 어떻게 충족시켜줘야 하는지 하나하나 배워나갔습니다. 부부는 상담을 통해 서로 마음을 알아주고 심정을 살펴주는 대화 방식을 익혔으며, 그럴 때마다 이제야 처음으로 서로 소통하는 것 같다는 느낌도 갖게 되었습니다.

그 가운데 남편은 부인에게 바라는 바가 충족되지 않고 매번 좌절됨에 따라 그 분노와 화 때문에 다른 여성을 만나고 있었던 스스로를 반성했습니다. 사랑하는 자녀에게 부끄러운 아버지가 되고 싶지 않다고도 했습니다. 그리고 월급이 부인 통장으로 들어가기 때문에 한 번도 "이번 달도 수고했어요, 고마워요"라는 말 한마디 들어보지 못한 그는 그 말 한마디 듣는 게 얼마나 소원이었는지, 얼마나 섭섭했는지를 눈물을 글썽이며 고백했습니다.

　남편의 말에 부인이 더 많은 눈물을 흘렸습니다. 남편의 공을 항상 친정아버지 덕이라고 말하는 자신에게 얼마나 절벽 같은 냉랭함을 느꼈을까, 참 외로웠겠구나 하며 미안해했습니다. 듣고 있던 남편은 아내의 변화에 고마워했습니다.

　부인에게 그 여자와 남편이 요즘도 만나는지 궁금하지 않느냐고 물었습니다. 부인은 "솔직히 불안한 마음이 없지 않지만, 이상하게도 별로 생각이 나지는 않아요. 남편이 계속 일찍 들어오고 애들도 잘 돌봐줘요. 저를 대하는 손길이 달라졌어요. 그걸 알겠어요. 이젠 남편의 사랑을 얻었다는 걸요. 남편 말이 진심으로 들리고 충분히 성의가 느껴져요. 그러면 괜찮은 거 아니에요?"라고 웃으며 반문했습니다. 남편에게도 그 여자와의 관계를 물었습니다. 아내와 부부 상담을 받고 있고 이혼도 하지 않을 거라고 했다고 합니다. 그래도 계속 문자와 전화가 오는데 받지 않는다는군요.

　이렇게 남편이 외도를 진심으로 뉘우치고 아내에게 사죄하는 모습을 보며 이 부부의 상담을 마쳤습니다. 마지막에 부인은 "선생님이 같은 여자로서 제 편을 들어줄 거라 믿고 찾아왔다가 그러지 않으셔서 처음엔 화가 나고 굉장히 서운했어요. 그런데 지금 생각해보니, 제 편을 들어줬으면 큰일 날 뻔했어요"하며 배시시 웃더군요. 저를 믿고 따라준 부인의 미소가 그렇게 예쁠 수 없었습니다.

남편은 초혼, 부인은 재혼
한 사람의 희생으로 유지되는 아픈 결혼 생활

내가 잘하면 될 줄 알았는데

시어머니는 아침저녁 예고도 없이 들이닥친다. 열쇠로 문을 열고 들어와 하는 말씀이…… "너 집에 있었냐? 난 또 나간 줄 알았지." 그러고는 유유히 주방으로 가 들고온 반찬을 냉장고에 넣고, 아무렇지도 않게 안방으로 들어가 새로 산 남편 옷을 장롱 안에 건다. 그 모습을 지켜보노라면 머리카락이 곤두서고, 피가 거꾸로 도는 것 같다. 어머니의 다음 행보는 거실 소파로 이어진다. 그렇게 소파에 편안히 앉아 리모컨으로 TV를 켜고는 시답지 않은 드라마와 연예인 얘기, 같은 아파트에 사는 아무개 흉보기로 장장 서너 시간을 보낸다. 다른 며느리들 같으면 싫은 티라도 낼 테지만, '금쪽같은 내 아들을 어디 감히 너 같은 것이

채갔느냐'는 표정의 시어머니 앞에서 무력하게 당하고 있을 수밖에 없다. 남편은 초혼이고, 나는 재혼이기 때문이다.

20대 중반에 동갑내기 남자 친구와 아이를 갖는 바람에 결혼을 했다가 이혼했다. 그는 임신 사실을 알자마자 도망가고 싶다고 하더니, 결혼할 때도 어쩔 수 없이 하는 거라는 태도였다. 그렇게 결혼한 후 술만 먹으면 "네가 내 인생을 망쳤다, 발목을 잡았다"고 하던 남자와의 결혼 생활은 짧게 끝을 맺었다. 시작도 아기 때문이었듯이, 끝도 아기 때문이 되었다. 부모가 자신을 원하지 않았다는 걸 알았는지 아이는 세상에 나오길 거부하고 배 속에서 죽고 말았다. 지금도 그 생각을 하면, 세상 빛도 못 보고 떠난 아이에게 죄스러울 뿐이다.

아이가 사산된 후, 미안하다며 다시 잘해보자는 그에게 등을 돌리고, 만류하는 친정 식구도 뿌리치고 이혼을 하면서, 나는 정말 올바른 선택을 했다고 자신했다. 그리고 이후 10여 년을 내 일을 하며 혼자 꿋꿋하게 잘 살았다. 그러다 지금의 남편을 만나 1년 넘게 연애를 하고 결혼을 했다. 전남편과 달리 나보다 나이도 네 살이나 많고, 성실해서 잘해 나갈 수 있을 것 같았다.

결혼하며 제일 중요하게 생각한 건 시집 식구와의 융화였다. 그리고 이를 위해서 내가 좀 더 낮은 자세로 살면 된다고 여겼다. 그런데 이건 아닌 것 같다. 낮아도 너무 낮아진 내 존재감을 더 이상은 참을 수가 없다. 남편이라도 내 입장을 이해해주면 덜 힘들겠지만, 내가 시어머니에 대해 작은 불만이라도 내비치면 왜 사소한 거라도 잘해볼 생각 없이 불만을 갖느냐고 한다. 내가 음식 솜씨가 없으니 어머니가 음식을 싸들고 오는 거고, 옷을 잘 챙겨주지 못하니 신경 쓰는 게 아니냐는 것이다.

"나는 당신이 만든 반찬은 맛이 없어서 못 먹겠어"라며 남편은 시어머니 음식 솜씨를 칭찬하지만, 솔직히 나는 그 음식이 맛있는지 잘 모르겠다. 오랜 세월 어머니 손맛에 익숙해져서 맛있게 느끼는 거 아니냐고 하면, 남편은 시어머니 손맛 하나 배우지 못한 거 역시 내 잘못이라고 입을 막아버린다.

남편은 입맛만 시어머니에게 길들여진 게 아니라 모든 생활이 시집 식구를 향해 있다. 매주 주말은 당연히 어머니와 누나들과 시간을 보내고, 외식을 한다. 그 비용은 모두 남편의 주머니에서 나온다. 남편은 결혼 후 단 한 번도 생활비를 주지 않았다. 내가 남편보다 두 배 정도 돈을 더 벌기 때문에 굳이 생활비를 달라고 하지 않아도 된다. 그러나 외식을 하거나 영화를 보거나, 택시를 타도 계산은 으레 내가 하는 걸로 여기는 남편에게 서운할 때가 한두 번이 아니다. 생활비는 고사하고 나를 위해서는 천 원짜리 한 장 쓰지 않으면서 어떻게 어머니와 누나를 위해 그렇게 돈을 펑펑 쓸 수 있을까.

그런 남편 때문에 시집 식구와 식사하는 자리에서 나는 언제나 속에서 치미는 화를 참느라 힘들다. 그러다 드디어 사건이 터지고 말았다. 그날도 시어머니에 시누이 가족까지 같이 모여 외식을 했다. 그 자리에서 시어머니는 자기는 절에 가서 불공까지 드리며 애쓰고 있는데, 왜 아이를 갖기 위해 노력하지 않느냐며 나를 나무라셨다. "이제 네 나이 마흔이 가까워 오는데 그러다 우리 집 대가 끊기겠다" 하며 모든 걸 또 내 잘못으로 돌리는 것에 화가 나서 나도 모르게 "저 애 낳을 생각 없는데요"라고 말하고 말았다. 그러면 안 됐는데, 정말 그러지 말았어야 하는데……. 식구들 모두 놀라고 나 역시 내 입에서 튀어나온 말에 당황해 황급히 그 자리에서 도망치듯 나올 수밖에 없었다.

그렇게 혼자 집으로 돌아오니 서러운 눈물만 쏟아졌다. 당장 친정으로 달려가 엄마에게 위로받고 싶었지만, 재혼까지 해서 불행하게 사는 모습을 보여줄 수 없어 혼자 눈물을 삼켰다. 정말 보란 듯이 잘 살고 싶었는데…….

그날 밤 남편은 집에 와서 "네가 미쳐도 한참 미쳤구나. 너랑 못 살겠다. 당장 이혼해"라며 난리를 쳤다. 거기서 그치지 않고 "빨리 엄마한테 가서 빌어. 누나한테도 가서 빌고, 나한테도 빌어"라고 했다.

다음 날 아침, 나는 큰 결심을 하고 남편에게 "그래, 이혼하는 게 낫겠어. 이렇게는 못 살겠다. 이건 사는 게 아니야. 이 집은 결혼 전부터 내가 살던 집이니까, 당신이 내 집에서 나가줘"라고 담담하게 말했다. 내 말을 들은 남편의 반응은 기가 막혀 죽겠다는 것이다. 한동안 말이 없던 남편이 "네가 좋아하는 부부 상담이나 가봐. 네가 문제니까 가서 무슨 잘못했는지 듣고 오라고"라고 했다. 내가 정말 무엇을 잘못했는지 잘 모르겠다. 재혼을 하고서 또 이혼을 할 것 같은 내 인생이 박복하게 느껴질 뿐이다.

결혼한 후 愛

무조건 낮추는 자세가 아닌 당당한 모습의 배려

나이보다 훨씬 젊어 보이는 부인은 많이 울었습니다. 부인의 손을 잡고 더 소리 내서 크게 울라고, 여기는 그렇게 하는 곳이라고 말하니, 그녀는 목 놓아 서럽게 울었습니다. 세상에 혼자가 된 듯한 그녀의 마음이 오죽 아팠으랴 싶더군요. 주변에 어느 누구 하나 마음을 알아주는 이 없고 기댈 사람 없이 그동안 얼마나 마음고생이 많았을까를 생각하면 제 마음까지 아파옵니다. 부인에게는 오빠가 하나 있는데 그나마도 나이 차이가 꽤 있는 편이라 소소한 마음까지 나눌 대상은 없었습니다. 대부분 자매들끼리는 속 얘기도 나누고들 하지만 남자 형제나 오누이 같은 경우는 그렇지 않은 것 같습니다. 특히나 주변 친구들에게도 자신의 얘기를 하는 성격이 아닌 그녀는 심리적인 외톨이로 꽤 오랜 시간 지내왔고, 그 자체가 어느 정도 편하고 익숙했던 터입니다. 부인은 그렇게 혼자 문제를 끌어안고, 어찌할 바를 몰라 괴로워하다가 상담실을 찾았습니다.

부인은 현재 재혼을 약점으로 여기고 위축되어 있습니다. 그러나 재혼이기 때문에 오히려 두 번 다시 자신을 힘들게 만들어서는 안 될 것입니다. 당당하게 가슴을 펴고 배우자와 함께 어떻게 하면 어느 한 사람도 불편한 마음 없이 잘 살 수 있을까에 초점을 맞춰 더 많은 대화를 나눠야 하겠습니다. 참고 사는 착한 여자가 되기보다 표현하는 쿨한 여자가 더 낫습니다.

남편이 어머니의 손맛을 그리워하듯, 부인 역시 얼마든지 친정어머니의 손맛을 그리워할 수 있습니다. 그렇다고 부인이 남편에게 친정어머니의 손맛을 배워오라고 주문하지는 않습니다. 그런데 남편은 그런 요구를 스스럼없이 합니다. 맞벌이임에도 불구하고 가사 분담이 전혀 이루어지지 않고, 모든 생활이 남편 중심으로 이루어집니다. 남편 쪽에서 부인이 시집을 '왔다'고 인식하기 때문입니다. 그런데 문제는 부인 역시 남편과 같은 생각을 하고 있고, 거기에 더해 '재혼'이라는 이유로 스스로 조금 더 손해 내지는 희생하려는 마음을 갖고 있다는 것입니다. 부인의 현재 괴로움은 그 마음에서 출발합니다. 남편과 동등하다고 생각하지 않는 마음 말입니다.

가장 이상적인 모습은 남편이 부인을 존중하고 배려하는 마음을 갖고 있고, 부인은 그런 남편이 고맙고 존경스러워 시어머니에게 배워서라도 입에 맞는 음식을 만들어주고 싶은 마음이 우러나는 것이겠지요. 또한 이런 부인의 마음을 남편 역시 고마워하고 감사 표현을 한다면 더더욱 좋겠습니다. 하지만 지금처럼 무조건 우리 집 방식에 맞추라는 자세라면 부인이 아무리 애를 쓰더라도 남편 입맛에는 차지 않을 것입니다. 음식 맛이 문제가 아니라 자기 기준과 부모님 기준에 부인이 맞춰야 한다는 남성 중심적인 사고가 문제의 핵심이기 때문입니다.

부부가 함께하는 시간을 확보하는 데 더 애써야

이 가정의 지출 면을 보면 거의 부인이 모든 생활비를 충당하고 있습니다. 물론 더 많이 버는 사람이 더 많이 지출을 하는 것은 가능하지만, 내가 할 수 있는 선과 상대가 해야 하는 선은 논의해서 명확하게 구분해야 합니다. 남편은 수입을 아내와 가정을 위해 쓰지 않고 모두 예전 원가족에게 투자합니다. 그렇다 보니 금전적인 투자와 함께 심정적인 투자도 그쪽으로 치우치게 됩니다. 어른들과 식사를 하고 시간을 보내는 것은 좋지만 무엇보다 부인과 보내는 시간을 확보하고 더 기꺼워해야 하지 않을까요. 그렇게 되면 남편에게 고마운 마음이 들어서라도 부인이 시집과 함께 보내는 시간을 더 마련하고자 할 것입니다.

남편이 일방적으로 주말 시간을 시집 식구들과 보내려고 한다면 부인도 자기주장을 해야 합니다. 한 달에 한 차례 정도만 시집 식구들과 시간을 내고, 이후 주말 시간은 우리 시간으로 갖고 싶은데 당신 생각은 어떠한가, 생각이 다르다면 이 문제는 함께 조율해보자, 하고 말입니다. 그리고 경제적인 면에서도 내가 관리비와 가스 요금은 낼 테니 당신이 나머지를 담당하는 것은 어떻겠느냐 등등 각자 할 수 있는 것과 할 수 없는 부분에 대해서 의논하고 방안을 마련해나가는 것입니다.

이 부부는 현재, 특히 부인은 자신만의 공간과 시간이 보장되지 않는 환경에 처해 있습니다. 부인은 거의 무방비 상태로 시어머니에게 사생활이 노출됩니다. 어머니가 아들집에 오는데 허락받고 와야 하는가, 너무 야박한 거 아닌가라고 할지 모르겠습니다. 그러나 아무리 아들 집이라도 그 아들이 결혼을 했다면 며느리에게 허락을 받거나 적어도 전화로 양해라도 얻으신 후에 가는 것이 맞습니다. 바꿔 말하면 사위의 허락이 있어야 딸집에 갈 수 있다는 의미도 됩니다. 내 자식 집이기도 하지만 며느리, 혹은 사위의 집이기도 하기 때문입니다. 이는 결혼한 자녀 부부의 가정을 '존중'하는 행동입니다. 허물없이 지내는 게 더 정감 있고 좋다 할지라도 양쪽 다 양해가 된 상태가 아니라면 그런 행동은 일방적이 된다는 점을 알아야 하겠습니다. 지금은 초등학교 자녀 방에 들어갈 때도 노크를 하고 들어가는 시대입니다. 그만큼 개인의 공간과 사생활을 존중받길 원하고 존중해줘야 한다는 말입니다.

게다가 부인은 현재 임신에 대한 두려움까지 있습니다. 재혼 후 계속 마음고생을 한 탓도 있겠지만, 거의 만삭에 이르러 아이를 잃은 경험이 크게 작용합니다. 지금도 부인은 스스로 삶을 놓은 것 같은 아기를 가슴에서 떠나보내지 못했습니다. 그래서 이번만큼은 실패하고 싶지 않은데, 또다시 편치 않은 상황이니 두려움이 클 수밖에 없습니다. 가장 기대고 싶은 남편에게 두려운 마음을 충분히 위로받아야 하는데, 그렇지 못한 상황이라 안타깝습니다.

부부가 살다 보면 어느 한쪽에서 희생을 할 수도 있고 손해를 볼 수도 있습니다. 하지만 상대방이 이에 대해 감사하는 마음을 갖고 내 스스로도 억울한 심정이 없도록 해야 합니다. 그래야 희생과 손해를 보더라도 의미 있는 것이 됩니다. 마음이건 금전이건 내 진심을 알아주는 대상에게 베푸는 것이 가치 있으니까요.

겉은 부부, 속은 남남
심리적 별거가 물리적 별거보다 위험하다

이제 와서 왜 부부 상담이 필요한가

친구의 소개로 남편을 만났다. 짧은 연애 기간. 이제 와서 생각하건대, 이것이 지금 문제의 불씨가 된 것이 아닌가 싶다. 우린 서로에 대해 너무 몰랐다. 6개월의 연애 기간 동안 남편은 나에게 넘칠 정도로 애정 공세를 펼쳤고, 때문에 그에게 사랑받고 있다고 느껴 행복했다. 사실 남편과 만나기 직전 실연의 아픔을 겪은 터라 그의 사랑과 관심이 더 따뜻하게 느껴졌는지도 모른다. 하지만 결혼 생활 중에는 그 따뜻함을 느낄 수 없었고 참 외롭고 추웠다. 10년 동안 그렇게 살아오며 단련됐는지 이제는 외로움이 오히려 익숙하고 편하다. 뭐 그냥 이렇게 사는 것도 나쁘지 않다. 아이들은 착하고 건강하게 잘 자라주고 생활도 안정적이니 말이다.

그런데 남편이 어느 날 불쑥 부부 상담을 받아보자고 했다. 남편이 언젠가부터 사소한 일에도 곧잘 화를 내고 나를 대할 때마다 매우 괴로워했다는 걸 알고 있다. 하지만 몇 년 전 내가 너무 힘들어 어떻게든 추슬러보려고 부부 상담을 제안했을 때, 정신병자나 가는 곳이라며 들은 척도 하지 않던 사람이 이제 와서 이런 말을 하는 게 참 어이가 없다. 그저 남편이 이기적인 사람이라는 걸 다시 한 번 느낄 뿐이다.

지난 추석 시집에 다녀온 뒤 남편은 언제나처럼 나에게 일장 연설을 늘어놨다. 이유는 내가 시부모님께 살갑게 굴지 않는다는 거였다. 며느리로서 지켜야 할 예의와 도리를 논하더니 급기야 배울 만큼 배운 사람이 그런 것도 모르냐, 그래서 직장 생활을 어떻게 하느냐까지 밑도 끝도 없는 비난을 쏟아냈다. 예전 같으면 그런 말이 비수가 되어 가슴에 꽂혔겠지만 이젠 담담하다. 지난 10년 동안 지겹게 반복 재생되는 신랄한 비난은 이제 와서 새삼스러울 것도 없다. 이렇게 귀를 막고 마음을 닫아버리면 쉬운 걸 그동안 왜 상처받고 힘들게 살아왔는지 모르겠다.

결혼 후 남편은 자신이 원하는 '이상적인 아내와 며느리'의 잣대를 들이대며 따르기를 요구했다. 나는 그 틀에 맞춰보려고 부단히 애써왔다. 하지만 돌아오는 건 언제나 잘못됐다, 틀렸다, 부족하다는 부정적인 말뿐이었다. 상처받고 방에서 울고 있는 나에게 남편은 "그래 뭘 잘못했는지 한번 잘 생각해봐"라고 반성을 요구하며 방문을 닫고 나가버리곤 했다. 그 닫힌 방문과 함께 내 마음의 문도 닫힌 것 같다.

부부 상담을 하자는 것도 내가 얼마나 잘못했는지 객관적인 평가를 받게 하고 반성하게 만들려는 의도라는 것을 안다. 하지만 내가 부부 상담을 받아들인 건 오히려 남편이 객관적인 이야기를 듣고 내가 그동안 얼마나 힘들게 살아왔는지 깨닫게 해주고 싶어서다.

아내를 좀 뜯어고쳐주세요

아내를 처음 만났을 때 나는 미모에 넋이 나갔다. 소개해준 친구에게 고맙다고 몇 번이나 술을 샀을 정도다.

나는 사랑하는 마음과 고마워하는 마음 두 가지를 가지고 결혼 생활을 해왔다. 그런데 아내가 내 말을 듣지 않으면서 문제가 생겼다. 내가 무슨 말을 해도 옆집 개가 짖나, 하는 표정이다. 급기야 이제는 아이들에게 훈계하는 것까지 막고 나선다. 얼마 전에는 식탁에서 편식을 하는 큰아이에게 건강을 위해 골고루 먹으라고 했더니, 싫다는 애한테 억지로 먹이지 말라며 역성을 드는 것이다. 아빠가 훈계를 할 때는 당연히 "아빠 말씀대로 해라"라며 힘을 실어주어야 하는 거 아닌가? 특히나 옳은 일을 시키는데 그런 식으로 아이 앞에서 대놓고 무시하다니. 정말이지 아내는 기본이 되어 있지 않다.

아내는 부모님 댁에 가서도 마찬가지다. 지난 추석 때는 가기 전부터 싫은 티를 역력히 내며 늑장을 부리더니 교통체증을 걱정하며 재촉하자 좀 늦게 가면 어떠냐, 안 가면 어떠냐 하는, 정말 말도 안 되는 말로 속을 뒤집어놓았다. 명절에 시집에 안 가겠다니, 그것도 맏며느리가 말이다. 이게 배운 사람, 소위 사회생활하는 사람 머리로 할 생각인가? 결국 그런 마음으로 가더니 어머니가 반갑게 맞아도 무표정으로 고개만 까딱거리고, 화기애애한 가족 모임자리에서 시종일관 무겁고 우울한 표정이었다. 부모님이 오히려 아내의 눈치를 보는 모습에 면구스러워 혼났다.

차례를 지내고 어른들과 밥을 먹는 자리에서도 국 좀 더 갖다달라는 내 말에 아내는 "당신이 떠다 먹어"라고 말하는 것이다. 맞벌이를 하니 집에서야 같이 부엌일도 할 수 있다지만, 명절 때 어른들 앞에서 그런 식으로 말하는 아내가 얼마나 부끄러웠는지 모른다. 어머니가 못마땅한 표정으로 국그릇을 들고 주방으로 향하는데도 아내는 꿋꿋이 앉아서 밥만 먹고 있었다.

아내가 갑자기 왜 이러는지 정말 알 수가 없다. 부모님께 얼굴 들고 갈 수도 없고, 아이들 앞에서도 아빠의 위신이 서지 않는다. 나는 밖에 나가서는 유능한 사회인이고 가정에 돌아와서는 충실한 가장이다. 이웃이나 아내 친구들도 나 같은 남편이 어디 있느냐며 아내를 부러워한다. 그런데 유독 아내만 내게 왜 그러는지 모르겠다. 돌이켜보면 아내가 자신을 무시하고 잔소리를 한다고 불만을 표시한 적이 많았다. 하지만 그건 아내의 잘못된 행동과 실수를 고쳐주고 싶은 애정 어린 충고와 조언이었다. 남편이니까 그런 조언을 할 수 있지 세상 누가 그런 말을 해주겠는가 말이다. 여리고 세상 물정 모르는 여자를 가르쳐가며 가정을 이끌어가는 게 얼마나 힘든 일인데, 내 조언을 잔소리나 무시하는 행동으로 치부해버리는 아내의 모습이 실망스러울 뿐이다.

아내가 상담을 통해 잘못을 반성하고 깨닫길 바란다. 이혼은 생각해 본 적도 없다. 어떻게 해서든 아내의 잘못된 점을 뜯어고쳐서 살 것이다. 선생님이 아내를 바로잡아주실 거라 믿는다.

결혼한 후 愛

남편은 편한 남자, 내 편이 되어주는 남자라는 의미

객관적인 눈으로 부부의 문제를 봐주길, 실상은 결혼 생활이 이 지경이 된 원인이 상대에게 있음을 객관적으로 밝히고 싶어하는 이들은 안정적인 직업을 가진 맞벌이 부부입니다. 교제 기간은 6개월이었고 만난 지 2개월 만에 남자가 프러포즈를 해 결혼했으며, 올해로 결혼 12년 차를 맞습니다. 결혼 초기에는 상냥하고 순종적인 부인과 리더십이 있는 남편이 조화를 잘 이루었을 것입니다. 부인은 세상 물정 모르는 자신에게 이것저것 잘 알려주는 남편이 믿음직스럽고 의지가 됐을 테고, 남편은 부인을 다독여가며 가정이라는 울타리를 어떻게 이끌어갈 것인지 구상하며 의욕에 찼을 테니까요.

그러나 시간이 지날수록 이들은 동등한 부부 관계가 어려워졌습니다. 이 부부는 영락없는 '교사와 학생'의 모습입니다. 남편은 아내를 훈육하고 잘못을 지적하는 선생님이 되었고, 아내는 그런 선생님 밑에서 주눅 들고 자신감을 잃어가는 학생이 되어버렸습니다. 남편 입장에서는 가르쳐도 나아지지 않고 교육한 보람을 찾을 수 없는 학생이 답답했으며, 아내 입장에서는 아무리 노력해도 칭찬이나 관심 대신 잔소리와 무시로 일관하는 선생님을 보며 급기야 반항아처럼 튕겨져 나간 것입니다.

이렇게 부부 관계에서 한 사람이 주도권을 가지고, 다른 한 사람은 의존적으로 따르는 모습은 심심치 않게 있습니다. 그렇다고 이런 부부들이 모두 심각한 문제를 가지고 살아가는 것이 아니지요. 이들 부부가 처음 출발했을 때처럼 부인은 남편에게 의지하는 한편 지지를 보내고, 남편은 부인을 이끌어주는 한편 격려도 했으면 좋았을 것입니다. 특히 남편은 아무리 진심 어린 충고와 조언이라지만 웃어른도 아닌 남편에게 늘 지적당하고 혼나는 부인의 마음을 좀 헤아려봤으면 하는 아쉬움이 있습니다.

부인에게 함부로 말하고 대하는 남편이 외부 사람들, 예를 들어 친구들과의 부부 모임 등에서는 부인을 무척이나 챙기고 아끼는 듯한 행동을 하는 경우가 있습니다. 그러면 주변에서는 부러움에 찬 말들이 터져 나오겠지요. "남편이 너무 자상하세요", "우리 신랑도 좀 배웠으면" 등의 칭찬에 남편은 자신이 정말 좋은 남편인 듯 어깨가 으쓱합니다. 하지만 타인에게 보이기 위한, 본인의 체면을 위한 행동에 부인은 그만할 말을 잃게 됩니다. 이것이 정말 부인을 위한 행동일까요? 그렇지 않습니다. 순전히 타인에게 괜찮은 남편으로 인정받기 위한 행동일 뿐입니다.

어떤 남편은 부인의 이야기에는 귀를 기울이지 않고, 부부 싸움을 하거나 문제가 있을 때 꼭 처가의 누군가 중간 역할을 할 사람을 끌어들여 문제를 해결하고자 합니다. 그들이 이런 행동을 하는 데는 몇 가지 목적이 있습니다. 하나는 처가를 향해 이렇게 미흡한 사람을 데리고 힘들게 살아가고 있는 걸 알아달라는 것입니다. 그리고 다른 하나는 대부분 이런 상황에서는 처가 쪽에서 이해해달라며 부탁을 하는데, 그러면 자신이 봐준다는 식으로 부부 싸움을 마무리할 수 있기 때문입니다. 남편은 편한 남자, 내 편이 되어주는 남자라는 뜻입니다. 이 뜻을 되새겨 볼 때, 남편이 부인과 대화를 통해 갈등을 해결하기보다 다른 사람의 말을 우선시하는 경향은 참으로 안타까운 일이며, 부인 입장에서 편한 남편이 아니라는 점을 인식해야 합니다.

사랑을 전하는 방법 배우기

결혼 당시 남편은 물론 시집 어른들도 부인을 좋아했다고 합니다. 사근사근하고 잘 웃고 아들에게도 헌신적으로 잘하는 모습만 보이니 모두 예뻐하고 좋아했을 터입니다. 부인 역시 결혼 초에는 남편이 참 좋았다고 합니다. 하지만 시간이 갈수록 이건 아니다 싶은 마음이 들기 시작했습니다. 무엇보다 매사 남편에게 지적을 받았기 때문입니다. 부인은 남편에게 사랑과 관심을 받고 싶은 마음에 시키는 대로 다 따랐고, 남편이 하는 말이 다 옳게만 느껴졌습니다. 그래서 매번 지적당하고 면박하는 말을 들어도 '왜 나는 이렇게 못하지' 스스로를 자책하면서 더 잘해보려고 노력했습니다. 그런 부인의 노력에 남편은 칭찬과 고마움, 인정의 말 대신, 그 안에서 재차 부족한 점을 찾아 지적하고 또다시 고칠 것을 요구하기만 했습니다. 결국 시간이 지날수록 부인에게는 노력해봐야 소용없다는 무력감과 공허한 마음만 커졌습니다. 남편은 그런 부인을 방치하고 있었습니다.

부인은 남편 앞에서는 늘 기가 죽고 자신감도 없어졌습니다. 직장 생활을 하는 그녀는 일터에서도 점점 자신감을 잃는 등 생활 전체가 무기력해졌습니다. 회사에서 안 좋은 일이 있었다고 하면 남편은 다 부인 탓이라고 했습니다. 한 번도 편을 들어주지 않는 남편의 말을 더 이상 참기 어려워진 건 결혼 6, 7년 즈음이었다고 합니다. 그리고 급기야 결혼 10년이 된 무렵 부인은 남편에게 마음의 문을 닫았다고 고백했습니다. 특별한 사건이 있었던 건 아니고, 자신이 중요하다는 것을 느꼈기 때문입니다. 그간 참고 견디며 인내했던 모든 것이 아무런 의미도 없고 소용없다고 생각하면서 부인은 남편을 멀리하게 되었습니다. 부인에게 현재 남편은 아이들을 키우기 위한 사회적인 울타리일 뿐, 그 이상의 의미가 아니었습니다.

상담 회기가 거듭될수록 남편은 더욱 괴로워졌습니다. 부부 상담을 통해 자신이 얼마나 기막히고 힘든지 알아주기 바랐고, 부인이 얼마나 잘못하고 있는지 콕콕 짚어 알려주길 바랐는데, 상담이 생각하지도 않은 방향으로 진행되자 무척이나 혼란스러워했습니다.

남편이 부인을 사랑해서 한 행동은, 본인의 방식이지 부인이 느끼는 정서와 내면을 전혀 돌보지 않은 것이었습니다. 그래서 상담 초기에는 남편이 역지사지의 자세로 자신의 모습을 돌아보도록 하는 데 중점을 두었습니다. 남편이 부인을 위해서 한 충고와 조언이라는 것을 반대로 부인에게 들었다면 기분이 어땠을까 생각해보라고 했습니다. 듣는 사람 입장에서 자신을 위하는 말로 들리겠는지 되돌아보는 과정에서 남편은 많은 것을 느꼈습니다. 그래서 상담을 하며 새롭게 상대의 기분과 입장을 배려하는 의사 소통 기술을 배워가고 있습니다.

남편은 진심으로 부인에게 애정 어린 충고와 조언을 해주고 싶었다고 말했습니다. 그렇다면 어떻게 해야 자신의 뜻을 부인이 수용할 수 있는지 생각해봐야 합니다. 면박 주고 그것도 모르냐는 식으로 얘기하면, 아무리 뛰어난 혜안을 전해주고 훌륭한 해결책을 준다 해도 듣고 싶지 않은 게 인지상정입니다. 남편의 의사가 부인에게 오해 없이 제대로 전달되길 바란다면, 먼저 스스로 겸손한 마음을 가지고 부인을 인격적으로 존중하고 진심으로 배려하고 사랑해야 합니다. 그런 뒤에

라야 남편의 마음이 그대로 전달되며, 부인의 마음의 문도 열리게 될 것입니다.

사랑하는 마음은 그냥 전달되는 것이 아닙니다. 골백번 사랑한다고 말해봤자 소용 없습니다. 상대가 "내가 이 사람한테 사랑받고 있구나" 하고 한 번이라도 느끼는 것이 소중합니다. 부인이 이런 느낌을 가질 때 남편의 요구와 요청을 받아들이고 개선해보려는 의지를 낼 수 있습니다. 사랑을 전달할 방법을 모른다면 어떻게 해야 사랑받는 느낌이 드는지 배우자에게 물어봐야 합니다.

남편은 부인에게 고마운 마음을 가지고 결혼 생활을 해왔다고 했습니다. 그러나 그런 마음을 표현한 적이 없었습니다. 부인에게 다가가려면 지적할 부분보다 고마운 부분을 더 많이 찾아 긍정적인 피드백을 해야 합니다. 남편이 말하는 '반성'은 부인이 아니라 그간 부인에게 교만한 태도로 일관했던 자신이 해야 맞습니다. 그리고 그렇게 진심으로 후회하고 뉘우치는 모습을 보일 때, 부인이 남편에게 받은 상처를 딛고 자신을 치유하는 과정을 맞이할 수 있습니다.

심리적 별거가 물리적 별거보다 위험하다

이 부부는 현재 상담 진행 중입니다. 상담 초기에 부인은 엄마로서의 역할과 표면적인 부인으로서의 역할 이외에 마음 쓸 생각이 없다는 입장이었습니다. 한편, 남편은 부인이 얼마나 어렵고 힘들었을까보다는 자신의 말을 듣지 않고 함부로 대한다는 것에만 초점을 맞춰 부인이 하는 걸 봐서 어떻게 할지 결정하겠다는 태도로 일관했습니다. 이런 상태였기 때문에 얼마간 진전이 없었던 게 사실입니다. 그러나 상담 회기가 거듭되면서 남편에게 많은 변화가 일어났습니다. 그간 부인에게 줄기차게 '반성해라'라는 말을 하던 남편이 스스로 '반성'하며 부인에게 다가가고 있습니다. 아직까지 부인이 완전히 마음을 열지 않았으나, 부부로 함께 사는 한은 마음을 열고 받아들여야 한다는 말에 어느 정도 수긍하고 있습니다.

부부도 부부지만 성장기 자녀들이 받을 상처에 대해서 부인은 책임 의식을 가져야 합니다. 부인 역시 네 명의 가족 구성원의 일원으로서 책임이 있으니까요. 당장은 남편의 노력이 무슨 소용이 있나 싶고, 분명 자기 방식대로 되돌아갈 것이라 여겨질 수 있습니다. 하지만 함께 살면서 부인처럼 문제를 회피하는 방식은 이혼을 하는 것보다 못한 것입니다. 실제 물리적인 별거도 문제지만, 이 부부처럼 심리적인 별거 상태로 문제를 회피하면 갈등 상황만 지속되기 때문입니다. 부인은 열심히 자기표현을 하고, 혹여 부부 싸움이 벌어지더라도 피하지 말아야 합니다. 감정을 내세우는 싸움이 아니라, 갈등 속에서 서로가 원하는 게 무엇인지를 찾고 앞으로 이럴 때는 이렇게 해보자 하는 규칙을 만들어가는 제대로 된 부부 싸움을 해보길 권합니다.

심리적인 별거는 예를 들어 외도와 같은(외도는 부부 상담 신청 사유 중 70퍼센트 이상의 압도적인 비율을 차지한다) 제2, 제3의 큰 갈등을 불러오게 만들 확률이 높습니다. 심리적인 별거를 방치한 뒤 그때 가서 배우자 외도를 운운할 수 있을까요? 심리적인 별거 상태의 부부는 인정하고 싶지 않겠지만, 실제 부부 스스로 외도를 적극적으로 불러들였다고 해도 과언이 아닙니다.

당신이 뭘 안다고 그래

배우자의 목소리에 귀 기울이지 않는 사람들

어떻게 나를 배신할 수 있는지

살다 살다 이런 날벼락이 또 있을까. 도대체 무엇이 잘못되었을까. 어디서부터 잘못된 건가. 내가 아내를 얼마나 사랑해줬는데…… 이런 배신은 있을 수 없다. 최근 아내는 휴대전화를 달고 지내다시피 했다. 부엌에서 일을 할 때면 충전기를 밥솥 옆에 꽂아 놓고 충전을 하다가 화장실에 가면 또 갖고 들어가곤 했다. 좀 심하다 싶을 정도였다. 너무 이상해서 자고 있는 틈을 타 머리맡에 둔 휴대전화를 갖고 조용히 주차장으로 나왔다. 차에 앉아 폴더를 열어보니, 잠금 장치가 되어 있었다. 순간 둔기로 머리를 얻어맞은 듯했다. 뭔가 있다 싶어, 이내 심장이 요동쳤다. 아내와 관계된 여러 가지 숫자를 오랜 시간 하나하나 조합해간

끝에 결국 잠금 장치를 풀었다. 그리고 확인하게 된, 내 마음을 갈기갈기 찢어놓는 문자 내용과 사진들…….

'이 사내구나. 섹스를 했을까? 좋았을까? 이 인간하고 오르가슴을 느꼈으면 어떡하지? 이놈한테 만족했으면 어떡하지? 내가 왜 이런 생각을 하는 거야…… 둘 다 죽여 버리겠어.'

다시 집에 올라가서 자고 있는 아내를 흔들어 깨웠다. 억제할 수 없는 흥분에 아내의 따귀를 때리고, 당장 다 말하라고 고함을 쳤다. 어리둥절한 표정으로 놀라 일어난 아내는 이내 사태를 파악하고는 무너졌다. 결국 아내의 외도를 확인한 다음, 이번엔 내가 무너져내렸다. 이건 아니다, 이건 아니다. 내가 뭘 잘못했나. 수십 번 수백 번을 헤아려봐도 아내를 이해할 수 없다. 째깍거리던 가슴속 시한폭탄이 이젠 터질 것 같고 미쳐버릴 것 같다.

집안 소개로 만나 결혼하게 된 아내는 별로 말도 없고 차분하며 그야말로 천생 여자라는 말이 맞는 얌전한 사람이었다. 결혼 후 우리는 큰 문제없이 살아왔다. 나를 인정해주는 회사, 초등학교 4학년의 듬직한 아들, 조신한 아내…… 난 이렇게 사는 게 행복이라 여기며 살아왔고 이런 행복을 얻기 위해 노력해왔다. 회사에도 충실했으며 아들과 아내를 위해 가정적인 아빠와 남편이 되려고 애썼다. 정말 아내와 아들밖에 모르고 살았다. 그런데 이런 나에게 어떻게 이럴 수 있는가? 어떻게 아내가 나를 배신할 수 있는가? 너무 억울하고 기가 막혀 아무 일도 손에 잡히지 않는다. 치밀어 오르는 분노에 물도 제대로 넘길 수 없다.

남편을 떠나야 편안할 수 있을 것 같다

남편에게 끌려오다시피 상담실에 왔다. 입이 열 개라도 할 말이 없다. 남편 말대로 외도를 한 게 사실이니까. 교회에서 봉사활동을 하다가 그 사람을 알게 됐다. 하지만 남편이 생각하는 것처럼 성관계를 맺거나 욕정을 불사르기 위해 만난 건 아니다. 마음으로 사랑한 건 맞는 것 같다. 아니, 확실히 사랑했다. 남편에게 상처 준 건 미안하지만 저렇게 성관계 운운하며 저속하게 구는 건 못 봐주겠다. 결혼 생활 동안 내 마음이 어땠는지 일말의 관심도 없고, 오로지 다른 남자와 성관계를 했는지 안 했는지만 눈에 불을 켜고 밝히려 든다. 마치 나를 섹스에 미친 여자 취급하고, 거리의 여자처럼 대하는 건 견딜 수 없다.

남편은 항상 그랬다. 언제나 일방적으로 결정하고, 늘 큰소리 내는 사람이었다. 한 번도 나에게 다정하게 설명하거나 설득하는 일이 없었다. 나는 그동안 남편에게 무시당하며 살아왔다. 그는 나를 마치 '무식'의 대명사인 양 취급했다. "신문도 안 읽고, 남들 다 아는 기본적인 한자도 모르고, 하다못해 책이라도 좀 읽어라"라는 식의 말을 서슴없이 내뱉었다.

결혼 후 나는 서서히 위축되기 시작했다. 시집 식구 앞에서 남편에게 무시당하는 것은 다반사였고, 심지어 아들 앞에서도 그랬다. 그럴 땐 정말 발가벗겨진 듯 치욕스러웠다. 그러면서도 입으로는 나를 아끼고 사랑한다고 말할 땐 정말 꼴 보기도 싫고 끔찍하다. 그런 남편과 성관계도 절대 하고 싶지 않았다.

　결혼 초 한동안 남편 없이 시집에 있을 수밖에 없었던 적이 있었다. 당시 남편은 시집살이의 서러움과 심한 입덧 때문에 힘들어하던 나를 위로해주고 보살펴주기는커녕 "임신 때 유난을 떠는 건 개가 성질머리가 나빠서 그러는 거다"라는 시어머니의 말을 툭툭 던지듯 옮기며 "도대체 어떻게 했기에 엄마가 그런 말씀을 해"라고 윽박질렀다. 그때 남편의 얼굴은 떠올리기도 끔찍하다. 그는 매사 내게 이렇게 냉정했다.

　어릴 적, 아버지가 술을 드시면 천둥처럼 소리를 지르곤 하셨다. 그런 날이면 아버지가 무서워서 멀리 도망가고 싶었다. 평소에도 비위를 조금만 건드리면 날벼락이 떨어지기 때문에 우리 가족은 매일 아버지가 빨리 주무시기만을 바랐다. 그런 무서운 아버지 곁에서 온갖 시중을 다 들어야 했던 엄마는 자신의 삶이 없었다. 그래도 엄마는 두려움에 떠는 우리를 안아주고 토닥여주셨다. 그래서 엄만 나에게 가장 소중한 사람이면서 늘 안쓰러운 마음으로 다가오는 존재다.

　남편을 보면 친정아버지가 생각난다. 아버지는 평소에도 목소리가 걸걸하고 크신 편이었다. 그래서 일상적인 대화를 할 때나 심지어 칭찬을 해주실 때도 말투와 목소리가 무서워 아버지를 피했다. 그래서 그런지 남편의 언성이 좀 높아지고 화난 투의 말이 나오면 나도 모르게 심장이 두근거리고 피하고만 싶다. 때로는 분노가 일기도 한다.

　어찌됐건 남편과 하나뿐인 아들에게 큰 잘못을 저질렀다는 건 인정한다. 깊이 뉘우치고 미안한 마음이다. 하지만 나는 이혼을 원한다. 남편을 너무 잘 알기 때문이다. 이 일을 평생 들먹이며 문제 삼을 사람이다. 내 모든 행동을 이 일과 연관시키며 피를 말리겠지. 그런 남편을 상대하고 싶지 않고, 더 이상 버틸 기운도 남아 있지 않다.

결혼한 후 愛

부인의 말이 들리지 않는 남편

한없이 눈물을 훔치며 아주 작은 목소리로 이야기하는 부인의 말에 남편은 귀를 기울였습니다. 아마도 결혼 후 처음으로 부인의 말을 경청하는 것이 아닐까 싶더군요. 가슴 밑바닥에 응어리진 이야기를 끌어내는 부인의 표정은 차라리 초연했습니다. 부인의 외도와 성관계에 초점을 맞추어 분노하고 있는 남편과 달리 그녀는 '그래, 내가 잘못한 거 인정하니, 그만 끝내자' 아니 '나를 이제 놔줘라'라는 입장이었습니다. 현재 집을 떠나 있는 부인은 어린 아들이 마음에 걸리기는 하지만, 요즘이 결혼 후 가장 마음이 편하다고 합니다. 이제야 정말 사는 것 같다며 홀가분해하더군요.

상식적으로는 외도를 한 부인을 비난할 수 있겠지요. 그러나 일의 시시비비를 가리는 것은 경찰서나 법원에서 하는 일이고, 부부 상담을 할 때의 관점은 다릅니다. 어떻게 해서 지금의 상황이 벌어질 수밖에 없었을까에 초점을 맞춥니다. 그래서 먼저, 남편의 성격 유형과 부인의 성격 유형을 비교해보며 이들의 결혼 생활을 짚어보는 일부터 시작했습니다.

남편은 자기주장이 상당히 강하며, 주장을 굽히지 않는 강직한 외향적인 성격의 소유자입니다. 반면 부인은 자신을 잘 드러내지 않는 수동적인 내향형입니다. 이런 두 사람의 만남이었기 때문에 어려움이 있었습니다. 자기주장이 강한 사람은 분명한 걸 좋아하기 때문에 일부러 냉정하게 굴거나 무시하려고 한 것이 아니지만, 상대의 말을 들어주기보다는 강박적으로 일의 잘잘못을 가리려 하고 잘못을 지적하고 개선해 나가려 합니다. 이런 성격의 소유자들이 사회에서는 인정을 받는 편입니다. 추진력과 결단력이 강해 일을 잘 처리하고 좋은 성과를 내기 때문입니다.

외향적인 사람이 자신과 다른 내향적인 사람을 대할 때는 시간을 갖고 기다릴 줄 알아야 합니다. 대화를 하더라도 내향적인 사람은 내면에서 자신이 말하고자 하는 내용을 몇 차례 되새기고 난 뒤에 신중히 의사를 표현하는 편입니다. 그런데 외향적인 사람이 이를 기다리지 못하고 빨리 말하라는 식의 태도를 취하면 내향적인 사람은 자신의 의사 표현을 아예 하지 못하게 됩니다. 따라서 외향적인 사람은 내향적인 사람의 다소 더딘 표현일지라도 존중하고 서로 조율하려는 노력을 해야겠습니다.

　자신의 의사를 잘 표현하지 않는 사람은 용기를 내서 의사 표시를 했다가 그것이 전달되지 않거나 거부당하면 이내 말문을 닫아버릴 수 있습니다. 부인이 그런 경우입니다. 자신의 어려움을 남편에게 호소했지만 들어주지 않자 표현하지 않고 속으로만 삭이고 있었습니다. 그러다 자신의 말에 귀 기울여주고 다정하게 호응해주는 상대를 만나게 되어 남편 대신 그에게 속 얘기를 하다 보니 마음을 주는 결과를 빚고 만 것입니다. 사실 부인이 자신의 말에 귀 기울여주고 존중해주길 바란 진정한 대상은 당연히 남편이었습니다.

　부인을 사랑한다고 말하는 남편은 자신이 상대의 입장은 고려하지 않고 자기중심적인 일방적 사랑을 했었다는 것을 인정하기까지 참 어려웠습니다. 그리고 현재 이 상황의 원인이 부인의 말에 귀 기울이지 않고 마음을 헤아려주지 않은 자신 때문이라는 것에 고개를 떨어뜨렸습니다.

무슨 일이 있어도 내 할 도리는 한다?

　이 부부의 성격 유형의 차이에서 좀 더 깊이 들어가보면 부부의 갈등은 부인의 성장 과정에서 겪은 트라우마(정신적 외상, 충격적인 경험)의 영향도 있다는 것을 알 수 있습니다.

　현재 이 부부의 모습은 부인의 어린 시절 그렇게 싫어하던 부모님 부부 모습과 똑같아지고 말았습니다. 부인은 가족을 괴롭히던 아버지의 큰 목소리와 이에 따른 두려움을 온몸으로 기억하고 있습니다. 두꺼운 이불을 뒤집어쓰고 숨어 있어도 쩌렁쩌렁 울리던 아버지의 목소리는 공포 그 자체였고, 현재 남편의 목소리는 그 기억과 연결되어 위협과 두려움의 대상이 되었습니다.

그런데 정말 안타까운 것은 부인이 수동적인 친정어머니의 모습을 그대로 답습하고 있다는 사실입니다. 친정어머니도 그 나름대로의 어려움이 있었겠으나 술 마시고 주정하는 남편에게 왜 이렇게 가족을 괴롭히느냐고 대응했어야 합니다. 그랬다면 아버지의 술주정이 잘못된 것이고, 잘못된 것에 대해서는 화도 내고, 부당한 대우를 받았을 때는 목소리를 내야 한다는 것을 부인도 알았을 것입니다. 그걸 알았다면 무식하다고 면박을 주거나 함부로 무시하는 남편의 태도에 지금처럼 무기력하게 대응하지는 않았겠지요.

자신을 함부로 취급하는 배우자에게 그래도 끝까지 할 도리는 한다는 태도는 오히려 바람직하지 않습니다. 자기표현을 적극적으로 하지 않는데 배우자가 알아서 해주기를 기다리는 것은 참으로 어리석은 모습입니다. 결혼 초반에 이러한 부분들은 분명하게 짚어볼 필요가 있습니다. 무엇보다 자신이 스스로를 보호하고 귀하게 생각하지 않는데 다른 사람이 알아서 대접해주는 일은 없습니다. 부부 싸움이 있더라도 내가 바라는 것과 요청할 것은 명확하게 내세워야 합니다. 그래야 갈등이 반복되더라도 그 속에서 배우자와의 갈등을 어떻게 하면 줄일 수 있는지에 대해서 생각하게 되는 것입니다.

이들은 남편으로서의 역할, 부인으로서의 역할만을 해내는 기능적인 부부였을 뿐입니다. 부부로서 서로 소통하고 교류하는 일은 거의 없이 생활해왔습니다. 남편은 훌륭한 가장이라고 자신하며 살아왔지만, 서로 소통하지 않고 배우자의 속마음이 어떤지 살피지 않았기에 이런 결과를 맞았습니다.

아직까지 부인은 집으로 돌아갈 마음의 준비가 안 됐다고 했습니다. 남편은 그 의사를 받아들여 가정으로 돌아오기를 종용하지 않고 일단 기다리기로 했습니다. 그래서 그런지 이혼을 주장하던 부인은 상담 과정에서 남편의 진심을 느낄 수 있었고, 자신의 고백에 경청하는 자세를 보여준 것만으로도 조금은 변한 것 같다며 엷게 웃었습니다. 부인은 너무 길지 않은 시간 내로 집으로 돌아갈 것을 약속했습니다. 아무래도 자신을 기다릴 아들이 마음에 걸린 모양입니다.

한편, 남편은 부인이 시집과의 관계에서 심정이 어떠했을 것에 대해 정말 미안해했습니다. 앞으로 부인의 말을 대놓고 무시하거나 업신여기는 등의 행동은 하지 않겠다는 약속도 했고요. 그리고 부인의 휴대전화 문자를 보고 느꼈던 배신감의 상처에 대해서는 부인에게 제대로 된 사과를 받았으니 그 일을 다시 들먹이며 부인과 자신을 괴롭히는 일은 하지 않겠다고 선언했습니다.

마지막 회기에 남편은 그나마 안도하는 표정을 그리고 부인은 엷은 웃음을 지으며 함께 상담실을 나섰습니다. 원래 이 부부는 이혼 생각이 없었을 것입니다. 부인이 이혼을 하겠다고 했던 것은 이혼이 아닌 현재의 모습으로 결혼 생활을 유지할 수가 없다는 말의 다른 표현이었겠지요. 당연합니다. 권위적인 모습으로 부인을 자신에게 종속된 사람처럼 생각하는 남편과는 소통할 수도 없고 마음을 줄 수도 없으니 당연히 결혼 생활을 지속할 수 없습니다.

시집왔으면 당연히

전통과 관습의 가치가 부부의 행복보다 중요한가

삼대독자인 줄 모르고 결혼한 것도 아니고

이런 일로 싸우고 결국 상담까지 오는 사람이 대한민국에 몇이나 될까. 아내가 명절에 부모님 집에 안 가겠다고 한다. 정말이지 남자로서 창피해서 얼굴을 들 수 없고 한숨만 나온다. 막무가내로 고집을 부리는 모습을 보면, 내가 결혼하고 싶어 그토록 목맨 여자가 맞나 싶을 정도다. 이 문제로 우리는 정말 밤을 꼬박 새우며 대화도 했고, 치열하게 싸우기도 했다. 그렇게 하다하다 결론이 나지 않아 여기까지 오게 된 것이다.

나는 삼대독자 외아들이다. 우리 집은 1년에 제사가 네 번 있다. 추석과 설까지 합하면 총 여섯 번 큰상을 차리는 셈이다. 주변에 물어보면 다들 이 정도 제사는 모신다고 하니 그리 많은 편은 아니다. 제사 때 작은아버지 두 분 가족과 고모 가족까지 모이면 한 서른 명 정도의 대식구다. 어려서부터 가족이 모여서 제사를 지내고 함께 명절을 보내는 건 내게 익숙한 광경이었다. 어머니는 명절이나 제사 때마다 대식구를 아우르시며 웃는 낯으로 대하신다. 힘드시지만 당신 스스로 당연하게 받아들이는 부분이었다. 어머니 덕분에 우리 집안의 정겹고 푸근한 모습이 유지되지 않았나 싶다.

아내도 우리 집안의 한 가족으로 동화되었으면 하는 마음이 컸다. 그리고 시집왔으면 당연히 그래야 하는 게 아닌가. 아내가 우리 가족의 분위기를 모르고 결혼했다면 또 모른다. 결혼 전에 명절 때마다 집에 놀러왔다. 그땐 조카들을 보며 누가 어느 집 애인지 적극적으로 물어보고, 어른들이 말려도 일을 돕겠다고 나서 칭찬도 받았다. 그때 아내가 "내가 정말 잘할 수 있을까? 어머니 하시는 거 보면 엄두가 안나. 많이 배워야 할 것 같아"라고 말하면 정말 사랑스러웠다. 아내는 북적거리는 우리 가족이 정말 보기 좋다고, 다복이 뭔지 알 것 같다고 했다. 나는 아내의 이런 말에 가슴에 별을 단 것처럼 뿌듯했다. 그리고 이런 여자를 만나게 되어 너무 행복했다.

그런데 결혼한 지 2년밖에 안 된 지금, 아내는 변해도 너무 변했다. 부모님 집에 갈 일이 생기면 가족 행사가 왜 이렇게 많으냐, 우리끼리 놀러가기로 한 토요일에 하는 사촌네 돌잔치는 빠지면 안 되느냐, 회사 일도 많은데 제사에 꼭 가야 하느냐 등 불만을 쏟아낸다. 그리고 급기야 명절 당일에 처가에 가자고 떼를 쓴다. 아내 말은 명절 전날 시집에 가서 음식 장만했으면, 당일에는 처가에 가는 게 맞다는 것이다. 내가 삼대독자인데 어떻게 나 없이 차례를 지내라는 건지, 내 입장은 고려하지 않고 저렇게 고집을 부리니 기도 안 찬다.

결혼하면 여자는 시집 법도를 따라야 한다고?

명절이나 제사에 안 가겠다는 것이 아니다. 다만 왜 모든 일이 시집 우선이 되어야 하는지 이해가 안 간다.

맞벌이를 하기 때문에 주말에만 유일하게 우리 시간을 가질 수 있다. 그런데 그때마다 시집의 대소사를 챙기느라 쉴 수가 없다. 심지어 시어머니 이모 칠순잔치, 당숙의 손자 돌잔치까지 쫓아다녀야 한다. 한 주가 멀다하고 심지어 주중에도 시집 일에 시간을 내야 하는 건 말이 안 된다. 꼭 참석해야 하는 자리가 아니면 전화로 연락을 드릴 수도 있고, 봉투를 대신 전할 수도 있는 일인데 시부모님은 꼭 아들 내외 대동하고 참석하시려 한다. 남편은 그게 당연하다고 하는데 부모님 생색내는 자리에 들러리 서는 게 왜 당연한지 모르겠다.

시아버지와 우리 엄마 생신이 공교롭게도 같은 날이다. 하지만 늘 시아버지 생신이 먼저다. 물론 명절 때도 언제나 시집 위주다. 시집은 명절이면 많은 가족이 모여서 명절답게 북적거리지만 상대적으로 친정은 삼촌들이 다 이민을 가셔서 쓸쓸하다. 그러니 명절 당일 외롭게 지내는 친정 부모님을 찾아뵙는 게 옳지 않을까. 남편은 아침 차례 지내고 가도 늦지 않다고 하지만, 솔직히 차례 끝내고 아침 식사하고 나면 설거지해야 하고, 설거지 끝나면 중간에 어른들 과일 챙겨드려야 하고 그러고 나면 다시 점심 식사 준비해야 하고, 이렇게 끝도 없다. 게다가 중간 중간에 몰려오는 손님들 뒤치다꺼리까지……. 이 모든 걸 웃는 낯으로 해내시는 어머님이 대단한 건 사실이지만, 닮고 싶은 마음은 추호도 없고, 그런 모습을 내게 강요하는 건 더 싫다.

남편은 내가 철이 없고 이기적이라고 하는데, 왜 결혼했다는 이유만으로 내 삶이 시집을 중심으로 돌아가야 하는지, 그걸 왜 당연하다고 말하는지 이해가 되지 않는다.

집에서도 마찬가지다. 함께 사는 집을 청소하고 함께 먹는 밥을 하는데도 남편은 자기처럼 가사를 도와주는 사람이 없다고 생색낸다. 당연히 할 일을 하면서도 도와준다고 말하다니. 그럼 집안일은 모두 내 일이란 말인가? 도대체 앞뒤가 맞지 않고 이해가 되지 않는 이 상황과 '결혼했으니 여자는 당연히'라고 내세우는 자기 위주의 남편이 실망스럽기만 하다.

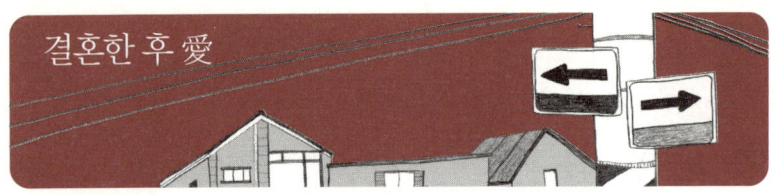

결혼한 후 愛

현대에 사는 부인, 과거에 사는 남편

30대 초반의 동갑내기 부부는 결혼한 지 2년이 됐습니다. 어른들이 보기에 이 부부의 문제가 그다지 언쟁거리도 안 되어 보이겠지요. 그리고 요즘 젊은 사람들은 어려운 게 없어서 저러는구나 하고 혀를 끌끌 찰지도 모르겠습니다. 하지만 이 부부의 갈등 요소는 상당히 심각한, 앞으로 결혼 생활을 지속하기 위해서는 꼭 짚고 넘어가야 할 것입니다. 사실, 부부 상담 현장에서 보면 이런 일로 갈등을 겪는 분들이 꽤 많습니다. 이는 기존의 한국 사회의 전통과 젊은 세대의 가치관 차이에서 빚어지는 문제라 하겠습니다.

여성들은 2010년대 현재를 살고 있는데, 남성들의 사고는 아직도 50~60년 전에 머무르고 있는 게 아닌가 싶습니다. 아니, 결혼 전에는 현재를 살다가도 결혼과 동시에 과거로 퇴보한다고 해도 과언이 아닙니다. 결혼 전에는 집안 행사에 적극적이지 않고 개인의 시간을 더 많이 확보하려고 애쓰던 남자들은 결혼하고 나면 갑자기 가족주의자가 됩니다. 제사와 명절에 상관없이 빨간 날이면 친구들과 여행을 다니던 남자들도 집안 대소사에 빠짐없이 얼굴을 내밀려 합니다. 이런 부분에서 젊은 부인들은 당황할 수밖에 없습니다.

요즘 젊은이들은 남녀 할 것 없이 자신의 생각, 주장, 가치관, 존재감을 중요하게 생각합니다. 이는 이기적인 것이 아니라 '나 자신'을 중요하고 당당하게 생각하는 것입니다. 이렇게 생활해오다가 결혼과 함께 여성에게만 희생을 강요하니 당연히 갈등이 빚어질 수밖에요. 그 갈등 과정에서 여성이 자기주장을 굽히지 않고 할 말을 다하면, 시집 어른들은 "너희 친정에서 그렇게 가르쳤니? 어디 어른한테 눈 똥그랗게 뜨고 하고 싶은 말을 다 해?"라고 하시며 뒤로 넘어가고, 남편은 "남들 다 그렇게 하는데 당신만 왜 그렇게 유난을 떨어"라며 마치 모든 책임이 부인에게 있다는 태도를 보입니다.

이 부부의 사례에서도 단순히 명절을 어디서 보내느냐는 문제보다는 결혼 후 부인에게 선택권이 주어지지 않은 채 '희생'이 당연시되는 분위기가 갈등의 핵심입니다. 따라서 명절 당일을 친정에서 보내겠다는 부인의 선언은, 결혼 후 모든 생활이 시집 중심으로 가고 있음에 대한 저항이며, 나름대로 합리적인 대안을 고민하다 내놓은 해결책입니다.

명절을 무조건 시집에서 보내는 것은 남성중심의 전통 사회에서 행해왔던 관습이지, 지금도 꼭 그래야 한다는 당위성은 없다고 생각합니다. 물론, 왜 남자만 군대에 가느냐, 여성도 같은 기간 사회봉사를 해야 한다고 볼멘소리로 남녀평등을 주장하는 남성들마저도 명절에 부인이 친정에 가겠다고 하면 말도 안 된다고 할 것입니다. 그러나 우리가 살고 있는 사회는 점차 변하고 있고, 그 변화는 가속화되었습니다. 그 변화를 감지하지 못한 채 전통적인 가족관을 가지고 살아가려 한다면 오히려 가정을 지키기 어려울지도 모릅니다. 나라가 망하고 온 집안이 콩가루가 되려고 저런다는 수많은 우려의 목소리를 뒤로한 채 남성중심 사회의 상징인 호주제가 이미 폐지되지 않았습니까? 따라서 명절 당일을 시집에서 지내는 것이 마땅하다고 주장하기보다 다른 방향으로 우회해볼 필요가 있습니다.

남자, 여자이기 전에 부부

누차 강조하지만 부부는 동등합니다. 둘 다 소중하고 귀한 인격체이지요. 따라서 남성 중심이니, 양성평등이니 하는 가치관을 다 걷어버리고라도, 인간 자체로 서로 존중하는 마음을 갖는 것이 중요합니다. 남편이 회사에 나가 돈을 벌고, 부인이 전업주부라고 해서 남편이 우위에 있을 수 없고, 남편보다 부인의 연봉이 높은 맞벌이 부부라고 해서 부인이 우위일 수 없습니다. 이것저것 따지고 재볼 것 없이 부부는 동등한 존재입니다.

이런 동등한 관계에서 명절마다 시집에 가서 지내야 하는 상황이라면 부인은 당연히 부당하다는 부정적인 감정을 갖기 쉽습니다. 그렇다면 남편은, 부인이 부당함을 느끼면서도 시집에서 명절 당일을 보냈다면 진심으로 감사하는 마음을 표현했으면 좋겠습니다. 그래도 시집을 더 생각해주고 몸을 움직여준 노고를 진정으로 고마워하고 조금이라도 도와주려 한다면, 100퍼센트는 아니더라도 어느 정도 부인의 감정이 풀릴 수 있습니다. 사실, 부인도 시집 중심의 가치관에 전면적으로 맞서겠다기보다 다만 남편과 시집에서 자신의 희생을 알아주고 감사하는 마음을 갖길 바라는 마음일 터입니다. 그리고 이렇게 서로의 마음을 배려해주며 점차 합리적인 합의점을 찾아가고 싶은 것입니다. 그런데 이런 부인에게 대응해서, 마땅히 해야 할 도리를 안 하는 '나쁜 여자' 취급을 한다면 발끈할 수밖에 없겠지요.

가사 분담에 대한 갈등은 거의 모든 부부에게 있습니다. 가정을 꾸려가는 데 있어 크고 작은 일이 끊임없이 생깁니다. 그런데 가사는 어느 한 사람의 일이 아니라 가족 모두의 일입니다. 그래서 부인이 전업주부이든 직장생활을 하든 부부 중 할 수 있는 상황이 되는 사람이 하면 됩니다. 그리고 애썼네, 힘들었겠네, 정말 고마워 등 노고에 대해 알아주고 치하해주었으면 좋겠습니다. 당연히 할 일을 한 건데 왜 생색을 내느냐고 한다면 이것만큼 기운 빠지는 일도 없지 않을까요. 마찬가지로 남편이 한 달 동안 열심히 일해서 급여를 받았는데 쥐꼬리만 하네, 승진은 언제 되느냐는 태도로 나오면 얼마나 맥 빠지고 일하기 싫겠습니까. 부부는 서로 협조하고 위로하며 살려고 만났습니다. 토닥여주고 고마워하고 마주보고 웃을 때 더 살맛나고, 당신을 만나서 참 다행이고 당신밖에 없다는 확신감도 갖게 될 것입니다.

이 부부는 6회기의 상담 기간을 거치며 서로 매우 친밀해졌습니다. 결정적으로 남편이 그동안 너무나 당연하게 생각했던 남성 중심의 사고방식, 가부장적 사고방식을 깨뜨렸습니다. 맏며느리로서 모든 것을 희생하고 감내하며 살아온 어머니와 친척들 간의 친밀한 관계를 보고 자란 남편은 다른 부분에서는 현대적인 사고를 하면서도 유독 가족 관계 면에는 전통적인 가치관에서 벗어나지 못했습니다. 그래서 집안의 대소사 참석 여부를 결정하는 데 있어서도 부부의 생활에 기준을 두기보다 부모님의 말을 기준으로 두었지요. 어머니가 "이번 토요일에 이모 칠순잔치에 가자꾸나" 하면 그 주에 부부가 약속한 주말여행을 취소하고서라도 가족 모임에 참석하곤 했던 것입니다.

물론, 전통적인 가족관을 얼마만큼 따라야 하느냐에 대해서는 사람마다 생각하는 기준이 다를 것입니다. 다만 그 가족관이 현재 내 부부의 삶에 갈등 요소가 된다면 우리 부부 중심으로 적당히 교정하며 살아가는 융통성도 필요합니다.

남편은 이제 스스로 부부의 생활에 기준을 두고 부모님의 관계를 형성하려고 노력 중입니다. 어머니가 주시는 집안의 행사 정보를 놓고 부부가 함께 꼭 참석해야 할 행사인지를 논의하기로 했습니다. 부부의 주말여행과 집안 모임이 겹치는 경우 어느 것에 더 가치를 두어야 하는지도 스스로 선택하기로 했고요. 또한 남편이 추석 명절만큼은 처가에서 당일을 보내도록 부모님께 허락을 얻기로 했습니다. 만일 부모님이 허락을 안 하시면 아침에 드리는 차례만 참석하고 식사는 하지 않고 부인 손을 잡고 처가로 향할 거랍니다. 무엇보다 대식구 뒤치다꺼리와 그 많은 설거지에서 아내를 탈출시켜야겠다는 말에 젊은 부인의 얼굴에 웃음이 비쳤습니다. "삼대독자가 그러면 어머니께서 참 서운하시겠네요"

라는 제 말에 "그럴 수 있겠지만, 생각해보면 그건 아버지한테 서운해 하실 일이죠. 제가 어떻게 할 수 없는 아버지의 몫이에요. 아버지가 알아서 하실 겁니다"라고 대답합니다.

젊은 부인의 얼굴이 활짝 폈습니다. 추석 명절을 친정에서 보내는 것을 시부모님이 허락하지 않으시더라도 마음을 헤아려주고 알아주는 남편의 마음을 보게 되어 마냥 기쁜 듯합니다. "선생님, 남편 닮은 아들을 낳고 싶어요. 아기 낳으면 제가 사진 보내드릴게요." 부인의 말에 남편이 좋아라 큰 웃음을 짓습니다. 순간 저도 세상에서 가장 행복한 상담사가 되었습니다.

3. 혼자 피는 꽃이 어디 있으랴

부부는 인생을 함께 걸어가는 동반자이다

가끔 두 손을 꼭 잡고 걸어가는 노부부를 볼 때마다 저런 게 이상적인 부부 모습이 아닐까 생각한다. 노부부에게도 얼마나 많은 풍파와 위기가 있었을까마는, 그들은 '기쁠 때나 슬플 때나 함께 하겠다는' 약속을 지키며 모든 어려움을 이겨냈다. 우리도 결혼식 때 주례 선생님의 "기쁠 때나 슬플 때나 함께하겠습니까?"라는 물음에 설레는 마음으로 "예"를 크게 외치고 결혼했다. 그런데 살다 보면 배우자 때문에 일어나는 힘든 일을 외면해버리고 싶고, 배우자가 왜 나를 힘들게 하는 존재가 됐을까 원망하는 마음도 생긴다. 그렇게 '당신 때문에 힘들다'라는 마음이 결혼 생활을 정말 힘들게 하는 요소가 된다. 부부 상담을 오는 사람들의 입에서 터져 나오는 첫마디가 "그 사람 때문에 못 살겠어요"이다. 한때 그 사람이 없으면 못 살 것 같았던 마음이 어쩌다 이렇게 변했을까? 혹시 그 사람 역시 나 때문에 힘들어서 못 살겠다는 마음은 아닐까?

슈퍼우먼 부인

할 수 있는 일과 할 수 없는 일은 분명하게 표현할 것

경제력도 없고 가사 협조도 안 하는 남편

아이가 둘이나 있는 우리 부부는 몇 번의 이혼 위기가 있었지만 그럭저럭 참아가며 결혼 8년차에 접어들었다. 돌아보니 정말 힘든 시간이었지만 대부분 그렇게 살지 않을까, 위안 삼으며 살아왔다. 그래도 남편이 돈을 잘 벌거나 시부모님이 재력이 있어 아이를 유학 보내고 가족이 해외여행 갔다 왔다는 친구를 만나면, 며칠 동안 속에서 치미는 무언가를 꾹꾹 눌러 참느라 힘들곤 했다. 맞벌이를 해도 빠듯한 우리 살림에 해외여행과 유학은 아예 생각도 못하는 호사다. 맞벌이를 하지만 남편 수입이 나보다 적기 때문에 우리에겐 여유가 없다.

남편이 자존심 상할까봐 나는 매사 눈치를 보며 심기를 건드리지 않

으려 노력해왔다. 부부 동반 모임에 가서도 차를 바꿨네, 큰 집으로 이사를 했네 하는 주위의 자랑에 동요하지 않았고, 남편이 뭘 사줬네, 시집에서 뭘 해줬네 해도 그저 빙그레 웃음만 지으며 곁에 있는 남편의 눈치를 봤다.

우리는 거의 3년째 잠자리를 하지 않는다. 남편이 심리적인 이유라고 하며 피하는 실정이다. 솔직히 나도 겉으로는 남편의 심정을 이해하며 기다리는 듯한 행동을 취하지만, 마음속에서는 이미 오래전부터 남편을 밀어내고 있었다. 이러다 보니 애정이 식은 건 당연한 일이고, 각자 일에 신경 쓰느라 대화도 없다.

남편은 가정 형편 때문에 대학을 중퇴해 나보다 학력이 낮다는 것에 콤플렉스를 갖고 있다. 학력 차이가 실제 연봉 차이라는 결과로 나타나기 때문에 자존심이 상하는 부분일 게다. 나도 이 점은 세심하게 신경 쓰고 있다. 나라고 왜 남편에게 기대고 싶지 않겠는가. 나보다 훨씬 더 유능해서 돈도 많이 벌어오면 좋겠다. 하지만 현실적으로 경제적인 면에서 어쩔 수 없다면, 나를 좀 더 배려하고 집안일에 관심이라도 가졌으면 좋겠다. 나는 가정을 예쁘게 꾸려가고 싶어 바쁜 시간을 쪼개 가족 식탁에 신경 쓰고 아이들 공부도 챙기며 애쓰는데, 자신은 아무 노력도 하지 않고 그저 가족들에게 대접받고 싶어하는 태도에 정말 화가 난다.

남편은 오히려 더 이상 나에게 무시당하면서 살 수 없다고 한다. 이렇게 사는 데 지쳤고 서로에게도 좋을 게 없으니 이혼하자는 것이다.

아이들을 생각해 참고 살아보려 했지만, 아이들만 바라보고 무의미한 결혼 생활을 연장하는 것은 옳은 일이 아니란다. 아이들은 자신이 키우겠으니 걱정하지 말라고 하는데, 도저히 받아들일 수가 없다. 나는 아이들과 떨어져 살 수도 없으며, 그렇다고 아빠 없이 아이들을 키우고 싶지도 않다. 내가 좀 더 노력해보겠으니 어떻게든 이혼만은 피해보자고 부탁한 지 벌써 몇 달이 지났다. 남편은 그동안 변한 게 하나도 없다면서, 내가 아무 노력도 하지 않고 시간만 끌고 있다고 몰아세운다. 이제 정말 단호하게 이혼을 요구하는데 정말 어떻게 해야 할지 모르겠다.

결혼한 후 愛

열등감의 껍질을 깨고 나오기

부부 상담실을 찾을 때 처음부터 부부가 함께 오는 경우가 60~70퍼센트이고, 남편이든 부인이든 개인 단독 상담을 오는 경우가 30~40퍼센트 정도 됩니다. 그리고 이렇게 단독 상담을 하다가 그중 90퍼센트 정도는 배우자가 상담에 합류합니다. 그런데 이들 부부는 상담 기간 동안 남편의 참여를 유도했지만 결국 상담실을 찾지 않았습니다.

지인 소개로 만나 2년 동안 연애를 하고 결혼해 8년차를 맞은 이 부부는 안타깝게도 현재 남편의 이혼 요구로 파경 위기를 맞고 있습니다. 부인이 아이들을 생각하며 상황을 극복해보려는 모습에 상담을 하면서 내내 가슴이 아프기도 했지만, 한편으로는 갑갑했습니다.

맞벌이를 하고 있는 부부들은 이들의 상황, 일과 가정 두 가지 다 소홀히 할 수 없는 상황을 충분히 이해할 것입니다. 이럴수록 부부가 협조자가 되어야 하는데, 이 부부의 경우 안타깝게도 남편은 육아에 거의 참여하지 않고, 가사도 남자의 몫이 아님을 명확하게 하고 있습니다. 부부의 나이가 30대 중반임에도 불구하고 남편의 사고방식은 매우 가부장적이고 남성 중심적인 사고를 하고 있어 부인의 어려움이 얼마나 클지 더욱 알 수 있습니다.

남편은 가장이니 마땅히 대우받아야 한다고 생각하겠으나, 이러한 가부장적인 사고와 태도는 건강하지 못한 열등감에서 기인함을 아셔야 합니다. 이혼을 요구하는 것 역시 현재 자신에게 쌓인 불만을 스스로 어쩌지 못하고 부인에게 투사하고 있습니다. 그가 부인보다 연봉이 높았다면 가사를 돕고 육아에 참여하는 모습을 스스로 뿌듯해했을 것입니다. 하지만 연봉이 적기 때문에 어쩔 수 없이 가사를 돕는 것으로 만회하는 것처럼 보이고 싶지 않은 마음이 컸습니다. 그리하여 더욱 권위적이 되고, 자신의 지시에 따르지 않는 부인의 모습을 참아낼 수 없고, 무시당했다는 좌절감에 빠져든 것이지요.

남편은 이혼을 요구하고 있지만, 진심으로 바라는 것은 이혼이 아닙니다. 부인에게 계속 자신을 우대하지 않을 경우 이혼을 불사하고 아이도 빼앗겠다는, 즉 외부 통제로 부인에게 압력을 가해 뜻을 관철시키겠다는 의도입니다. 그런 남편을 향해 부인은 기를 펴지 못하고 이혼만은 피하겠다는 마음으로 좀 더 노력해보려고 합니다. 하지만 이런 상황이라면 부인이 노력하면 할수록 남편은 점점 더 큰 노력을 요구하게 될 것입니다. 남편이 취하고 있는 이 방법은 두말할 것 없이 잘못되었습니다. 강요와 억압으로 부인을 대한다면 행복한 결혼 생활을 기대할 수 없으니까요.

물론 남편으로서 아내보다 더 우위에 서고 싶고 사회적으로 더 성공하고 싶은 마음은 이해합니다. 그럴 때 아내를 보호하고 싶은 마음도 일어나고, 아내가 더 고마워할 것 같다는 생각이 드니까요. 하지만 남편은 그동안 자신이 가정을 나 몰라라 한 것도 아니고, 이미 사회생활도 잘하고 있으니 열등감을 깨고 나와야 합니다. 무엇보다 남편의 단점까지 포용하려고 노력하는 아내에게 자신있게 조금만 더 다가간다면 좋겠습니다. 사회적으로 성공했느냐 여부보다, 있는 그대로의 자신을 인정하고 올곧고 성실한 마음으로 가족을 보살피는 것이, 가족 구성원과 좋은 관계를 형성할 수 있는 방법이니까요.

자신의 의사를 전달하는 데 두려워하지 말라

부인은 참 수동적인 여성입니다. 가부장적인 아버지와 수동적인 어머니 밑에서 성장했기 때문인지 모릅니다. 예전에야 이런 부부 관계가 대부분이어서 특별한 모습도 아니었지만, 지금도 이렇게 남편의 눈치를 보면서 말과 감정을 표현하지 않는다면 잘못된 상황을 계속 이어나가는 것뿐입니다. 현재 부인은 남편이 이혼을 요구하고 자녀에 대한 양육권을 주장하는 것에 극도의 불안을 느끼고 있습니다. 더군다나 자신이 더 잘하겠다는 말로 이혼을 피하려고만 했지, 이혼 요구 내용이 불합리하다는 것을 인식하지 못합니다.

사실 남편의 주장은 타당한 이혼 사유가 안 됩니다. 그런데 이혼의 원인이 모두 부인에게 있다고 말하는 남편을 향해 그녀는 자신의 입장과 생각을 전혀 전달 못 하고 죄인같이 굴고 있습니다. 상황이 이렇다 보면 남편은 불화의 원인이 부인에게 있다고 당연히 믿게 됩니다.

부인이 남편에게 하고 싶은 말은 "직장 생활을 하고 있지만 나는 우리 가정과 아이들에게 소홀함이 없도록 노력할 테니, 당신도 집안일과 아이들 양육에 좀 더 신경써줘요. 그렇게 함께 좋은 가정을 꾸려나가봐요"였을 터입니다. 그런데 그런 자신의 바람은 전혀 표현하지 않은 가운데 속으로만 남편의 능력을 아쉬워하고 재력이 있는 다른 집을 부러워하고 있습니다.

이런저런 소설만을 썼다 지웠다 하고 있는 자신의 모습을 부인은 제대로 돌아봐야 합니다. 그리고 지금 해야 할 일은 이런 소설 쓰기가 아니라 '이혼'이 무기인 양 협박성 발언을 하는 남편에게 자신의 심정을 분명히 전하는 것입니다. 부인이 원하는 것은 이혼이 아니라 부부의 관계 개선이고, 관계 개선이 되지 않아 이혼을 할 수밖에 없더라도 그 결정은 한쪽에서 일방적으로 하는 것이 아니라 쌍방의 협의에 의해 이루어져야 하며, 아이들 양육권도 협의 하에 결정하는 것이 옳음을 알려야 합니다. 특히, 양육권의 경우 그간 남편이 아이들을 전혀 볼보지 않았기 때문에 그의 주장은 진정으로 아이들을 위한 것이 아닙니다. 그러니 양육권을 주장할 자격이 있는지 스스로 한번 생각해보라고 남편에게 권고해야 합니다. 필요하다면 변호사를 통해 법적으로 누구에게 양육권이 있는지 알아보는 것도 방법이겠지요. 법적으로도 양육권은 아이들에게 가장 좋은 방향으로 결정되니까요.

단, 그전에 남편에게 왜 부부가 이러한 상황까지 오게 되었는지 함께 성찰하는 시간을 갖자고 제안해야 합니다. 이때 부인은 단호하고, 명료하게 그러나 부드럽게 자신의 뜻을 전달해야 합니다. 따지거나 공격하듯 말하게 되면, 전달하려는 본질은 사라지고 표면적인 감정만 남기 때문입니다. 남편이 당장은 심하게 화를 낼 수도 있겠지만, 적어도 부인을 만만하게 보거나 함부로 할 수 없다는 인식을 가질 것입니다. 그 가운데 부인의 주장을 한 번쯤은 곱씹어 생각해보겠지요.

슈퍼우먼이 되어 남만 돌보지 말고, 자기 자신을 먼저 돌보라

부인이 해야 할 일이 또 있습니다. 스스로 슈퍼우먼의 옷을 벗어던져야 합니다. 직장 일도 하고 아이들도 오롯이 맡고 가사까지 모든 것을 다 할 수 있다는 생각을 접으십시오. 또한 그동안 그 많은 일을 해온 자신을 칭찬하고 격려하십시오.

결혼 8년 동안 부인은 어떤 면에서 자신을 학대한 것이나 진배없습니다. 부인 입장에서 남편이 참 야속하고 나쁘게 여겨지겠지만, 실제 부인에게 가장 나쁜 사람은 바로 자신이었습니다. 자신을 소중히 하고 돌보지 않는다면 어느 누구도 대신 해주지 않습니다. 부부 싸움이 되더라도 자기주장을 하고 바라는 것을 적극적으로 표현하며 끝까지 남편의 협조를 구했어야 했습니다.

3년 가까이 성관계를 하지 않는 상황을 방치한 것도 매우 큰 문제입니다. 무작정 기다린다고 해서 해결되지 않습니다. 해당 분야의 전문가를 찾아가 어떻게 해야 하는지 적극적으로 방법을 찾아봐야 합니다. 그리고 성관계가 어렵더라도 친밀감을 유지해보는 다른 방안을 마련하도록 함께 마음을 내야 합니다.

남편도 상담에 합류했다면 더 좋았을 텐데, 그 점은 지금도 아쉽습니다. 상담에 와서 타인의 견해를 들어볼 정도의 자신감도 현재 갖지 못하는 남편이 자기 캡슐 안에만 들어 앉아 있는 것 같아 더욱 안타까운 케이스로 기억됩니다. 앞으로 부인이 자신을 사랑하고 자기표현을 제대로 하게 돼 상황이 남편 뜻대로 돌아가지 않는 경험을 하게 된다면, 그때는 남편도 상담 현장으로 나올는지 모르겠네요. 부인이 솔직한 자기 심정을 남편에게 소신 있게 전달하고 주인공으로서 자신의 삶을 잘 만들어가길 바랄 뿐입니다.

나는 다른 사람과 살고 싶다

배우자와 정서적 교감이 이루어지지 않을 때

남편과 달리 다정다감한 그 사람

보름 이상 하염없이 눈물로 지새고 있다. 먹는 것도, 잠자는 것도 잊은 채. 그 사람이 그립다. 그 손길이 죽을 만큼 그리워 어떻게 해야 할지 모르겠다. 이제 어떻게 해야 할까, 어떻게 살아야 할까. 내가 미쳤나보다. 참았어야 했는데…… 정말 참았어야 했는데……. 시간을 되돌릴 수는 없을까.

그 사람은 회사 동료로, 부서가 달라 가벼운 눈인사만 하고 지내다가 급격히 가까워진 게 6년 전이다. 목소리부터 부드러운 그는 세심하게 상대를 배려할 줄 아는 다정다감한 사람이다. 그런 따스함을 그때까지 누구에게서도 느껴본 적이 없었다.

우리는 함께 있는 시간을 더 갖기 위해 회사에서 야근을 자처했고, 종종 지방 출장과 워크숍이라는 명분을 각 가정에 통보하고, 여행을 가기도 했다. 그땐 한없이 행복했다. 길이 막혀도 즐거웠고, 휴게소에서 먹는 초라한 우동 한 그릇도 그렇게 맛있을 수가 없었다. 인터넷을 뒤져 각 지역의 맛집을 찾아다니는 즐거움, 함께 걷는 숲길의 오붓함, 조심스러운 스킨십에서 느껴지는 다정함, 그리고 성관계까지……. 그의 세심한 배려 속에서 나는 부드러운 왈츠 선율에 몸을 맡긴 듯 행복했다.

그렇게 그 사람을 만나고 느낄 수 있는 것만으로도 감사하게 지내던 나였는데, 시간이 지나면서 욕심이 생겼다. 그와 정식으로 함께 살고 싶었다. 함께 있을 때 그의 부인이나 아들에게 온 전화를 옆에서 듣고 있노라면 걷잡을 수 없이 질투가 일었다. 나와 대화할 때와 똑같은 말투로 부인에게 말하는 모습을 참을 수 없었다. 전화기 너머 들려오는 응석 부리는 아이의 목소리와 기쁘게 응대해주는 그 사람을 보기가 미치도록 힘들었다. 그뿐이 아니었다. 중요하고 의미 있는 날은 모두 부인에게 양보해야 했다. 크리스마스, 생일, 발렌타인데이……. 그나마도 그런 날은 낫다. 남들에게는 짧게 느껴질지 모르는 여름휴가와 명절 연휴는 지옥과도 같았다. 그렇게 집에서 오는 전화에 신경 쓰고, 인정받을 수 없는 우리 관계에 서러워하면 그는 언제나 이해한다는 표정과 말로 감싸주고, 더 깊은 사랑을 표현했다.

정확히 보름 전, 나는 미친 짓을 했다. 적잖이 술을 마시고 그의 부인에게 전화를 해 지난 6년간의 우리 관계를 알린 것이다. 그리고 우리는 끝났다. 그 사람은 내 전화를 받지 않는다. 메신저와 문자에도 응답이 없다. 회사 복도에서 마주쳐도 눈길을 주지 않는다. 그렇게 나흘을 보내고 "마지막으로 한 번은 만나야 감정을 정리할 수 있겠다. 내가 정리할 수 있도록 한 번만 만나달라"고 했다. 그래서 한 번 만났다. 안경테도 바뀌었고 머리스타일도 달라졌다. 못 보던 와이셔츠와 넥타이, 양복과 구두까지. 그 사람 손에서 반짝이는 반지를 보며, 그동안 그가 결혼반지를 안 끼고 다녔다는 걸 새삼 깨달았다.

'이 사람이 정말 떠났구나. 나보다 가정이 더 소중했나?'

그 사람은 서로의 가정에 충실하자고 했다. 그렇게 사랑했는데 어떻게 내게 이렇게까지 할 수가 있을까? 그동안 나눈 우리의 이야기와 추억은 다 뭐였을까? 내가 얼마나 여린 여자인지 누구보다 잘 아는 사람이 어떻게 이럴 수가 있을까? 하염없이 눈물만 난다.

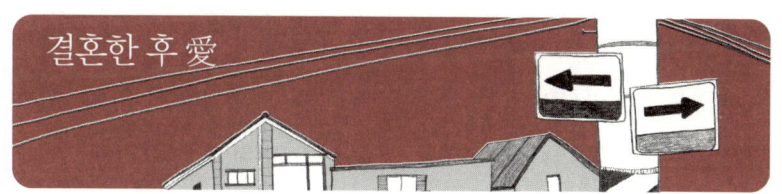

결혼한 후 愛

남편과 정서적 교감이 좌절되어

부부 상담 중 70퍼센트가 외도 케이스입니다. 남편 외도, 부인 외도,

쌍방의 외도까지 다양합니다. 결혼 생활에서 신체적인 폭력도 심각한 문제이지만, 이에 못지않게 외도도 치명적인 문제입니다. 그런데 최근 몇 년 사이에 부인 쪽의 외도가 상당히 늘어났습니다. 여성의 사회 참여가 많아진 것도 이유라고 할 수도 있겠지요. 하지만 여성의 권리를 찾아 질 높은 삶을 찾으려는 움직임 한편에 여성의 외도 증가라는 현상이 나타나는 것이 씁쓸합니다. 살기 편해지니 외도를 하는구나 하고 씁쓸한 것이 아니라, 여성의 외도는 남편에게 정서적인 면으로 아무런 기대가 없을 때 나타나기 때문에 씁쓸한 마음이 드는 것입니다.

가부장적인 사회에서 여성은 인격적인 대우를 받지 못해도 이를 표출하기 어려웠지만, 현대에 와서는 남성과 동등한 삶을 주장하면서 자신의 욕구 불만을 충분히 표현합니다. 외도 역시 그 불만의 표현일 수 있습니다. 그런 측면에서 이 케이스를 살펴보고자 합니다.

지금부터 부인과 외도를 했던 남자를 A라고 지칭하겠습니다. 부인은 A와 내연의 관계가 아니라 정식 부부가 되고 싶어 그의 부인에게 전화를 했습니다. 지난 6년 동안 그가 보여주었던 사랑을 확신하고, 자신 있게 전화해 폭탄선언을 했지요. 하지만 결말은 부인의 의도대로 되지 않았습니다. 뿐만 아니라, 그와의 관계도 끝나버리고 말았습니다. 어이없게도 자신의 손으로 그렇게 사랑하는 A와의 관계를 끊어버린 형국입니다.

부인은 왜 남편 대신 그를 그렇게 사랑하고, 신뢰하고 있었을까요? A의 부인에게 건 전화 한 통으로 쉽게 깨질 사이라는 걸 모르고 말입니다.

　앞서 말했듯이 여성의 외도는 대개 남편으로부터 정서적인 친밀감을 느끼지 못하는 데서 오는 불만으로 시작됩니다. 부인 역시 그러했습니다. 과묵한 그녀의 남편은 사랑을 잘 표현하지 않았습니다. 맞벌이를 하는데도 부엌에는 발도 들이지 않고, 초등학교에 다니는 아이들을 돌보는 일도 모두 부인에게 맡겼습니다. 어쩌다 한번 가족이 야외라도 나갔다오면 남편은 밀린 숙제를 다했다는 듯이 이후 자기만의 시간을 갖기 바빴습니다. 부인이 보기에 남편이 소중하게 생각하는 것은 게임과 만화책, 그리고 텔레비전이었습니다. 부인이 성관계만 별말 없이 응해 주면 그는 편안해 보였습니다. 대화는 시집 일, 아이들 문제, 일상적인 일에 관한 것이 전부였습니다. 결혼기념일에는 봉투 하나 내밀며 "옷이나 한 벌 사 입어"가 끝이었습니다. 이 정도면 남편으로서 그래도 할 일은 다 하는 듯 보일 것입니다. 지금이 8,90년대라면 이런 남편이면 됐지 뭐가 불만일까 싶을 터입니다.

　하지만 대부분의 여성이 그러하듯 부인이 원하는 건 이런 게 아니었습니다. 남편과 친밀한 교감을 느끼며 살고 싶었습니다. 연애 때 그는 애인에게 세심하게 신경 써주는 남자였습니다. 그녀는 남자의 그런 세심함이 좋아 평생 반려자로 마음에 둔 것이지요. 하지만 결혼을 하자 연애 때와는 달리 결혼이 목표였던 양 부인에 대한 남편의 관심은 사그라졌습니다. 부인은 덩그러니 혼자 남겨진 허망함에 상처가 하나둘 생기기 시작했고요.

부인은 나름대로 대화를 시도해보고 둘만의 데이트도 제안해보고 가사와 양육의 협조도 끊임없이 요구했습니다. 그러나 귀찮아하는 남편의 모습을 보고 이내 마음을 접을 수밖에 없었습니다. 남편에게 상처 입은 그녀에게 다정다감한 동료 A가 눈에 띄었습니다. 그러고 보면 그가 아니더라도 당시 부인의 마음에는 누군가라도 가닿았을 것입니다. 자신의 마음을 이해해주고 서로 교감할 수 있는 사람이 절실하게 필요했으니까요. 그리고 그렇게 사랑하고 사랑받고 싶은 절대적인 대상은 남편이었을 터입니다.

남자는 가정을 깰 마음으로 외도하지 않는다

그럼, 이번엔 A가 왜 외도를 했는지 생각해볼까요. 대부분 남성들은 외도를 부부 관계와는 별개로 인식합니다. 다시 말해, 남성 개인의 성에 대한 가치관에 영향을 받는 편이라고 할 수 있습니다. 스스로도 외도라는 표현을 사용하기보다는 '그냥 스쳐가는 바람' 정도로 잘못을 상당히 축소하는 편입니다. 그만큼 자신의 과오를 인정하지도 않으며, 그에 따라 죄책감도 심각하지 않은 경우를 종종 봅니다. 물론, 입장이 바뀌어 부인의 외도를 접하면 도무지 말이 안 되는 일이라며 세상을 다 끝장낼 것처럼 분노를 갖습니다.

A와 상담을 하진 않았지만 부인의 개인 상담을 하면서, 오랜 기간 외도를 유지한 것은 그도 정서적으로 외로움을 많이 느꼈기 때문이라

판단할 수 있었습니다. A의 부인은 그가 주는 정신적 물질적 사랑을 모두 당연하고 마땅한 일이라고 생각했을지도 모르지요. A는 부인에게 받아야 할 감사와 애정 표현에 목말랐던 터에 동료에게 자신의 존재감을 느꼈을 것입니다. 작은 것에도 고마워하며 미소 짓는 그녀를 떠날 수 없었겠지요. 그는 자신이 갖고 있는 부드러움으로 그녀를 위로하면서 자신의 존재감을 확인하는 기쁨을 만끽했습니다. 그녀 때문에 A의 결혼 생활은 오히려 더 나아졌을 것입니다. 덤덤했던 부부 관계를 A는 집 밖의 여성에게 보상받고, 결혼 생활의 윤활유로 활용했습니다. 지난 6년 동안…….

A는 자신의 부부 사이가 나쁘다고 생각하지 않습니다. 자신은 가장으로서 애쓰며 결혼 생활을 잘하고 있으며, 어떤 남편, 어떤 아빠보다 가족에게 충실하다고 생각할 것입니다. 실제 외도를 하는 남성 대부분이 자신을 그렇게 평가합니다. 외도를 하면서까지 자신은 가정을 지키려고 노력한다는 이상한 논리를 펴는 남성들도 많이 봅니다. A 역시 동료와의 부적절한 관계 때문에 가족에게 죄책감을 느끼고 있었을 테지만, 한편으로는 스쳐가는 바람 정도니 큰 문제는 아니라고 생각했을 것입니다.

여성들은 마음을 알아주는 남자 앞에서 자신의 권리도 포기하고, 불편함도 감수하는 경우가 많습니다. 이 부인처럼 말입니다. 하지만 결혼한 남자가 자신의 배우자 외에 다른 여자의 마음을 돌봐주고 위로해준다면, 이는 사랑이라기보다 '연애 기술'의 일종입니다. 결국 전화 한 통으로 둘의 관계가 종료된 것만 봐도 알 수 있습니다. A는 자신의 소중한 가정을 깰 마음이 전혀 없습니다. 내연녀는 가정을 유지하기 위한 '옵션'이었지 '메인'이 절대 되지 않았다는 얘기입니다.

남편과의 관계를 개선해야 한다

현재 부인에겐 남편은 안중에도 없습니다. 하지만 부인은 남편과의 문제를 먼저 생각해봐야 합니다. 우선 남편과의 관계를 개선해야 한다는 말입니다. 외도의 뿌리는 100퍼센트 남편과의 불편한 관계에 있기 때문입니다. 남편과 싸우든, 그래서 더 큰 갈등을 빚든, 둘이 함께 문제의 장으로 나와야 합니다. 부인 혼자가 아니라, 함께 전문가의 도움을 받아야 하겠지요.

만약 부인의 마음속에 남편과의 관계 개선의 의지가 없다면, 안타깝지만 이렇게 사는 것은 그다지 바람직하지 않습니다. 부부 관계를 개선하지 않는 한, 앞으로 부인은 대상을 바꿔서 계속 외도를 할 확률이 높기 때문입니다. 갑작스러운 실연 때문에 외로움을 느끼면 느낄수록 또 다른 위로자를 찾게 될 것입니다. 단지 시간문제일 뿐입니다. 이것은 A도 마찬가지일 것입니다.

가정의 틀만 유지하고 내용적인 면을 묵과했다가 벌어지는 현상을 '외도'라고 볼 때, 부부간의 정서적 소통과 친밀감, 그리고 존중이 얼마나 중요한지 두말할 필요가 없겠지요. 물론 그렇다고 모든 부부가 외도를 하는 건 아니라고 이의를 제기할 수도 있습니다. 일리가 있는 말입니다. 하지만 내 배우자의 정서가 현재 어떠한지 상대 배우자는 살펴주고 채워주어야 할 의무가 있습니다.

이 부인의 경우 남편과의 관계를 개선하든, 남편과의 관계를 정리하든 명확히 해결해야 합니다. 부부 관계 속에 두 사람을 주인공으로 놓고 문제를 해결하지 못하고, 양가 부모님이 받으실 상처 혹은 자녀들 때문이라는 이유를 대며, 표면적으로만 해결하는 시늉을 하다가는 결국 또 일그러진 상황을 부를 뿐입니다.

이혼, 두 번은 못할까

마음을 바꾸지 않으면 상대를 바꾼다고 해서 달라지지 않는다

그렇게도 숨길 게 많은 걸까

우리는 1년째 동거를 하고 있다. 내년에 결혼하기로 약속했는데 둘 다 초혼이 아닌 재혼이라, 정말 잘 살아야겠다는 마음이 간절하다. 그런데 결혼을 앞두고 있는 지금, 나는 정말 잘 살 수 있을까, 재혼까지 실패하면 어떡하나 하는 걱정 때문에 너무 괴롭다. 그래서 결혼 전에 이렇게 상담까지 오게 됐다.

이혼 후 남자를 만나는 것 자체에 신중할 수밖에 없었다. 친구 소개로 지금 남편을 만났을 때도 매우 조심스러웠다. 사귀는 동안 불안해하는 내게 그는 믿음을 주려고 노력했고, 이 사람과 잘해나갈 수 있다는 확신이 생겨 동거를 시작했다. 그런데 동거를 시작한 지 얼마 안 되어

그에게 많은 부분 속았다는 걸 알게 됐다.

남편은 분명 전부인과의 사이에 아이가 없다고 했다. 나 역시 아이가 없기 때문에, 재혼 후 아이 때문에 갈등이 생기거나 이전 배우자와 얽힐 일은 없을 거라 생각했다. 그런데 알고 보니 그는 아이가 둘이나 있었다. 그는 아이가 있다고 하면 만나주지 않을 것 같아서 말하지 않았고, 아이는 전부인이 키우니 신경 쓸 일은 없을 거라고 변명했다. 하지만 정말 재혼할 마음이 있었다면 교제 중에라도 사실을 털어놔야 했다. 게다가 아빠의 손길이 필요한 아이들에게 어떻게 신경 쓸 일이 없겠는가? 실제로 요즘 남편은 아이들 일 때문에 전부인에게 수시로 불려나간다. 전부인은 아이들 사진을 찍어서 남편 휴대전화로 전송할 뿐만 아니라 밤이건 새벽이건 아이들 문제로 연락을 해온다.

게다가 그가 나와 교제하던 중에도 다른 여자를 계속 만나왔다는 것을 알게 됐다. 정리하기 위해서 만났을 뿐이라고 변명하지만, 이미 우리의 신뢰는 깨졌고, 그 뒤로 다투는 일이 많아졌다. 이제는 둘 다 작은 갈등만 있어도 참지 못하고 막말에 욕설까지 하는 지경이다. 정식 부부가 되기도 전에 벌써 이렇게 싸우기만 하는데…… 아무 대책도 없는데 결혼식 날짜가 다가오는 게 두렵다.

남편이 투명하게 있는 그대로 내게 모두 말해주길 바란다. 그저 그 순간만 모면하려고 얼렁뚱땅 숨겼다가 나중에 사실이 밝혀지면 문제가 더 심각해지고, 내가 받는 상처도 더 크다는 걸 알아줬으면 좋겠다. 하지만 남편은 심각한 대화를 피한다. 정말 부부가 되려면 좋은 일은 물론 슬픈 일, 어려운 일도 공유하고 함께 풀어가야 하지 않을까. 그저 농담과 우스갯소리만 나눈다면 오다가다 만나 잠시 노닥거리는 사이와 뭐가 다르겠는가? 돈이 좀 없어도 어려운 일이 생겨도 괜찮다. 서로에게 관심을 가져주고 다정하게 살고 싶다. 이런 내 마음을 이해하지 못하고, 부인은 남편에게 웃음을 주는 사람 정도로만 생각하는 남편이 밉다.

휴대전화, 이메일, 통장까지 다 공개했다

아내가 부부 상담을 가자고 해서 "앞으로 안 싸우면 되지 무슨 상담이냐"라고 했다가, 우리가 요즘 심각하긴 한 것 같아 따라왔다. 결혼 날짜까지 잡아놓고 이러면 안 될 것 같다.

첫 결혼은 친구들에 비해 이른 나이에 했다. 그래서 그런지 어려움도 많았다. 5년을 함께 살고, 몇 년 동안 별거를 하다 결국 이혼했다. 이혼을 한 결정적인 이유는 나의 외도였다. 내 잘못으로 결혼에 실패한 만큼, 재혼해서는 정말 아내에게 잘하고 싶다. 물론, 지금 아내에게 내가 잘못한 부분이 많고, 문제의 원인이 내게 있다는 것은 인정한다. 하지만 아내도 내가 잘못했다고 사과하면 그냥 접고 넘어가기도 했으면 좋겠다. 작은 문제도 갈 때까지 물고 늘어지니, 결국 화를 내고 욕하고 싸우게 되는 것 같다.

사업 때문에 여기저기서 스트레스 받는 일이 많다 보니 집에 오면 쉬고 싶은 마음뿐이다. 그래서 아내와는 즐거운 이야기만 나눴으면 좋겠고, 행복한 일만 있기를 바란다. 내가 행복하고 싶은 만큼 아내도 행복하게 해주고 싶다. 그런데 집에 와도 아내와 으르렁거리고 싸우느라 밖에서와 마찬가지로 스트레스를 받으니 너무 힘들다.

아내가 애들 엄마 때문에 힘들어하는 걸 안다. 한 달에 한 번 정기적으로 아이들을 만나는데 그때 같이 나오기 때문에 만날 수밖에 없다. 그리고 아이들이 다니는 유치원에서 하는 행사에 참석하느라 때로는 함께 시간을 보내야 하는 경우도 있다. 발표회다, 참관 수업이다, 부모 상담이다 해서 행사가 어찌나 많은지, 때로는 지금 아내 몰래 참석하기도 한다. 안 그래도 아이들 일에 불려 나가는 것에 예민하기 때문에 나도 무척 괴롭다.

아내는 아이들을 만날 때 집에서 만나고 유치원 행사도 자기와 함께 가자고 한다. 그러면 나도 속이 편하겠다. 그런데 그게 현실적으로 가능한가 말이다. 애들 엄마가 찬성할 리 만무하고, 아이들에게 현재 상황을 설명하고 이해시키기도 어렵기 때문에 지금으로서는 불가능하다. 아이들이 이제 유치원생이니 조금 커서 부모의 이혼과 재혼에 대해 어느 정도 알아들을 나이가 될 때까지는 기다려야 한다. 이런 형편을 아내한테 아무리 설명해도 이해할 수 없다는 매몰찬 반응이다. 하지만 예닐곱 살짜리에게 아빠의 재혼을 설명하라니, 그건 억지다.

나는 아내에게 숨기는 게 없다. 휴대전화, 이메일, 개인 통장 모두 공개했고, 위치 추적까지 하게 해주었다. 그리고 어디서 누구를 만나고 있다고 휴대전화로 내가 있는 장소도 다 찍어서 보내고 나름 신뢰를 주기 위해 최선을 다한다. 내가 이렇게 노력하고 있으니 아내가 좀 마음을 편하게 가졌으면 좋겠다.

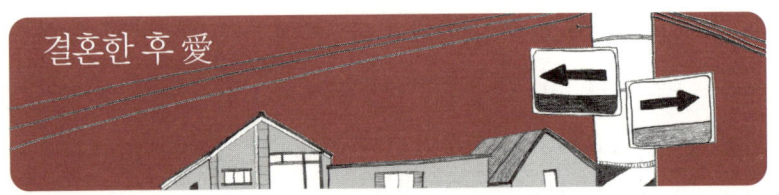

결혼한 후 愛

마음을 바꾸지 않고 파트너만 바꾼다고 달라질까

이혼율이 높다 보니 자연스레 재혼율도 높아졌습니다. 그런데 상담을 하다 보면 재혼의 이혼율이 초혼의 이혼율보다 몇 배 더 높다는 걸 피부로 느낍니다. 대부분 재혼을 하면 혼인신고를 한참 뒤에 하기도 하고, 혼인신고를 안 한 채 사실혼 관계로만 사는 경우도 많아 정확히 이혼율을 수치로 나타내기 어렵겠지만요.

왜 어렵게 재혼을 한 후에 또다시 가슴 아픈 이혼의 길을 걷게 될까요? 이혼 후 진정으로 자신을 성찰할 시간을 갖지 않고, 이혼의 원인이 무엇이었는지 명확하게 통찰하지 않으면 재혼을 해도 같은 원인으로 파경을 맞기 쉽습니다. 적절한 예가 되는지 모르겠지만, 예를 들어 이

틀 동안 영어 공부를 하고 시험을 봤는데 40점을 받았다고 합시다. 아, 다시 보면 더 잘할 수 있는데, 하고 또 새 시험지를 받아 다시 풀었습니다. 하지만 35점 나왔습니다. 아니야, 다시 보면 더 잘할 거야, 하고 또 새 시험지를 받아 풀었습니다. 이번엔 42점 나왔습니다. 아무리 새로운 시험지를 받아 푼다 해도 40점 전후에 머물 수밖에 없습니다. 근본적인 원인은 이틀밖에 공부를 안 한 데 있기 때문입니다. 더 나은 점수를 받길 원한다면 영어 공부에 더 많은 시간을 투자해야지, 계속 시험을 봐봤자 소용없겠지요.

재혼 후 또 이혼을 한 분들과 상담을 해보면, 대부분 초혼 때와 유사한 원인으로 거듭 이혼을 하는 경우가 많았습니다. 재혼, 삼혼을 지나 육혼의 부인을 상담한 적이 있습니다(남편은 오혼이었습니다). 오혼, 육혼을 하고도 행복한 결혼 생활을 하지 못하고 상담실을 찾는 이유는, 앞서 말했듯이 자신에 대한 성찰이 없이 이혼 이유가 상대에게만 있다고 생각해 파트너만 바꾸기 때문입니다.

재혼을 하는 사람들이 자기 성찰 없이 흔들릴 때, 그들의 자녀들, 즉 각기 친아버지, 어머니를 두고 새아버지나 새어머니를 맞이하고, 새로운 형제를 맞이해야 하는 그들 역시 정체성의 혼란을 겪습니다. 그들은 남들이 지지 않는 짐 하나를 지고 살아야 하는 것입니다. 재혼을 하기 전에 자신에게 문제가 있는지, 있다면 무엇이 문제인지 깊이 성찰하고 개선해야 행복한 결혼 생활을 맞이할 수 있습니다. 초혼인지 재혼인지보다 개인의 성숙도가 더 중요하다는 뜻입니다.

배신당하고 싶지 않은 마음이 집착을 낳고

부인은 여섯 살 때 어머니가 돌아가셨습니다. 그땐 너무 어려서 어머니를 다시 못 본다는 걸 깨닫게 된 건 한참이 지난 후였다고 합니다. 아버지가 바로 재혼을 해 그녀는 새어머니 밑에서 자랐습니다. 그러다가 중학생이 된 후에 충격적인 사실을 알게 됐습니다. 아버지가 회사 여직원과 외도를 했고, 평소 건강이 좋지 않던 어머니는 그 일 때문에 가슴앓이를 하다 결국 돌아가셨다는 걸요. 지금 새어머니가 바로 그 여직원이었습니다.

지금 생각해보면 어떻게 그럴 수 있냐고 아버지에게 대들 법도 한데, 당시 이모에게 그 말을 듣고도 그녀는 그러지 못했습니다. 그랬다가는 학교도 안 보내줄 것 같고, 당장 집에서 쫓겨날 것 같아 겁이 났습니다. 당시 아버지와 새어머니는 그녀와 남동생에게 관심이 없었고 그나마 학교에 보내주는 것만으로도 감사하며 지내야 했으니까요.

부인에게는 친어머니가 돌아가시면서 애착을 형성했던 대상이 사라져버렸습니다. 어디에, 누구에게 마음을 두고 살았느냐는 질문에 잘 모르겠다고 대답했습니다. 근처에 할머니가 살고 계셨지만 연로하셔서 이런저런 얘기를 할 수는 없었습니다.

어린 시절 마음 나눌 대상이 없었던 부인은 이성에 눈을 뜨면서부터 주변 남자들의 시선과 관심이 너무 좋았습니다. 특히 전남편은 연애 시절 부인을 무척 위해주었습니다. 하지만 막상 결혼을 해보니 연애 때와 같지 않은 태도, 특히 일상의 소소한 거짓말 때문에 남편에게 실망을 했습니다. 이런저런 우여곡절 끝에 큰 금전 문제까지 겹쳐 이혼에 이르렀습니다. 그런데 그녀는 지금 또다시 남편의 거짓을 찾아내며 힘들어하고 있습니다.

부인에게 '진실'은 상당히 큰 의미를 갖는 말입니다. 어머니처럼 아버지에게 배신당하지 않기 위해 남편의 일거수일투족을 다 감시하고 알아야 하며, 전처와 아이들에 대한 일도 직접 나서서 진두지휘 해야 한다고 생각합니다. 그렇지 않으면 자신의 존재감을 느낄 수 없으니까요.

하지만 남편이 모든 걸 다 보고하고 증명해도 부인의 속이 시원할 리 없습니다. 그녀는 이미 남편을 믿기 어렵게 되었으며, 스스로 자기 확신이 없는 상황에서 이러한 증명들은 흩날리는 낙엽일 뿐입니다. 현재 부인의 행복과 불행은 자신이 아니라 주변 사람이 어떻게 해주느냐에 따라 결정됩니다. 뼈아픈 얘기지만, 이런 부인의 행동을 이해하고 옆에서 버텨낼 사람은 없습니다.

부인은 아버지의 외도는 어머니를 배신한 것이지 딸인 자신을 배신한 것이 아님을 알아야 합니다. 지금처럼 돌아가신 어머니와 자신을 동일시해서 어머니 대신 아버지에게 배신감을 갖는 것은 스스로를 더 아프게 하는 일입니다. 어린 시절부터 지금까지 얼마나 마음고생이 심했을지 생각하면 참으로 안타깝습니다. 하지만 부인이 재혼 전 자신을 돌아보는 시간을 가졌다면, 또다시 안타까운 상황까지 오지 않았을 텐데 하는 아쉬움이 남습니다.

부인의 개인 상담 기간을 좀 길게 잡았습니다. 그리고 자기 성찰과

자기 확신을 가질 수 있는 교육을 권고했습니다. 단, 이 모든 것은 스스로 개선해야겠다는 의지가 있을 때 더욱 효과적입니다.

한편, 남편은 중심을 잡아야 합니다. 당장 눈앞에 보이는 갈등만 해결하고자 부인이 원하는 것을 다 수용하고 있는데, 이는 스스로 부인에게 구속되는 것을 방치하는 것입니다. 부부 사이에서 자신의 존재 영역이 줄어들고, 사회에 나가서도 일에 몰입을 할 수 없는 남편의 현재 상황은 매우 안타깝습니다. 남편 입장에서 아내에게 들어줄 수 있는 일과 들어줄 수 없는 선을 분명하게 그어야 합니다. 싸움이 되고 갈등이 일어나는 한이 있더라도 양보할 수 없는 부분은 안 된다, 할 수 없다고 명확하게 밝히십시오. 그래야 부인 입장에서도 저렇게도 강력하게 주장하는 데에는 이유가 있을 것이라고 한 번 더 생각해볼 기회를 가질 수 있습니다.

두세 마디 대화하다가 꼬인다고 회피하는 것도 바람직하지 않습니다. 진정성 있는 태도로 배우자가 하는 말의 의미를 생각하며 듣고, 거기서 그칠 게 아니라 내 의사도 전달해야 합니다. 비록 그 때문에 갈등 상황이 벌어지더라도 말이지요. 이렇게 의사소통하는 방법을 차근차근 익혀간다면 대화가 훨씬 수월해질 수 있습니다. 단, 아무리 의사소통 기술을 익혔다 하더라도 개인의 감정 조절 능력과 대화에 임하는 태도와 의지, 그리고 성숙도에 따라 대화의 질에는 많은 차이를 보일 수 있다는 것을 기억해야겠습니다.

남자의 자격

가장으로서 모든 짐을 짊어지는 게 남자인가

이제 좀 살 만하니 외도를

사람이 어떻게 저리 뻔뻔할까. 우리 모녀가 목을 매고 죽는 꼴을 봐야 정신을 차릴까. 남편은 지금 제정신이 아니다. 다른 여자와 딴 살림을 차리고 있는 걸 나뿐만 아니라, 양가 부모님도 다 아시게 되었는데도 너무 당당하다. 당연히 싹싹 빌고 용서해달라고 매달려야 하는데 오히려 올 것이 왔다는 듯 평온한 얼굴이다. 그동안 지옥 같은 힘든 시기를 같이 살아준 나한테 어떻게 이럴 수 있을까. 인면수심도 이런 인면수심이 없다. 범죄자가 따로 있나, 이런 사람이 바로 범죄자다. 아니 오히려 더 악랄하다.

남편은 결혼하고 얼마 지나지 않아 잘 다니던 대기업을 그만두었다.

그나마 남편이 회사에 다니던 때가 우리가 행복했다면 행복했던 시절이다. 남들은 못 들어가서 안달인 대기업을 사업한답시고 그만둘 때, 나는 물론이고 시부모님, 시누이까지 나서서 말렸지만 고집을 꺾지 않았다. 그때 받은 스트레스는 이루 말할 수 없다. 매일 사업 아이템을 찾는다고 컴퓨터 앞에 앉아서 뭔가 하긴 하는데 이루는 건 하나도 없이 적금을 깨고, 마이너스 통장을 만들고, 집 담보로 대출을 받고 급기야 시집과 친정에 손을 벌리는 일까지 벌어졌다.

당시 내가 과외를 해서 그나마 생활이 가능했지, 그렇지 않으면 우린 노숙 신세도 면치 못했을 것이다. 과외를 하며 받는 스트레스와 거대한 빚에 대한 압박 때문에 단 한 순간도 마음 편할 날이 없었다. 그렇게 시달리면서도 생활비를 조금이라도 아껴보겠다고 발을 동동 구르면서 시집과 친정에서 반찬을 얻어다 먹으며 살아왔다. 그런데도 남편은 무책임하게 허송세월을 보냈다. 내가 돈을 버니 그렇게 정신을 못 차리나 싶어 과외를 그만두었지만, 나아지지 않았다. 그러다 2년 전부터 남편 사업이 일어나기 시작했다. 그래서 정기적으로 돈을 가져다주고 빚도 갚아갈 수 있게 되더니, 지금은 사업이 번창해 살림이 훨씬 좋아졌다.

이제야 고생이 끝나나 보다, 그동안 참고 산 보람이 생기나 보다, 시집과 친정 볼 낯도 있겠다 싶어 웃을 수 있었다. 그런데 그건 혼자만의 착각이었다. 그동안 고생했다, 참고 견뎌줘서 고맙다고 엎드려 절을 해도 모자란데 그는 외도를 했다. 그리고 그걸 들켜놓고도 당당하다. 나 혼자 미친 여자처럼 어떻게 당신이 이럴 수 있느냐고 펄펄 뛰고 난리를 친다. 그는 아무 말도 하지 않는다. 변명이라도 좋으니 무슨 말이라도 하라 해도 아무 말도 없더니, 얼마 전 짐을 싸 아예 그 집으로 가버렸다. 저 사람을 어떻게 해야 할지 모르겠다.

내 여자랑 계속 살고 싶을 뿐이다

할 말이 없다. 그저 내 여자랑 살고 싶다는 생각뿐이다. 아내가 나쁜 놈이라고 욕해도 괜찮고, 간통으로 신고를 해도 어쩔 수 없다. 이혼을 하자고 해도 그만이다. 아내가 하고 싶은 대로 다 해도 된다. 나는 지금 내 여자와 행복하다.

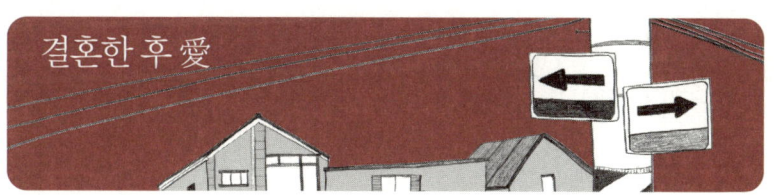

결혼한 후 愛

좋은 상황이든 나쁜 상황이든, 부부는 협조자

상담 몇 회기가 지나도록 남편은 말이 없었습니다. 계속되는 부인의 독설도 그저 묵묵히 아니 덤덤히 감내하고 있었습니다. 자신의 잘못을 인정하기 때문에 그 모진 말을 다 듣고 있는 것은 분명 아니었습니다. 그 모습은 부인의 어떠한 공격에도 자신의 결심은 변함없다는, 그러니까 부인 아닌 내연녀와의 생활을 유지하겠다는 강한 의지의 표현이었습니다. 그리고 부인과 이혼하려면 어쩔 수 없이 거쳐야 하는 과정이라고 생각하는 듯했습니다. 부인이 오열하다 지쳐 흐느끼고, 그러다 다시 통곡하길 여러 번, 더 이상 상담이 어려운 지경에 이르러 남편의 개인 상담을 시도했습니다.

처음 남편은 개인 상담도 원치 않았습니다. 마치 묵비권을 행사하듯 아무 말도 하지 않는 내담자 앞에서 참 답답하고 난감합니다. 어렵게 입을 연 남편은 저렇게 나오는 아내가 이해가 안 된다고 했습니다. 아내가 원하는 건 돈이었고, 그렇게 원하는 돈을 벌어다줬으면 된 거 아니냐고 반문했습니다. 사업 시작할 때부터 돈 벌어오라고 닦달하고, 일 때문에 며칠씩 집에 못 들어가도 걱정 한 번 하지 않고 돈만 가져다주면 아무 말 없던 아내였기 때문에, 그는 아내에게 필요한 건 자신이 아니라 돈이라고 말했습니다. 돈만 있으면 아이 잘 키우고 가정 잘 꾸려갈 사람이, 왜 갑자기 남편이 필요하다고 저러는지 모르겠다는 것입니다.

얼마 전까지만 해도 우리 사회에서 가장은 당연히 남자였습니다. 아버지이고 남편인 남자가 가족을 먹여 살려야 할 의무가 있다고 생각했습니다. 하지만 최근 들어 가족의 형태가 다양해진 만큼, 남자가 가장의 의무를 지어야 한다는 고정관념을 바꾸어야 합니다. 부부가 함께 가장의 의무를 지어야 하며, 다만 상황에 맞게 누가 그 역할을 맡을 것이 효율적이냐에 따라 조정이 가능합니다. 그런데 상담을 하다 보면 남편의 경제적인 무능력을 도저히 용서받지 못할 죄로 여기는 부인들이 많습니다.

우리 사회는 아직까지 여자가 전적으로 밖에 나가 돈을 벌고 남자가 전업주부 역할을 하는 데 대해 곱지 못한 시선을 보냅니다. 또한 부인의 경제력에 의지해 남편이 돈을 벌지 않을까봐 일부러 일을 접는 여성들도 있습니다. 그러나 이는 육아와 가사는 꼭 여자가 책임져야 한다는 발상 못지않게 가부장적인 사고방식이 아닌가 싶습니다. 누가 더 좋은 회사를 다니고 연봉이 더 많고가 중요한 것이 아니라 부부는 '협조자'라는 견해를 가져야 합니다.

남편을 위로할 수 있는 사람은 부인뿐

부인의 마음고생이 얼마나 심했는지는 이해가 갑니다. 남편이 잘 다니던 대기업에 사표를 내고 나왔을 때 얼마나 불안하고, 화가 났겠습니까. 그리고 몇 년 동안 별 뾰족한 일 없이 돈만 다 날리고 있는 모습을 보며 얼마나 원망스러웠겠습니까. 이런 부인 입장에서는 남편에 대한 기대와 신뢰가 사라지고 단 하나, 그래도 돈을 벌어 와서 가장으로서의 기본적인 역할만큼만은 하라는 주장을 펼 수 있습니다. 그러나 앞서 말했듯이, 아내가 협조자라는 견해로 남편을 바라봤더라면 어땠을까 하는 아쉬움이 남습니다.

남편은 정리 해고와 명예퇴직으로 회사를 떠나는 선배와 동료를 보며 가족과 자신의 미래를 위해 안주해서는 안 되겠다고 생각해왔습니다. 그래서 사표를 내고 사업을 시작한 것입니다. 다행히 아내가 맞벌이를 하고 있으니 같이 조금만 고생하면 꿈을 이룰 수 있을 거라 자신했습니다. 이때 그에게 힘이 되는 유일한 건 부인의 지지와 격려였을 것입니다. 하지만 부인은 남편의 편이 아닌 가장 극복하기 어려운 적으로 다가왔습니다. 어머니 아버지, 누나들의 반대는 예상했지만 아내가 가장 앞장서서 말리고, 그렇게 매일같이 돈을 벌어오라고 닦달하리라고는 생각도 못했습니다.

그는 부인에게 고생시켜 미안하다며 무릎 꿇고 빈 적도 많고, 같이 조금만 노력해보자고 하소연한 적도 많았습니다. 하지만 부인은 남편의 입장을 헤아려주고 얼마나 노력하고 있는지를 알아주기보다 가정을 유지할 수 있도록 당장의 카드 값, 교육비, 생활비 등을 해결하라는 말뿐이었고, 급기야 하던 일까지 그만두고 남편에게 의무감을 가중시켰습니다. 상황이 이렇다 보니 시집에서도 부인에게 꼼짝 못하는 상황이 되었고 시누이들이 올케의 마음을 토닥여왔습니다. 시집과 부인의 관계는 나쁠 리 없고, 남편만 양가에서 나쁜 사람이 되어 있었습니다.

그때 남편을 격려하고 지지해준 사람이 현재 남편의 내연녀, 아내 입장에서 이를 갈고 있는 그녀입니다. 그녀는 남편의 회사 여직원으로 그가 밑바닥을 구르던 시절, 유일하게 용기를 준 사람입니다. 가족에게 늘 무능하고 나쁜 사람으로 낙인 찍혀 힘들게 사업을 끌어가고 있는 동안 그녀는 곁에서 "잘 될 거예요. 조금만 더 힘을 내세요"라고 수없이 말해주었습니다. 남편은 정작 아내에게 듣고 싶은 말을 여직원에게 들을 수밖에 없었던 셈입니다. 이런 상황이라면 부부는 이미 심리적으로는 오래전에 이혼을 한 것이나 마찬가지입니다.

부인 입장에서 남편이 회사만 그만두지 않았더라면 자기가 그렇게 고생하지 않았을 거라고 억울해할 것입니다. 남편 때문에 외식도 못했다, 난방도 아끼면서 살았다, 가족끼리 여행 한번 못 가봤다고 원망합니다. 이렇게 어려운 상황을 만들어놓은 남편이 너무 미워 분노에 떱니다. 하지만 이런 상황이 모두 남편 때문이라고 하기에 어려운 면이 있습니다. 냉정하게 말하면 절반의 책임은 부인에게 있습니다. 부인 스스로 그런 상황을 선택했으니까요. 우선, 부인은 과외를 해서 생활비를 벌 수 있었습니다. 하지만 일을 하지 않았습니다. 남편이 자신에게 의지할까봐 일을 해서 생활을 윤택하게 하는 대신, 남편을 일하게 만들기 위해 어려운 생활을 선택했습니다.

부인은 남편의 외도를 용서할 수 없다고 하면서도 왜 이혼을 안 하는 걸까요? 과연 부인만 그동안 힘든 시간을 보냈을까요? 아직도 남편의 사업이 어렵다면 지금처럼 억울해할까요? 며칠씩 집에 들어오지 않아도 걱정하지 않았던 남편에게 지금은 왜 이토록 목을 매는 걸까요? 이 모두는 부인 스스로 자문하며 성찰해야 할 질문입니다.

상담이 한참 진행되면서 남편의 마음은 더 깨끗하게 정리가 되었습니다. 당신을 외롭게 해서 미안하다는 부인의 말을 남편은 진정으로 받아들이고 고맙다고 했습니다. 그리고 사는 내내 고생만 시켜 부인에게 미안하다고도 했습니다. 하지만 남편은 어려울 때 곁에서 일어서도록 도와준 건 부인이 아니기 때문에, 지금까지 자신을 지지해준 그녀와 남은 삶을 함께하겠다고 밝혔습니다. 그리고 부인에게 진심으로 좋은 사람 만나길 바란다는 마음을 전하며, 이혼을 하더라도 딸에게 아버지로서의 의무는 다할 것을 약속했습니다. 이들은 합의이혼을 하기로 했는데, 이혼 소송을 하면 부인에게 갈 재산의 몫이 적어지기 때문이었습니다. 부인을 위한 남편의 마지막 배려였다고 할까요.

    이혼 결정을 내린 남편에게 아버지로서 딸에게 물심양면으로 지원을 아끼지 말아달라고 부탁했습니다. 그리고 한 가지 분명히 알아야 할 것에 대해 말했습니다. 남편이 고전할 당시, 부인이 아닌 다른 여성은 그를 나무라고 닦달할 아무런 이유가 없었다는 것입니다. 현재의 내연녀가 아니었더라도 어려운 상황에서 힘들어하는 사람에게 누구든 수고한다, 애쓴다, 힘내라 등의 말은 얼마든지 할 수 있습니다. 그들은 남편이 돈을 벌지 못해 해결하지 못한 관리비와 교육비, 신용카드 대금에 대한 부담이 없었으니까요. 그러니 부인은 자신에게 돈, 돈, 돈 하는데 내연녀는 조건 없이 위로해주었다는 말은 합당하지 않습니다. 사업 아이템을 찾느라 이리저리 정신없이 애쓰는 기간 동안 어찌 되었든 가정을 지켰던 것은 부인입니다. 남편에게 듣기 싫은 소리를 하고 부담을 지웠어도, 가정을 책임지고 꾸려왔던 부인이 현실적이고 실질적인 위로자였는지 모릅니다.

　지금의 선택을 먼 훗날 후회하지 않을 자신이 있는지, 부디 후회하지 않을 선택을 하길 바란다는 말에 남편은 아무 말도 하지 않았습니다. 그의 긴 침묵은 제 말을 알아들었다는 뜻이겠지요.

동상이몽

함께 만든 목표, 돌아가더라도 둘이 발맞추어 나가길

지름신 강림하사

남편은 뭐든 그랬다. 넥타이 하나, 티셔츠 한 장을 사도 꼭 백화점에 가서 브랜드 제품을 사고, 가격도 내가 예상한 두세 배는 넘는 것을 원했다. 굳이 브랜드를 사야 한다면 남자 옷이나 구두는 유행을 타지 않으니 할인매장으로 가자고 겨우 달래서 같이 가면 입이 댓발은 나와 같이 다니기 민망할 정도다. 요즘은 시장에 가도 브랜드 못지않은 제품이 많은데 남편은 모든 물건은 마지막 손질이 어떠냐에 따라서 질적인 차이가 나기 때문에 브랜드 제품을 선호한단다. 그래, 누구는 백화점 물건, 브랜드 제품 쓰고 싶지 않겠는가? 지금보다 연봉이 두세 배 더 많고 생활이 넉넉하면 나도 얼마든지 그렇게 살고 싶다. 하지만 집 장만도 해야 하고 미래를 위해 준비해야 하는데 그렇게 펑펑 쓰려고만 하고 늘 "이왕 살 거면 제대로 된 걸"이라는 말을 입에 달고 사는 남편이 정말 얄미워죽겠다. 아기도 좀 더 여유가 생기면 갖기로 하고 미루고 있는 판국에 말이다.

나도 직장 생활을 하지만 옷은 시장에서 대충 사 입고, 화장품도 샘플을 쓰든지 마트에서 제일 싼 걸로 사고, 대중교통만 이용한다. 뿐만 아니라 주말에는 혼자 지하철을 타고 친정엄마한테 가서 국이나 반찬을 얻어온다. 사실 반찬 하나 만들려고 시장에 가서 이것저것 사다 보면 배보다 배꼽이 더 커지기 때문이다. 어떤 여자들은 시어머니가 보내주는 김치는 입에 안 맞아서 못 먹는다고 하지만 나는 보내주시기만 하면 감사히 잘 먹는다.

오래전부터 노트북이 하나 갖고 싶은 걸 꾹 참아왔다. 그러다 마침 아는 선배가 새 걸 구입하면서 중고를 얻게 됐다. 너무 고마워서 눈물이 날 지경이었다. 사용하던 거라 겉모양에 흠집이 좀 있었지만 기능은 흠잡을 데 없었다. 설레는 마음으로 밤늦게까지 노트북 앞에 앉아 있는데 남편은 "구질구질하게 뭘 얻어다 쓰냐, 그냥 하나 사지"라고 하는 것이다. 그 한마디로 하루 종일 들떠 있던 마음이 푹 가라앉아버렸다.

남편에게는 아껴 쓰는 게 구질구질해 보이는 모양이다. 멀쩡한 전자제품도 최신 기종이 나오면 사고 싶어 안달한다. 얼마 전에는 디지털카메라를 새로 사겠다고 해서 또 한바탕 난리를 치렀다. 어린아이도 아니고 이렇게 매번 최신형 전자제품이 나올 때마다 사고 싶어하니 쫓아다니며 말릴 수도 없고 정말 힘들다. 백 번 양보해 디지털카메라를 사기로 했는데, 함께 고른 80만 원짜리 모델이 아니라 300만 원짜리 제품에 욕심내는 것이다. 남편이 혹시라도 일을 낼까봐 수시로 동태를 살피고, 나 몰래 값비싼 카메라를 사오는 날엔 가만있지 않겠다고 협박도 했다. 하지만 결국 얼마 지나지 않아 지름신이 강림하사, 고가의 카메라를 사들고 왔다. 남편은 입이 찢어져라 웃고, 그 웃음에 내 가슴은 퍼렇게 멍이 들었다.

더 이상은 안 되겠다. 나 혼자 이리 뛰고 저리 뛰며 아등바등해봤자 밑 빠진 독에 물 붓기고, 언제 목돈 모아 집 장만하고 여유 있게 살겠는가? 정말, 이 남자는 잘살아보겠다는 마음이 있기는 한 건지 답답하다.

그래도 누릴 건 누리며 살고 싶다

내가 재테크를 안 하겠다는 게 아니다. 나름대로 참고 노력하는데 아내는 내가 마치 대단한 사치를 부리는 것 같이 취급한다. 내가 다른 남자들에 비해 옷 사는 걸 좋아하고 쇼핑을 즐기는 게 아니다. 다만 결혼 전에 워낙 브랜드 제품을 입고 쓰다 보니, 시장 건 눈에 차지 않아 이왕 살 거면 제대로 된 걸 사자는 주의다. 아내가 브랜드 제품 사는 걸 무슨 큰일이라도 나는 일같이 굴어, 정말 사고 싶은 것이 있을 때 창피한 일이지만 슬쩍 어머니한테 말한 적도 있다. 그랬더니 어머니는 어떻게 아들만 사주냐고 며느리도 같이 사 입으라며 두 배의 돈을 주셨다. 그런데 아내는 자기는 멀쩡한 옷이 얼마든지 있으니 자기 몫의 돈은 저금하겠다고 하더라. 그럴 때 보면 정말 숨이 막힌다.

　이뿐만이 아니다. 어쩌다 영화를 보러 가면 꼭 조조만 봐야 한다. 휴일에 출근할 때보다 더 일찍 일어나 고양이 세수만 하고 극장에 가는 상황이 벌어진다. 극장에 가도 절대 팝콘이나 콜라도 못 사먹는다. 칼로리가 높기 때문이라지만, 아마 공짜로 준다면 밥 대신 먹을 사람이다. 같이 근사한 곳에 가서 식사나 술을 마시는 일도 없다. 술 한잔하자고 하면 여지없이 집에 있는 시어빠진 김치쪼가리로 김치전을 부쳐와 막걸리를 먹자고 한다. 김치전과 막걸리가 싫다는 게 아니다. 낭만이나 여유는 찾아볼 수도 없으니 사는 맛이 없다는 말이다. 상황이 이러니 취미 생활은 꿈도 못 꾸고, 남들 누리고 사는 만큼 사는 건 먼 이야기다.

　결혼 전부터 쓰던 디지털카메라가 드디어 고장이 나서 하나 사기로 했는데, 이왕 사는 거 기능 좋고 오래 쓸 수 있는 걸 권해도 완강히 반대하고 나서는 아내를 어떻게 해야 할지 모르겠더라. 실제 사진을 보여주며 차이를 설명해줘도 통하지 않아 결국 내 마음대로 지르고 말았다. 예상대로 아내는 노발대발했다. 돈을 모아서 대출금 갚고 집을 사야 한다는 아내 말에 동의한다. 하지만 아내처럼 양말 꿰매 신으며 사는 건 정말이지 못 하겠다.

함께 가는 길, 서로 보조를 맞추길

결혼한 지 2년차인 이 부부는 아직 자녀가 없습니다. 좀 더 여유 있는 상황이 되면 그때 가서 아기를 갖자고 합의하고 그렇게 지내고 있다더군요. 물론 양가 어르신들은 사람은 다 제 먹을 복을 갖고 나오는 거라 하시면서 어서 아기부터 가지라고 하지만, 부부는 능청스럽게 그때그때 상황을 잘 넘기고 있는 터입니다. 다만, 부부는 경제관념이 달라 빈번한 갈등을 빚어오다가 남편이 고가의 디지털카메라를 구입한 것이 기화가 되어 상담실까지 찾게 되었습니다. 남편과 부인의 이야기를 들어보면 둘 다 공동의 목표에는 동의하고 있습니다. 전세 대출금을 갚은 후 집을 장만해 좀 더 여유 있는 생활을 하는 것. 사실, 이런 목표는 신혼부부라면 누구나 갖고 있겠지요. 그런데 그 목표를 향해 가는 방법과 길을 함께 계획하고 정하지 않으면 갈등이 생길 수밖에 없습니다. 결혼 전 서로 다른 환경에서 서로 다른 경제관념을 갖고 살아왔기 때문이지요.

사람마다 생각하는 돈의 가치도 다르고, 쓰고자 하는 '욕구'도 다릅니다. 15평 아파트에 살아도 먹는 것만큼은 잘 먹길 바라는 사람이 있는가 하면, 먹는 건 대충 먹어도 옷만큼은 잘 갖춰 입고자 하는 사람이 있겠지요. 대인관계에 시간과 돈을 쓰는 걸 의미 있게 생각하는 사람도 있을 수 있고, 소소한 쇼핑을 하면서 즐기고 싶은 사람도 있습니다. 이렇게 각자 가치를 두는 분야가 다양하기 때문에 배우자의 가치관과 욕구를 존중하고 어느 정도 수용할 수 있는지 선을 정해둘 필요가 있습니다. 특히, 개인이 아닌 부부가 공동의 목표를 공유하는 것이 중요합니다.

빨리 목표에 도달하고 싶어하는 부인의 관심사는 어떻게 하면 돈을 모을 수 있는지에 모아져 있습니다. 그래서 지금 아끼고 고생하면 밝은 미래가 기다리고 있다고 생각합니다. 그 밝은 미래를 위해 자신은 이토록 애를 쓰고 있는데 인정해주지도 않고 고마워하지 않는 남편이 야속합니다. 반면, 남편은 목표도 중요하지만, 현재를 희생하는 미래는 가치가 없다는 생각입니다. 그의 관심사는 현재를 즐기는 데 있습니다. 그래서 자신을 빛낼 브랜드 옷이 필요하고, 주말에는 여유 있게 영화도 보러 가고 싶고, 취미 생활을 할 수 있는 고가의 디지털카메라도 있으면 좋겠습니다. 그런 걸 모두 막고 앞으로만 나아가자고 끌어당기는 아내가 부담스럽습니다.

이 부부를 한쪽 편에서만 보면 다른 한쪽 편의 생각은 잘못된 것처럼 보입니다. 아내가 반대하는데도 고가의 카메라를 일방적으로 사버리는 남편, 부인 입장에서 얼마나 기가 막히겠습니까? 맞벌이를 하기 때문에 돈을 어느 정도 버는 편인데도 너무 '돈 돈' 하는 아내가 남편은 숨막히겠지요. 이 부부는 공동의 목표로 가는 과정을 합의 하에 수정할 필요가 있습니다. 이들은 대출금을 갚고 적금을 붓는 것은 현재 제대로 하고 있다고 합니다. 단, 나머지 지출 관리 문제에서 대출금과 적금 외에 남는 돈을 생활비로 여유 있게 썼으면 하는 것이 남편의 생각이고, 좀 더 아껴서 한 푼이라도 더 저금을 하는 것이 부인의 생각입니다.

그런데 부부의 내면을 들여다보면 아끼고 절약하는 나를 인정해달라는 아내의 마음이 보이고, 즐거운 생활을 어느 정도 영위하며 지내고 싶은 마음을 알아달라는 남편의 마음이 보입니다. 이런 마음이 정작 배우자의 눈과 귀에는 다다르지 않으니 안타깝습니다.

미래를 위해 현재를 희생하지 않기를

훗날 집을 마련하고 목표를 다 이룬 뒤에 부인은 어떤 생활을 할까요? 지금과 다르게 여유를 가질까요? 아마도 지금의 생활 패턴을 그대로 유지할 확률이 높습니다. 여전히 남편에게 절약하라는 잔소리를 하면서요. 그래서 부인에게 이번 기회에 목표를 이루는 것과 현재 삶의 질 중 어떤 것이 더 중요한지 심도 있게 고민해보길 권했습니다. 돈을 모으고 집을 사느라 삶의 여유도 없이 희생했다는 피해의식을 갖고 있다면 아무리 집을 사도 정말 소중한 관계는 다 잃어버리게 되니까요.

그렇다고 부인이 틀리고 남편이 옳다는 말은 아닙니다. 남편이 제대로 된 제품을 갖고 싶은 마음은 충분히 이해합니다. 하지만 스스로 지출에 대해 책임지고 통제할 필요가 있습니다. 한 달 지출할 수 있는 수준을 반드시 정하고, 무슨 일이 있어도 할부 기간이 끝날 때까지는 추가 지출을 하지 않는다는 정도의 계획은 세워야 하겠지요.

상담 부부 중에 결혼 16년 만에 집을 마련한 분들이 있었습니다. 남편의 경제관념이 매우 투철해 돈 관리를 맡았습니다. 그런데 그 관리가 지나쳐 부인이 장을 보러 가면 무엇을 얼마나 살 건지, 그리고 장을 보고 오면 혹시 허투루 돈을 쓰지 않았는지 감시할 정도였습니다. 그러다 운동을 전공하는 아들이 지방에 합숙을 떠난 일이 기화가 되어 부인은 더 이상 남편과 살 수 없다고 선언했습니다. 그동안 숨이 막힐 정도로 괴롭게 살아왔고, 이제는 목소리만 들어도 질식할 것 같다는 부인의 말에 남편은 크게 좌절했습니다.

많은 부부들이 미래를 위해 저축하고 함께 잘살자는 것에 동의합니다. 그렇다면 그 방법에 대해서 의논하고 서로의 욕구에 귀를 기울여야 할 것입니다. 내 방식이 맞다고 일방적으로 따라오게 한다면 아무리 좋은 결과를 낸다 하더라도 그 과정은 당위성으로 포장된 심리적 폭력일 수밖에 없습니다. 평소에 충분히 서로에게 감사하는 마음을 갖고, 질적으로 만족스러운 친밀감이 있다면 상대방의 욕구를 읽고 먼저 마음을 열 수 있습니다. 부부가 재테크에 대한 목표를 세웠다면, 수시로 서로를 격려하고 배려하고 수고에 대한 고마움을 직접 표현해야 합니다. 그리고 "아껴 쓰기로 했으니까 꼭 지켜야 돼"라고 배우자에게 강요하기보다, 치킨 한 마리를 반 마리로 줄이더라도 서로의 입에 더 많이 넣어주려는 마음으로 특별한 풍요를 만끽하길 바랍니다. 함께 비전을 세우고 같이 가는 가장 든든한 협조자, 지지자, 위로자인 배우자에게 지금 당장 고맙다고 마음의 입맞춤을 해주는 건 어떨까요.

그렇게 공부 잘하던 우리 아들이

부부 관계가 자녀에게 미치는 영향

공부를 하긴 해야 할 것 같은데

저는 상담 같은 거 필요 없어요. 앞으로 공부 열심히 하면 되잖아요. 그동안 공부를 좀 안 하고 멍하니 딴생각에 빠져 있어 부모님이 걱정이 되셔서 그런 것 같은데, 앞으로 열심히 공부할 거예요.

그런데…… 사실, 공부가 잘 안 돼요. 공부 잘해야 외고 갈 수 있고, 그래야 좋은 대학 갈 수 있고 그런 거잖아요. 제가 왜 그러는지 잘 모르겠고요. 중학교 1학년 때까지는 전교에서는 못 놀아도 반에서는 상위권이었거든요. 그런데 요즘엔 머리도 좀 띵하고 집중도 안 돼요. 부모님 힘들게 하고 싶지 않은데, 저 때문에 걱정도 많으신데……. 책상 앞에만 앉으면 머리가 하얘지고 어떤 때는 눈물만 나요.

부부 상담이 아니라 자녀 상담이 필요해요

우리 태극이는 정말 공부도 잘하고 행동도 바른 모범생이다. 자식 자랑하는 팔불출이라 할지 모르지만 그 아인 스스로 알아서 하는 터라 초등학교 때는 주변 엄마들에게 항상 부러움을 샀고, 선생님께도 칭찬을 많이 받았다. 아이가 내성적이라 친구가 많은 건 아니지만 꾸준히 친하게 지내는 친구가 몇몇 있고, 여자아이들에게 선물이나 편지도 종종 받는 걸 보면 인기도 있는 것 같다.

중학교 1학년 때까지는 초등학교 때처럼 공부를 열심히 했는데 2학년에 올라와서 좀 변하는 것 같다. 책상에 앉아 공부를 하나 싶어 보면 멍하니 앉아 있다. 성적도 급격히 떨어지고, 말 수도 적어졌다. 왜 그러냐고 물어보니 학원에 대한 불만을 토로하기에 학원도 바꿔줬다. 그래도 나아지지 않는다. 걱정이 되긴 하지만 사춘기라 그러려니 하면서 지켜보고 있는 중이었다. 이 시기에 너무 다그치는 게 역효과일 것 같아서다. 그런데 어느 날 담임선생님이 전화를 걸어 "태극이가 좀 심각한 것 같아요. 상담이나 치료가 필요할 것 같은데요"라고 조심스럽게 말을 하는 것이었다. 지인 중에 정신과 전문의가 있어 상황을 대충 얘기했더니 정신과 치료보다 심리 상담을 권유했다. 그래서 아동·청소년 심리 상담을 받는데, 그곳에서 가족 전체가 상담을 받아보는 게 어떻겠냐고 해 부부 상담을 시작했다.

하나밖에 없는 우리 아들이 문제가 생겼다는 게 믿어지지 않는다. 아이에게 도움이 될 수 있는 일이라면 뭐든지 다 하겠다. 지금 내가 할 수 있는 일이라는 게 그저 맛있는 음식 만들어주고, 공부 열심히 하라고 격려해주고, 힘들면 쉬었다 하라고 다독여주는 것뿐이다. 그것밖에 할 수 없는 것이 너무 마음 아프다.

결혼한 후 愛

부모는 아이의 삶에 절대적인 영향을 미친다

자식을 키우는 입장이라, 자녀의 손을 이끌고 상담실을 찾는 부모의 심정이 어떨지 누구보다 잘 압니다. 그래서 이렇게 자녀와 부부를 함께 상담해야 하는 경우에는 조금 더 마음이 쓰입니다.

대부분의 아동·청소년 상담에서 간과할 수 없는 것이 부모 상담입니다. 자녀에게 절대적 영향을 주고 있는 부모를 배제하고서는 아이의 문제를 효과적으로 해결하기 어렵기 때문이지요. 스무 살 이전까지는 물론이고 마흔이 넘어도 부모는 우리 삶에 지대한 영향을 미칩니다. 부부 상담이라는 특정한 분야에 집중하지만, 부부간의 갈등이 아이들에게 미치는 영향이 분명히 있기 때문에 이번처럼 가족 상담 혹은 청소년 상담을 하게 되는 경우가 있습니다.

가족 상담을 하다 보면 부모들이 간과하고 있는 것이 있습니다. 부부 문제가 아이들에게 큰 영향을 미친다는 사실입니다. 부부 사이가 안 좋을수록 아이에게 정성을 쏟기 때문에 아이 문제의 원인이 부모 자신에게 있다는 생각을 못 합니다. 하지만 부부간의 사이가 좋지 않거나 문제가 생기면, 아이들은 어떻게든 영향을 받을 수밖에 없습니다. 태극이의 경우 역시 부부는 태극이의 갑작스러운 성적 부진, 우울한 증상 등이 자신들의 갈등이 원인이라는 사실을 몰랐습니다.

태극이 아버지는 고등학교 때 아버지를 여의고 심리적으로 집안의 가장 역할을 하며 자랐습니다. 어머니가 작은 떡 가게를 하면서 생계를 꾸려갔지만, 그는 어머니와 두 여동생을 보면 책임감과 부담감을 동시에 느끼곤 했습니다. 결혼은 그에게 있어 무거운 짐을 함께 나눌 사람을 만난다는 의미였습니다. 하지만 태극이 어머니 생각은 당연히 이와 달랐기 때문에 결혼 초부터 이들은 삐걱거렸습니다. 아들을 남편처럼 여기고 살았던 어머니가 부인을 하나부터 열까지 못마땅하게 생각하고, 결혼 후 오빠가 변했다며 두 여동생은 볼멘소리를 해대니 당연한 결과였습니다.

부인은 시집에 마음을 붙이지 못하고 명절이나 행사가 있을 때에도 숙제를 하듯 마지못해 다녀왔고, 자기 편이 되어주지 않는 남편과는 점점 더 소원해졌습니다. 그러다 태극이가 생긴 후 부인은 태극이에게 모든 정성을 쏟았습니다. 책도 많이 읽어주고 아이와 함께하는 체험 학습도 자주 다녔습니다. 똑똑한 아이는 공부도 잘하고 주위에서 칭찬받는 모범생으로 자라 부인의 기대를 충족시켜주었습니다. 부인은 태극이만 보고 있으면 남편과의 냉랭한 사이는 큰 문제도 아니라고 생각했습니다. 하지만 사업을 하는 남편이 몇 년 전부터 회사 여직원과 가깝게 지낸다는 걸 알게 되었고, 이 때문에 부부 사이는 극심하게 나빠졌습니다. 심지어 폭언과 폭력이 오가는 사태까지 이르렀습니다.

그래도 부부는 태극이 앞에서만큼은 부부 싸움을 하는 일이 없었습니다. 싸움은커녕 큰소리 한번 내지 않았습니다. 부부가 아이를 생각하는 마음과 기대가 큰지라, 아이에게만큼은 아무런 피해를 주지 않겠다는 생각은 같았지요.

하지만 태극이 관점에서 보면 부모가 큰소리로 싸우지 않더라도, 대화를 하지 않는 것 자체가 불안하기는 마찬가지였습니다. 싸우는 모습을 보여주지 않는다고 해서 부부 사이가 좋지 않다는 걸 모르지 않겠지요. 그 애매하고 모호한, 뭐라 표현할 수 없는 갑갑한 집안 공기에 아이는 어린 시절부터 짓눌려 있었습니다. 아이는 좋은 성적을 받아왔을 때는 부모님이 그래도 함께 즐거워하시는 것 같아 더 열심히 공부했습니다. 하지만 그것도 한계가 있었습니다. 그 한계를 이겨내지 못하고 무기력해지기 시작한 것입니다.

아이는 부모에게서 자신의 미래 모습을 본다

아이에게 부모는 자신의 미래입니다. 남자아이는 아버지에게서 여자아이는 어머니에게서 자신의 미래상을 봅니다. 태극이에게 부모는 행복해 보이지 않았습니다. 특히, 아버지는 좋은 대학을 나왔고 사업도 잘되지만 얼굴이 늘 어두웠습니다. 아이는 자신의 미래를 어두운 아버지 표정만큼이나 어둡게 보고 무기력에 빠지고 만 것입니다.

아동·청소년 심리 문제는 80~90퍼센트가 부모에게 그 원인이 있습니다. 하지만 자신이 문제의 원인이라 인정하고 상담이나 치료를 받는 부모는 참 드뭅니다. 그만큼 자신의 문제로 들여다볼 용기도 없고, 방어기제가 강해 손쉽게 아이 탓을 하게 됩니다. 그래서 아이의 손을 잡고 아동·청소년 심리 상담소나 소아 정신과에 가서 치료를 받게 하지만, 정작 부모들은 스스로를 돌아보고 반성할 기회를 갖지 않습니다. 참 안타까운 일입니다.

초등학교 자녀가 ADHD 진단을 받고 치료를 시작하면 제일 좋아하는 사람은 담임선생님입니다. 수업 내내 나대며 방해하던 아이가 치료를 시작한 어느 날부터 조용해지니까요. "어머니, 아이가 치료가 잘되고 있나봐요." 그러면 부모님은 같이 기뻐합니다. 하지만 정말 상담과 치료를 받아야 하는 사람은 부모 자신일 수도 있습니다. 그래서 자녀가 치료를 받을 때 부모님의 부부 상담이 함께 진행된다면 가장 효과적임을 알았으면 합니다.

저는 홈페이지(www.yesmind.net)에 온라인 상담실을 운영하고 있습니다. 그곳에는 부부 문제로 어려움을 겪고 있는 분들의 많은 글이 올라옵니다. 그런데 상담 글 중 가장 안타깝고 마음이 먹먹해지는 글들이, 바로 자녀가 부모님의 불화 때문에 고통을 받다 올린 것입니다. 어린아이가 '아빠가 엄마를 때려서 머리가 피가 났어요. 선생님 우리 엄마아빠 이혼하면 어떡하죠. 선생님 우리 집에 와서 싸움 좀 말려주시면 안 돼요?'라는 글을 올립니다. 그런 글을 볼 때마다 아이의 심정이 어떨까 하는 생각에 가슴이 메어집니다. 이렇게 멍들어가는 동심을 대하면서 부부 상담사로서 한계를 느끼고 좌절을 경험할 때가 한두 번이 아닙니다.

다시 한 번 강조하지만, 자녀 문제의 해결책은 모두 부모가 가지고 있습니다. 아이의 문제를 자신의 문제로 받아들이고 자신을 성찰하는 것이 진정으로 아이를 구하는 일입니다.

태극이의 상담을 진행하는 동안 부부도 상담을 진행했습니다. 그 결과 그들은 10여 년 넘게 깊어질 대로 깊어진 감정의 골을 털어내기 시작했습니다. 아이를 진정 위하는 길이 무엇인지 알게 되었고, 부부의 행복이 곧 아이의 행복이라는 것을 깨닫게 된 것입니다. 지금 이 상담은 진행 중에 있으며 매우 긍정적인 상담 종결을 내다보고 있습니다.

외로운 부부

함께 살아도 외로움을 느낀다면

가정에서 떠나려고만 한다

남편이 2주 전에 혼자 여행을 갔다. 어디로 가는지, 얼마나 있다 오는지 묻지도 못했다. 가끔 있는 일이니 그냥 편하게 받아들이자 생각했지만 가슴이 답답했다. 가기 전 남편은 "우리 이혼하자. 오래 생각해봤는데 난 결혼 생활하기에 부족한 놈인 것 같아. 미안하다"라고 했다. 지금까지 이렇게 단도직입적으로 '이혼'이라는 말을 입에 올린 적은 없었는데, 이렇게까지 나오니 어떻게 해야 할지 모르겠다. 남편이 왜 그러는지 잘 몰라서 더 답답하다. 왜 그러냐고 아무리 물어도 말이 없다. 평소에도 워낙 말이 없는 사람인데 요즘 들어 더욱 심해졌다. 우리 부부의 문제가 도대체 뭘까?

3년 동안 연애를 했다. 연애 시절 남편은 지금처럼 말이 없는 사람이 아니었다. 세상에 이렇게 다정다감한 사람이 있나 싶을 정도로 잘해주었다. 나는 그를 만나 처음으로 '자유'를 느꼈다. 대쪽 같은 성품에 직선적인 아버지 밑에서 언제나 주눅 들어 있던 나는 남자가 그렇게 자상할 수도 있고, 그렇게 여자를 배려할 수도 있다는 것을 남편 때문에 알았다.

갑갑한 집에서 도망치듯 결혼하고 신혼 1년 동안 나는 세상에서 가장 행복한 아내였다. 퇴근 후 함께 산책을 하고, 주말이면 영화를 보러 가고, 국내외 여행도 참 많이 다녔다. 남편은 내가 경험하지 못한 이것저것을 보여주고 들려주고 경험하게 해주었다. 그런데 아이를 낳은 후부터 뭔가 달라졌다.

아이를 낳은 후 남편은 말 수가 부쩍 줄었다. 아이를 그다지 예뻐하지도 않고 늘 혼자만의 시간을 원했다. 아이에 대해 의논하려고 하면 "당신이 나보다 잘 아니까 알아서 해"라고 할 뿐이었다. 남편의 그런 태도는 시부모님이 오실 때면 더욱 심해졌다. 시부모님은 처음에 나를 달가워하지 않으셨지만, 아이를 낳고 난 후부터 완전히 변하셔서 세상에 둘도 없는 며느리처럼 잘해주신다. 주말마다 아이를 보러 집에 방문하시는 게 부담스럽기도 하지만, 워낙 당신 손자를 아껴주시니 감사한 마음이 더 크다. 그런데 남편은 시부모님이 오시면 방으로 꽁꽁 숨어버린다.

남편과 대화를 해보기 위해 많이 시도했지만, 그때마다 나보다 더 힘들어하는 남편을 보면서 그냥 입을 다물 수밖에 없었다. 남편을 그렇게 힘들게 만드는 게 가정이라는 울타리, 나와 아이일까? 그럼 정말 이혼을 해야 하나?

혼자 있고 싶을 뿐이다

그냥 혼자 있고 싶다. 그뿐이다. 집에 들어가는 것이, 결혼 생활을 유지하는 것이 의미가 없다는 생각이 든다. 이혼에 아내가 동의해줬으면 좋겠다. 나 같은 사람하고 결혼해서 참 많이 힘들었을 것이다. 힘들어하는 모습을 보는 나도 괴롭다. 모두 내 잘못이니 아내와 아이가 살아가는 데 경제적인 문제가 없도록 책임은 다할 것이다. 아내도 그렇고 아들도 그렇고 모두 내가 없다고 어떻게 되지는 않을 것 같다. 오히려 갈등 없이 더 잘 살 것 같은 생각도 든다.

부부 상담은 아내가 이혼할 때 하더라도 내 속을 알고 싶다며 마지막 부탁이라기에 어쩔 수 없이 왔다. 나도 내 속을 모르겠는데 여기서 무슨 얘기를 하라는 건지 모르겠다. 솔직히 이 자리도 불편하고 모르는 사람한테 내 얘기를 하는 것도 내키지 않다. 나를 그냥 이대로 내버려두었으면 좋겠다.

결혼한 후 愛

부부만의 삶이 필요한 사람들

　종종 상담 의지가 없는 분이 끌려오다시피 오는 경우가 있습니다. 당사자에게 상담 의지가 없는 경우, 당연히 상담이 쉽지 않습니다. 자신의 의지가 아니라 강요 혹은 어쩔 수 없는 상황으로 왔기 때문에 마음속에서는 반발심이 생길 수밖에 없으니까요. 바로 이 케이스의 남편이 그랬습니다. 부인이 혼자 상담 2회기를 진행하고, 이후부터 남편이 합류하게 됐습니다. 남편은 오는 순간부터 상담을 하고 싶은 생각이 없다는 말을 반복했습니다. 그래도 다행히 10회기가 넘게 꼬박꼬박 참석하며 차차 마음을 열어갔습니다.

　겉으로 드러난 갈등이 없는 가운데 한쪽에서 더 이상 결혼 생활을 유지하기 어렵다며 일방적으로 이혼을 요구하고 있고, 한쪽은 영문도 모른 채 자신이 무슨 잘못을 했나, 부부 사이에 그동안 무슨 문제가 있었나 하고 원인을 찾아보려고 노력하고 있습니다. 차라리 부부 중 누군가 외도를 했거나, 폭력을 썼거나 하는 겉으로 드러나는 문제가 있을 경우, 그렇게 된 원인을 찾아가면 되지만 이 부부처럼 문제에 접근하기조차 어려우면 먼 길을 돌아가야 하기도 합니다.

　남편은 삼형제 중 막내입니다. 위로 형이 두 명 있는데 큰 형은 오랫동안 정신과 진료를 받으며 결혼도 하지 못한 채 부모님과 같이 살고 있고, 둘째 형은 오래전에 집을 나가 소식을 모릅니다. 큰형이 정신과 치료를 받게 된 이유는 알고 보니 부모님과의 불화 때문이었습니다. 큰형은 법대를 다니다가 3학년 때 음악을 하겠다고 학교를 그만두었습니다. 이 사실을 알게 된 부모님은 극렬히 반대했고 그 과정에서 형은 우울증을 앓게 되었으며, 지금에 이르렀습니다. 집을 나간 둘째 형 역시 부모님과 사이가 매우 좋지 않았습니다. 큰 아들이 그렇게 된 후 부모님은 머리도 좋고 활발한 성격의 둘째에게 큰 기대를 걸었습니다. 그리고 빨리 며느리를 보고 손자를 보고 싶은 욕심에 지칠 만큼 선을 보게 했고, 결국 견디다 못한 둘째 형이 집을 나가게 된 것입니다.

남편의 부모님은 사이가 좋지 않습니다. 하지만 체면을 몹시 중요하게 생각하는 점만은 부부가 완벽하게 의견 일치가 됩니다. 그들은 남들에게 행복한 가족의 모습을 보이고 싶어했습니다. 아들 삼형제가 좋은 대학을 나와 좋은 직장에 다니며 좋은 여자를 만나 결혼하기를 바라는 정도가 아니라, 강요에 가깝게 요구했습니다. 그 때문에 자식들과 사이가 나빠졌고, 남편 역시 이미 오래전부터 부모님을 마음에서 놓아버렸다고 해도 과언이 아니었습니다.

아무리 해도 부모님의 기대를 채울 수 없다는 걸 알기 때문에, 그는 결혼 같은 건 애초에 생각도 않았습니다. 자유롭게 여행하는 걸 좋아하는 그는 어떻게든 부모님에게서 벗어나려고만 했지요. 그런데 친구 소개로 지금의 부인을 만난 후 사랑하게 되었고 부모님처럼 살지는 않을 거라는 결심으로 결혼을 했습니다. 결혼 후 그는 결심대로 부모님처럼 살지 않으려고 노력했습니다. 겉으로 보이는 행복을 추구하기보다 둘이 정말 좋아하는 일을 했습니다. 부모님은 눈에 차지 않는 셋째 아들 며느리에게 관심도 갖지 않았습니다. 그게 오히려 그들에겐 다행이었습니다.

하지만 부인이 임신을 하고 출산을 하면서부터 부모님의 개입이 시작되었습니다. 부모님은 교양과 예의를 갖춰 막내 부부의 가정에 점차 침범했습니다. 부모 입장에서는 그래도 남들에게 얘기할 만큼 사는 자식은 막내뿐이었으니까요. 부모님은 손자의 가짜 태몽을 그럴듯하게 만들어 크게 될 아이라고 자랑을 하고 다녔습니다. 그것도 모자라 며느리 장점 찾기에 돌입해, 그녀가 유명 여대 출신이라는 점과 결혼 전 잠깐 다닌 대기업에 마치 지금도 다니고 있는 것처럼 거짓말까지 보태 남들에게 얘기했습니다. 그럴 때만큼은 부모님 두 분은 손발이 척척 잘 맞는 부부가 되었습니다.

남편은 결혼하면 부모님에게서 독립할 수 있다고 기대했지만, 기대가 완전히 무너지는 모습을 속수무책으로 바라만 봐야 했습니다. 게다가 아내는 부모님의 개입을 그다지 싫어하지 않는 눈치이고 오히려 반기는 것 같아 섭섭하고 소외감을 느꼈습니다. 남편은 소중한 부인과 아들을 모두 부모님에게 내주는 듯한 기분이 들어 외로웠습니다.

한편, 부인에게도 말 못할 어려움이 있습니다. 완고한 부모님 밑에서 자란 부인은 자기표현을 잘 못합니다. 자신의 불편함, 어려움 등을 표현하는 데 서툴고 거절도 못 합니다. 남편을 만나 처음 자유라는 것을 만끽하다가 출산 후 시부모님의 잦은 방문에 그 자유가 깨졌지만 싫다는 내색을 못 했습니다. 분명 부담스럽고 때론 귀찮았을 테지만, 그녀는 오히려 자신을 인정해주는 시부모님께 더 잘해드리려고 노력했습니다. 그런데 그럴수록 남편과는 멀어지기만 하니 부인은 한없이 외로울 수밖에 없었습니다.

더욱이 부인은 친정어머니의 시도 때도 없는 전화에 몹시 시달리는 상황이었습니다. 친정어머니는 아들의 사업 실패, 남편과의 불화 등 문제가 있을 때마다 딸에게 전화를 걸어 하소연했습니다. 다시 말해 부인은 시부모님에게 잘 보이기 위해 늘 긴장하고, 친정어머니를 위로하느라 마음을 쓰고, 아이의 양육 역시 오롯이 혼자 떠안고 있는 셈이었습니다. 부인에게 남편은 위로가 되고 힘이 되어주는 사람이 아니라 오히려 더 힘들게 하는 사람입니다. 부인은 혼자 꿋꿋이 가정을 꾸려갔지만, 자신도 어딘가 의지하고 기댈 곳을 찾아왔다는 점을 명확하게 들여다보게 되었습니다.

남편을 외롭지 않게, 아내를 외롭지 않게

이 부부는 결혼 전 각자 정서적으로 매우 외롭게 살아왔습니다. 그러다 결혼해 이제야 외로움을 청산하고 서로를 위하고 보듬으며 살 수 있다고 생각했는데, 결혼 초 1년을 제외하고는 내내 부부만의 삶을 제대로 살아보지 못했습니다.

그런데 이는 부모님의 개입이라는 원인도 있었지만, 스스로 경제적인 독립을 하지 못한 것도 원인이었습니다. 결혼 후 독립을 꿈꾸었지만 이들은 경제적 독립을 하지 못하고 부모님에게 지원을 받고 있었습니다. 그래서 부부는 우선 생활비를 받지 않기로 했습니다. 이를 위해 집을 줄여 이사 계획을 세우고 부인도 일을 할 예정입니다. 이를 먼저 실천한 후 부모님께 한 달에 한 번 찾아뵙기로 결정한 것을 정중히 알렸습니다. 그 결과 어머니보다 아버지가 노발대발하셨지만 부부는 끝까지 자신들의 결정을 고수해갔습니다. 부인은 친정 부모님의 부부 문제에 개입하지 않기로 했습니다. 친정어머니께 아버지에 대한 좋은 얘기는 듣지만 나쁜 얘기는 듣지 않겠다고 선언했습니다. 오빠 일에 대해서도 마찬가지고요. 부인은 딸로서 어머니께 행복한 모습을 보여드리겠다는 말로 미안한 마음을 전했습니다. 물론 가족이 어떻게 좋은 얘기만 주고받고 살겠습니까. 때로는 나쁜 일에 대해 조언도 받을 수 있고 속상한 일이 있을 때 붙잡고 울 수도 있는 게 가족이지요. 하지만 정도가 지나치면 반드시 적절하게 조절해야 합니다.

이런 과정을 부부가 함께 거치면 우선 가정에서 남편의 기능적 역할이 더 확대되는 것을 기대할 수 있습니다. 남편은 분명히 그렇게 될 것이라며 확신 있는 태도를 보였습니다.

부모님과의 관계 정립 이후에는 부부 사이의 관계 회복도 필요했습니다. 부부는 원래 말이 없는 게 아니라 마음이 닫히면서 함께 입을 닫

앉을 뿐이라는 것에 공감했습니다. 연애 시절 전화기를 붙잡고 밤을 새워 얘기하던 성향이 시간이 지난다고 180도 변하는 게 아니지요. 그래서 부부는 여건이 허락되는 대로 자주 부부만의 시간을 갖기로 했습니다. 부부 사이가 견고하게 된 후에 아들과 함께하는 가족의 여행도 가능하겠지요. 상담 진행 이후, 남편이 더 바빠졌습니다. 예전에는 이것저것 생각하기 싫어서 몸을 굴려 바쁘게 지냈다면, 지금은 가족이 더 윤택하게 살기 위해서 바빠졌습니다. 더 재밌는 건 스스로 테돌이라고 할 만큼 텔레비전을 좋아하던 그가 거실에서 텔레비전을 치웠다는 점입니다. 가족과 함께하는 시간을 더 갖기 위해서랍니다.

"지금도 이혼을 원하세요?"

상담실을 찾은 마지막 날 남편에게 물었습니다.

"어휴, 큰일 날 말씀하십니다. 이제는 저희 부모님이 오셔서 부부 상담을 받아야 할 것 같습니다."

하지만 압니다. 부모님은 이런 상담실을 찾으시기 어렵다는 걸. 그래서 더 안타까운 마음입니다.

# 4. 함께 있되 거리를 두라

부부, 서로 다름을 인정하기

사랑하는 연인들 사이에 "나는 네 것, 너는 내 것"이라고 하는 말을 들을 때마다 깜짝 놀라곤 한다. 얼마나 많이 사랑하는지 표현하고 싶은 마음 때문이라는 건 알겠지만, 부부 상담을 하며 서로에 대한 소유욕이나 의존성이 불러온 마음 아픈 갈등 케이스를 많이 보아온 터라 반사적으로 그냥 넘어가지지 않는다. 주위에서 부모가 자식을 소유물처럼 여기고 마음대로 조종하거나 자신의 꿈을 자녀에게 투영시켜 이루려는 모습을 보곤 하는데, 사실 부부 사이에서도 이런 일이 빈번하다. 또 한편에서는 혼자서는 아무것도 할 수 없을 정도로 배우자에게 의지하는 어린아이와 같은 모습을 보이는 경우도 있다. 결혼은 분명 두 사람이 만나 '하나'가 되는 것이 맞다. 하지만 그 하나 속에서도 상대의 영역을 존중해주고 다름을 인정해주어야 하며, 스스로도 독립된 존재가 될 수 있어야 한다. 그래서 나는 부부들에게 '일심동체'라는 말보다 '함께 있되 거리를 두라'는 말을 권한다.

이런 사람인 줄 정말 몰랐다

살아온 환경이 다르니 다를 수밖에 없다

남편의 막말을 도저히 참을 수 없어요

임신 때문에 어쩔 수 없이 선택한 결혼. 그런데 이젠 정말 한계에 다다랐다. 아이에게는 죽을 만큼 미안하지만 아이 생각 말고 차라리 그때 헤어졌어야 했다. 연애 때도 몇 번이나 헤어지려고 했는데, 끝내 여기까지 와버렸다.

남편과는 스키장에서 만났다. 스키를 잘 타는 모습이 멋있고, 거침없이 내뱉는 말투가 호탕하고 남자다워 보였다. 그래서 그해 겨울 함께 자주 스키를 타러 다녔고, 그러다가 임신까지 하게 되었다. 예상치 못한 일에 당황하는 내게 그는 남자답게 "결혼하자"라고 청혼했고, 그 남자다움에 반해 오래지 않은 연애 기간에도 불구하고 결혼을 했다.

그런데 결혼 후 나는 남편에 대해 제대로 모르고 있었다는 걸 깨달았다. 그는 호탕하고 남자다운 사람이 아니라, 무식하고 폭력적인 사람이었다. 남편은 나에게는 물론 다른 사람에게도 안하무인이다. 그냥 넘어갈 수 있는 일도 꼭 시비가 붙고 큰 싸움으로 번진다. 동년배건 나이 많은 어른이건 가리지 않는다. 같이 다니면 창피해서 얼굴을 들 수 없다. 맘에 들지 않는 것은 참지 못하고 욕이나 주먹이 먼저 나온다. 대화로 풀어가려고 조곤조곤 설명을 할라치면 듣지도 않고 "그래 너 잘났다"는 식이다. 립스틱을 바른 모습을 보고는 "어디 가서 쥐 잡아 먹고 왔냐?"라고 하지 않나, 화장실에서 볼일 보고 나오면 "화장실에서 얼마나 싸지르고 나오기에 그렇게 시간이 오래 걸리냐?"라고 하지 않나……. 처음에는 내 기분을 상하게 하려고 일부러 그러는 줄 알았다. 그런데 그에겐 그런 말이 일상의 대화이고, 그 말에 내가 상처 받는다는 것도 이해하지 못한다.

우리의 갈등은 아이를 낳고 내가 직장을 다시 나가면서 더 심해졌다. 남편은 내가 회사에서 야근이나 회식하는 꼴을 못 본다. 조금만 늦어도 전화를 해 추궁한다. 그러면서 정작 자신은 늦게 들어오는 것은 물론 외박도 일삼는다. 나는 잡지사 디자이너인데, 일의 특성상 마감 때가 되면 바쁠 수밖에 없다. 그래도 남편과 달리 외박은 피하려고 노력한다. 그는 내가 그렇게 노력하는 걸 모를 뿐만 아니라, 내 일을 이해조차 하지 않으려 한다. "여자가 밤늦게 어딜 싸돌아다녀? 내가 너 결혼 전부터 밖으로 나도는 거 알아봤다"라고 말하는 남편을 보면 어느 별에서 온 사람이냐고 묻고 싶다.

 게다가 가사도 전혀 도와주지 않아 집안일과 육아, 그리고 회사 일까지 하면서 나 혼자 이리 뛰고 저리 뛰고 있다. 그런 건 차치하고, 결정적으로 말이 통하지 않는 데다 거칠고 무식한 남편과 사는 데 정말 지쳤다.

돈 벌어오라고 시킨 것도 아닌데

 결혼 생활이 이런 건 줄 알았으면 하지 않았다. 아내는 내 말에 사사건건 시비를 걸어놓고는 나중에 가서는 말이 안 통한다며 귀를 막아버린다. 내 입이 거칠다는 건 인정한다. 하지만 태어나서 지금까지 주위에 여자라곤 엄마밖에 없었고, 계속 남자 녀석들과 어울리며 익숙해진 말버릇이 하루아침에 바뀌겠는가? 아내는 처음에는 내 입에서 욕이 나오면 인상을 쓰더니 이제는 입만 열어도 혐오스러운 표정으로 눈을 부라린다. 그럼 아예 말도 하지 말라는 말인가?
 나는 뭐 아내한테 불만이 없는 줄 아는가. 아내가 다니는 회사는 왜 그 모양인지, 여자를 새벽에 퇴근시키는 게 말이 되는가 말이다. 좋다, 일하다 그런 건 그렇다 치더라도 회식은 왜 새벽까지 하는지 모르겠다. 여자가 새벽에 들어와서도 미안한 기색 하나 없이 "내가 하는 일이 원래 이래. 그런 것도 몰라?"라고 오히려 큰소리다. 그리고 집안일을 도와줘도 고마워하는 기색 없이 당연히 해야 할 일을 했다는 식이다. 어떻게 집안일이 남자가 당연히 해야 할 일인가?

아내가 이러는 건 장모님 영향도 크다. 내가 이런 문제를 장모님께 얘기하면 마땅히 딸을 야단치고 미안해하셔야 하는데, 요즘 남자 하는 일 여자 하는 일이 어디 따로 있느냐며 맞벌이를 하니 서로 도와가며 하란다. 하긴 장모님은 전업주부인데도 살림에 통 신경을 안 쓰니 그런 말을 하시는 것이다. 그러고 보면 나보다 장인어른이 더 딱하다. 장인어른은 그나마 내 마음을 이해해주긴 하시는데 그래도 가정의 평화를 위해서 남자가 참는 게 최선이라고 하시니 답답하다.

일전에 처가에서 잡채를 내오시기에 장모님이 웬일로 손이 많이 가는 음식을 하셨나 했더니 반찬 가게에서 사왔단다. 집에서 살림하는 사람이 왜 반찬을 사다 먹는지. 더 웃기는 건 아내의 반응이다. 맛있다며 그 가게가 어디냐고, 자기도 거기 가서 사야겠다나.

나는 아내가 나가서 일하는 게 못마땅하다. 언제 나가서 돈 벌어오라고 했나? 그저 남편이 가져다주는 월급 가지고 많으면 많은 대로 적으면 적은 대로 알뜰살뜰 꾸려나가면 되는 것을, 여자가 일한답시고 나가서 살림은 나몰라라 하는 꼴 더 이상은 못 봐주겠다. 이번 기회에 버릇을 꼭 고쳐주리라.

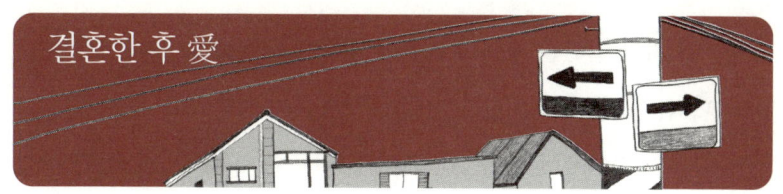

결혼한 후 愛

살아온 배경과 가치관이 다른 두 사람

결론부터 말하면 이 부부는 합의이혼을 결정했습니다. 물론 보수적인 남편이 '내 인생에 이혼은 없다'며 완강하게 거부했습니다만, 서로 조금도 양보하지 않고 변하지 않은 채 결혼 생활을 유지하기 어려운 형편이었고, 끝내 '내 주장이 맞다'는 뜻을 둘 다 굽히지 않아 갈라서게 되었습니다.

부인이 힘들어했던 부분은 남편의 거친 행동과 말, 그리고 아내의 사회생활을 전혀 인정해주지 않는 것이었습니다. 반면, 남편은 자신이 생각하는 아내상과 너무 다른 부인의 행동과 자신을 무시하는 태도를 참을 수 없어했습니다. 이 정도 문제로 이혼까지 한 이들이 참으로 안타깝게 여겨지며, 한편으로 젊은 부부라 참을성이 없다고 판단할 수도 있습니다. 하지만 어려움을 품은 채 살아가기에는 현대의 결혼 생활이 녹록하지 않은 게 현실입니다.

남편의 행동과 가치관은 그가 자라온 환경을 살펴보면 일면 이해되는 부분이 있기도 합니다. 남편의 아버지는 경비로 일하시고 어머니는 식당을 하십니다. 두 분의 대화는 남편 못지않게 거칠다고 합니다. 그런데 두 분은 으레 그러려니 하며 문제 삼지 않으셨지요. 그런 부모님

슬하에서 자란 남편은 부인의 기분을 상하게 하려고 일부러 그러는 것이 아니라, 그저 자신의 일상 언어를 사용하는 것뿐입니다. 그런데 그런 문화에 익숙하지 못한 부인은 남편을 비롯한 시집 식구들의 거친 말이 견디기 힘들었을 겁니다.

젊은 시절부터 시장에서 장사를 해서 생활력 강한 시어머니의 말도 거침없었습니다. 집안일에 서툰 며느리를 보고 "손모가지에 그렇게 힘이 없어서 어디다 써먹느냐?"라고 말씀하시곤 했습니다. 당신 아들딸에게 이놈저놈, 이년저년하시는 어른이니 시어머니한테는 대수롭지 않은 표현이었겠지요. 그러나 부인은 자신의 손목을 손모가지라고 하는 걸 듣는 건 처음이었습니다. 이렇게 남편을 비롯한 시집 문화에 적응하기 힘든 부인은 점점 설 자리를 잃어가고 남편과 멀어질 수밖에 없었습니다.

한편, 부인의 가치관 역시 그녀 입장에서는 타당합니다. 그녀의 부모님은 젊은 시절부터 가사 분담을 당연한 것으로 여겼으며, 아버지는 나이가 들자 어머니가 힘들까봐 파출부를 고용했습니다. 이런 환경에서 부인은 부부의 가사 분담, 여성의 사회 진출을 당연한 것으로 받아들이며 살았습니다. 그래서 자신의 일을 이해하지 못하고 집안일을 도와주지 않는 남편이 잘못한 것이라 생각합니다. 그리고 끊임없이 남편에게 잘못된 것이라고 설명하다가 대화가 안 되면 '저 사람은 무식하다'라고 생각할 수밖에 없었습니다.

그런데 안타깝게도 남편에게 부인의 이런 고통은 배부른 공주병 환자의 투정으로밖에 들리지 않았다고 합니다. 평생 시장에서 힘들게 일하며 집안일은 물론 자식들 뒷바라지도 도맡아하시고, 지금도 새벽시장에 나가 장을 보고 장사 준비를 해나가는 어머니를 보았으니까요. 그런 어머니와 비교할 때 전업주부임에도 파출부를 쓰는 장모님이나 맞벌이한다고 집안일을 등한시하는 부인은 못마땅했습니다.

결혼 전 서로에 대해 충분히 알아가기

30대 초반의 이들은 취미 생활을 즐기다 만나 결혼했습니다. 부부가 같은 취미가 있으면 결혼 생활을 윤택하게 해줄 수 있는 충분한 윤활유가 되겠지요. 많은 부부들이 함께할 수 있는 공통 관심사를 찾지 못해 어려워하는데, 이들은 그런 면에서 큰 장점을 가지고 결혼 생활을 시작한 셈입니다. 그런데 안타깝게도 이들에게는 '취미' 말고 서로 맞는 것이 없었습니다. 서로에 대해 더 알아보고 심사숙고할 겨를도 없이 임신 때문에 서둘러 결혼하는 바람에, 서로 다르다는 걸 결혼 후에 발견하고 발등을 찧었습니다.

남편은 부인의 애로 사항을 이해하고 예전 원가족의 분위기와는 다르게 자신의 가정에서만큼은 부인과 소통하기 위해 노력했으면 좋았을 것입니다. 부인 역시 남편의 행동과 태도로 인해 본인이 겪는 어려움과 마음의 상처를 잘 전달했으면 어땠을까 싶습니다.

이들 부부는 서로를 이해하고 결혼 생활을 유지하기 위한 노력을 기울이지 않고 형식적인 결혼 생활만을 유지해왔습니다. 그 형식적인 결혼 생활의 매개체는 자녀였습니다. 그러나 형식적인 결혼 관계는 아이에게도 나쁜 영향을 끼칠 뿐입니다. 아이에게만큼은 가정의 틀을 유지해주고 싶은 마음이라면 그 틀을 반듯하게 지켜나가야지, 비뚤어지고 깨진 틀은 유지해봤자 서로에게 상처만 줍니다. 실제로 부부는 아이가 어렸을 때는 서로 치열하게 싸우느라, 그리고 조금 자랐을 때는 서로를 피하느라 아이에게 따뜻한 가족애를 느끼게 하지 못했음을 인정했습니다.

남편은 끝내 남녀의 성 역할에 대한 단호한 생각을 버리지 못했습니다. 여자는 마땅히 아이를 돌보고 집안일을 해야 한다고 생각하는 그는, 지금까지 가사를 도와준 것에 대한 억울함까지 토로했습니다. 그리고 자신의 거친 말에 대한 문제의식도 여전히 없었습니다. 부인은 이런 남편을 무조건 피하고 싶다는 마음만 간절했습니다. 이렇게 이들은 서로 다른 가치관의 차이를 좁히지 못할 바에는 아이를 위해서라도 이혼을 하는 게 낫겠다고 생각을 정리했습니다.

아무리 이혼율이 높아지고 있더라도 우리 사회에서 이혼은 금기시되고 있는 게 사실입니다. 특히 아이가 있는 부부는 아이를 위해서라도 이혼만은 피하고 싶어하지요. 그러나 사회적인 시선이 두려워서 또는 누구 때문에 내 삶을 포기하며 살 수도 없는 노릇입니다. 부부 상담을 하다 보면 상담을 통해 부부 관계가 개선되고 더 좋아지는 경우도 있고, 심사숙고해서 이혼을 결정하는 경우도 있습니다. 결혼이든 이혼이든 현재보다 더 나은 삶을 위한 선택일 것입니다. 이 부부 역시 지금의 상황보다 더 낫겠다는 생각에 이혼을 선택했습니다.

부부는 교제 기간이 매우 짧았습니다. 서로에 대해 알아가며 신중하게 배우자를 선택해도 쉽지 않은 것이 결혼 생활입니다. 그래서 결혼 전 상담을 오는 커플이나 주위의 미혼 남녀를 보면 적어도 2년 이상은 교제해보고 결혼하길 권하곤 합니다. 욕을 하는 모습이 터프해 보일 정도로 눈에 콩깍지가 씌어 있다가 결혼한 후 그 욕으로 인해 마음에 상처를 입고 힘들어한다면 너무 늦습니다.

상대의 진정한 모습을 볼 수 있으려면 적당한 교제 기간이 필요한 것입니다. 또한 객관적인 사람에게 자문을 구하는 과정도 배우자 선택에 큰 도움이 됩니다. 결혼 후 어떤 어려운 일이 있을 수 있는지 미리 예측하고, 그럴 땐 서로 어떻게 할지 마음의 준비를 하고 시작하는 부부는 아무래도 다릅니다. 최근 결혼 전 커플 상담이 크게 늘고 있는 것도 이런 이유 때문이겠지요.

관심이라는 이름의 구속

결혼은 사랑을 소유하려고 하는 것이 아니라, 나누려고 하는 것

왜 내 전화를 안 받나

사소한 일이라도 한번 싸우기 시작하면 우리는 황당하리만치 크게 싸운다. 언제나 종국엔 난리를 한바탕 치르고 죄 없는 애들까지 놀라 울고불고 해야 일단락된다. 몇 년 전까지만 해도 늦은 밤이나 새벽에는 옆집에서 들을까 창피해서 참고 자제하기도 했다. 하지만 최근에는 이것저것 따질 수 없을 정도로 우리 관계는 악화되었다.

나는 조용한 성격이라 남의 눈에 잘 띄지도 않는다. 이런 성격의 내가 그 조용한 새벽에 이웃의 눈도 상관하지 않고 싸우는 데는 남편에게 원인이 있다. 남편은 내게 믿음을 주지 못한다. 회식을 하든, 친구를 만나든, 일단 술자리에 가면 전화를 받지 않으니 어디서 무얼 하고 돌아

다니는지 알 수 없다. 이런데 어떻게 남편을 믿을 수 있겠는가? 전화한 이유가 뻔하고, 통화해봤자 싸울 게 분명하기 때문에 함께 있는 사람에게 창피해서 그런다는데, 그게 말이 되는가? 아내라면 남편이 누구를 만나는지, 몇 시에 들어오는지 알고 싶어하는 게 당연하다.

 전화하는 걸 너무 싫어하고 이 일 때문에 싸우는 데도 지쳐 문자를 보내보지만, 이 역시 내가 열 번 보내면 마지못해 한 통 보낼까 말까다. 문자 내용도 믿음이 안 간다. 특히, 남편 친구 중에 사생활이 문란하고 여자 문제가 복잡한 이가 있어 그 사람은 만나지 말라고 그렇게 일렀건만, 내 얘기를 무시하고 계속 만나면서 거짓말까지 하기 때문에 믿을 수가 없다. 연락 없이 늦게 오면, 내가 뜬눈으로 밤을 지새웠을 걸 알면서도 들어와 아무 말도 하지 않고 거실에서 자버리는 사람이다. 대놓고 나를 무시하는 거다. 그것 때문에 새벽에 싸움이 시작이 되고, 어떤 때는 남편이 다시 밖으로 나가버릴 때도 있다.

 이렇게 불화가 계속되면서 아이들을 힘들게 하고 있는 것 같아 죄책감이 든다. 아이들이 불쌍하다. 우리가 새벽에 싸울 때면 큰 딸은 방에서 울고 있다. 엄마 아빠가 큰소리로 싸우는데 나와보지도 못하고 이불 뒤집어쓰고 울고 있는 마음이 어떨지 생각하면 한없이 미안하다. 울다 지쳐 잠이 들어 다음 날 퉁퉁 부어 있는 아이의 얼굴을 보면 가슴이 찢어진다. 그런 딸아이를 달래줘야 한다고 생각은 하지만, 그게 잘 안 된다. 내 마음이 심란하니 그냥 모르는 척 외면하게 된다. 이럴수록 남편이 더 원망스럽고, 정말이지 견딜 수가 없다.

내 목에 목줄을 달려고 하니

아내는 내성적이고 조용한 사람이다. 그런데 그 조용함은 고요하고 편안한 조용함이 아니라, 어두운 조용함, 불편한 조용함이랄까. 아내는 자존심과 고집이 굉장히 세고, 매사에 부정적이다. 그런 사람을 어떻게 이해해야 할지 모르겠다. 언젠가부터 아내에게 가까이 갈 수가 없어졌다. 솔직히 말해 정나미가 뚝뚝 떨어진다. 성관계를 한 지도 오래되었지만, 하고 싶은 마음도 없다. 이러니 나도 살맛이 안 난다. 내가 왜 아내와 사나 싶다.

사회생활하다 보면 회식도 있고, 일 때문에 피할 수 없는 자리도 있다. 그리고 개인적으로 친구를 만나야 할 때도 있다. 아내는 이런 사회생활을 인정하지 않는다. 무조건 집에 일찍 오라고만 한다. 일이 없고, 약속이 없는 날에는 당연히 퇴근하자마자 집에 들어가곤 했다. 그런데 아내가 너무 구속을 하니 최근에는 집에 들어가는 게 불편하고 싫다.

아이들과 시간을 보내는 것도 아내 눈치가 보인다. 아이들과 대화를 하려 해도 공부해야 하는 애한테 왜 그러느냐고 화를 내는 아내다. 주말에 함께 나들이를 가자고 해도 별로 좋아하지 않는다. 내성적인 사람이라서 그런지 외출하는 것도 운동하는 것도 그리 좋아하지 않는다. 아내는 내가 그냥 집에 있으면서 자기 눈앞에 머물러 있어야 만족한다.

결혼 초반에는 아내에게 맞춰보려고 많이 노력했다. 하지만 사람이 살아가는 형태가 어디 그런가. 그런데 친구라도 만나고 오면 비난을 쏟아 부으며 만나지 말라는 식이니, 참다 참다 화가 나서 나도 하고 싶은 말을 하다 보니 이렇게 걷잡을 수 없을 만큼 사이가 악화됐다. 남들은 부부 싸움을 해도 우리만큼은 아닌 것 같다. 친한 친구들에게도 자존심 때문에 사정을 시시콜콜 다 말할 수도 없고, 벙어리 냉가슴 앓듯 안으로 곪아 터진다. 그렇다고 이혼을 할 수도 없고…….

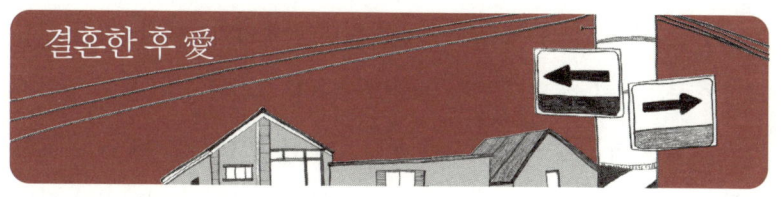

부인의 상처를 돌아봐주길

부부 갈등은 한두 가지 문제 때문에 일어나는 것은 아닙니다. 대부분 여러 가지 문제가 복합적으로 얽혀서 자신들도 잘 인식하지 못하는 이유 때문에 어려움을 겪게 되지요. 그 때문에 표면적인 갈등만 보고 부부 상담을 할 경우 중요한 부분을 놓칠 수도 있습니다. 부부 상담이라고는 하지만 상담에 들어가면 남편 따로 부인 따로 각각 개인 상담을 하며 근본적인 원인을 찾기 위해 노력합니다.

부인과 개인 상담을 해본 결과, 어린 시절 남다른 아픔이 있었습니다. 그녀의 아버지는 어머니 외에 다른 여자와 살림을 차리고 살았습니다. 한 달에 몇 번 얼굴을 비친 정도였고, 관계도 소원했으며, 대화도 별로 없었기에 아버지에 대한 기억은 거의 없었습니다. 그나마 남아 있는 기억마저도 별로 좋은 것이 아니었지요. 중학교 때 오랜만에 얼굴을 본 아버지한테 학교에서 받아온 성적표를 어렵게 보여드렸는데 별 관심 없이 "네 엄마한테 줘라" 하고서는 외면했던 기억이 남아 있습니다. 아버지가 계시지 않은 집에서 어린 그녀 눈에 비친 어머니의 삶은 비참했습니다. 아버지가 없을 때 어머니는 마시지도 못하는 술을 먹으며 울고, 아버지가 오면 싸우고…… 이런 일의 반복이었습니다. 어린 시절 그녀는 부모님이 왜 그러는지 잘 몰랐습니다. 그러나 철이 들어 아버지가 딴살림을 하는 것을 알았고 분명히 잘못된 것이라 생각했지만 말로 표현할 수가 없었습니다. 그녀를 더욱 힘들게 했던 건 아버지가 집에 오셨을 때 눈치를 보며 더 안으로 움츠러드는 자신의 모습이었습니다.

그녀에게 세상에서 제일 불쌍한 사람은 어머니이고 세상에서 가장 나쁜 사람은 아버지 같은 사람입니다. 그렇기 때문에 그녀는 무엇보다 남자들의 이중적 생활 태도와 외도를 참지 못합니다. 남편의 늦은 귀가와 술자리는 그녀의 상처를 상당히 자극하고도 남습니다. 어머니 같은 삶을 살게 될까봐 겁이 난 것이지요. 그래서 마음과 몸을 수습할 수 없을 정도의 불안감에 휩싸여 남편에게 수시로 연락을 할 수밖에 없습니다. 부인의 전화를 받지 않는 남편에게서 아버지의 모습을 보게 되고, 거기서 느껴지는 불안과 분노가 극에 달하게 되는 것이지요. 부인은 아이들을 돌보지 않는 남편의 모습에서 어린 시절 자신에게 관심이 없었던 아버지의 모습을 투영합니다. 그래서 그녀는 자신도 어머니처럼 아이들을 남편 손길 없이 혼자 키웠다고 여기고 소유물에 가깝게 생각합니다. 남편이라도 아이들에게 가까이 가려면 반드시 자신의 허락을 받아야 하는 것이지요.

상담을 하며 부인은 참 많이 울었습니다. 40대 중반의 여인이었지만 그녀의 내면은 가슴에 입은 상처로 힘들어하는 여린 10대 여학생이었습니다. 그녀는 흐느껴 울며 너무 아프고 억울한 심정을 온몸으로 얘기했습니다. 곁에서 돌봐주기를 바랐던 아버지를 향한 기대, 항상 눈물짓고 있는 불쌍한 어머니를 바라만 봐야 했던 아픔, 행복을 나누어야 할 가족에게 상처 받은 그 마음을 어찌 다 말로 할까 싶습니다.

배우자에게 원하는 것이 무엇인지 솔직하게 말하기

부부의 갈등 해결을 위해서는 부인이 정말 원하는 것이 무엇인지 스스로 정확히 알아야 합니다. 부인은 남편으로부터 사랑받고 이해받고 싶어합니다. 남편의 따스한 보살핌과 배려를 원하고 있습니다. 하지만 이런 자신의 마음을 제대로 표현하지 못하기 때문에, 남편을 힘들게 하고 있다는 걸 알아야 합니다. 남편의 행동으로 인해 자신이 느끼는 두려움과 걱정을 있는 그대로 솔직하게 표현했을 때, 남편도 공감하고 이해할 수 있습니다.

부부 상담을 하면서 남편은 그동안 아내가 왜 그랬는지 이해할 수 있게 되었으며, 자신 또한 딸에게 어떤 아버지로 비칠지, 어떤 아버지이고 싶은지 스스로 깊이 생각하게 되었습니다.

회기를 거듭하며 부인 얼굴은 눈에 띄게 밝아졌습니다. 남편에 대한 접근 방식도 바뀌었고 무엇보다 부인의 인지 사고에 변화가 생겨 그동안 남편을 구속하려고만 했던 마음을 편안하게 풀어놓았습니다. 그리고 딸을 대하는 태도도 달라졌고요. 얼마 전 딸이 일기장에 '아빠가 설거지를 하는데 엄마가 따뜻한 물이냐고 물어보았다. 서로 아껴주시는 모습이 너무 좋았다'라고 적어놓은 걸 보고 부인은 느낀 바가 많았다고 고백했습니다. 지금까지 딸아이가 부모를 보고 얼마나 힘들었는지 알았으며, 다시는 아이들이 상처 받는 일이 없도록 노력하겠다고 했습니다.

남편은 무엇보다 의사소통 기술을 배워가며 아내와 대화가 훨씬 많아졌다고 기뻐했습니다. 그동안 외출을 꺼렸던 부인은 함께 산책이나 등산도 나선다고 합니다. 자주 웃고, 작은 일에도 고맙다고 말해주는 아내를 보며 요즘 어깨가 들썩거릴 정도로 기쁘고 결혼 전보다 더 아내가 예뻐 보인다면서, 왜 진작부터 이렇게 못 살았는지 지난 시간이 억울하다며 너스레를 떱니다. 부인은 제 권유로 대학에서 운영하는 평생교육원에서 상담심리학 과정을 공부하기로 했습니다. 학위가 목적이 아니라 그 과정을 통해 가족 관계가 더 원만해질 수 있기 때문입니다. 그 과정이 부인의 자존감 향상에 도움을 줄 것으로 보입니다.

배우자의 독립된 공간과 시간을 인정할 것

이 부부의 케이스에서 다른 논의거리가 있다면, 부부 각자의 생활과 시간을 존중해주어야 할 필요성입니다. 실제 상담을 하는 부부들 중 남편의 늦은 귀가, 잦은 술자리 때문에 갈등을 겪는 경우가 많이 있습니다. 남편들은 퇴근 후에 동료들과 당구 한 게임 하는 시간도 허락되지 않는다며 불만을 토로합니다. 부인들은 온종일 아이 돌보고 집안일 하느라 힘든데 남편이 와서 좀 도와주어야 한다고 주장합니다. 모두 이해가 가는 말입니다. 하지만 좀 더 객관적인 관점으로 보면 부인도 자신만의 시간이 필요하고, 남편 역시 자신만의 시간이 필요합니다. 또한 두 사람의 데이트 시간도 마땅히 필요하겠지요. 그러니 "나도 피곤해, 나도 쉬고 싶어"라고 서로에게만 요구하지 말고, 주변의 도움을 받아서라도 쉼 없이 돌아가는 일상 가운데 한 템포 쉬어갈 수 있는 시간을 적극적으로 함께 만들어가길 바랍니다.

제가 그간 수천 케이스의 부부 상담을 해봤을 때, 일주일에 1~2회 정도, 합해서 한 달에 5~6회 정도의 외부 회식이나 친구 모임 등은 큰 문제가 되지는 않았습니다. 하지만 일주일에 3회가 넘어가면 부부 관계가 힘들어지더군요. 그리고 부부의 결속력과 친밀감이 돈독한 편이라면 그런 숫자는 크게 문제가 되지 않을 수 있습니다. 그러니 부부가 돈독한 관계를 유지하고 있다고 생각한다면 각자의 외부 약속과 귀가 시간에 대해서 어느 정도 배우자에게 맡기십시오. 그리고 이왕 외부 시간을 갖게 된 배우자에게는 일찍 오라고 닦달하기보다 조심해서 잘 놀다가 오라고 하는 편이 낫습니다. 평상시 친밀감이 돈독한 부부라면 배우자의 가치관으로부터 크게 벗어나는 것이 오히려 더 불편하기 때문에 걱정스러운 일을 만들지는 않을 테니까요. 이 모든 것이 평소의 부부 관계에서 기인하는 것이며, 부부가 함께 있는 시간을 어떻게 보내는지 그 질에 따라 달라진다는 것을 꼭 기억했으면 합니다.

나만 쳐다보지 말고 애나 낳지

결혼 생활은 핑크빛 물든 판타지가 아니다

물러버리고 싶은 결혼

결혼 7개월. 결혼한 지 1년도 안되어 부부 상담까지 오게 될 줄은 꿈에도 몰랐다. 남편은 연애 때 내게 참 잘했다. 결혼하면 평생 나를 공주처럼 떠받드는 머슴이 되겠다고 입버릇처럼 말했고, 영화처럼 뻑적지근하게 프러포즈도 했다. 남들은 결혼 전 남자의 입에 발린 말을 믿느냐, 결혼하면 다 변한다 비웃었지만, 그래도 평생 나를 아껴주겠다는 남편의 약속이 한없이 믿음직스러웠다.

그런데 결혼하자마자, 나와 상관없다고 생각했던 '남자는 결혼하면 변한다'는 말이 현실이 됐다. 신혼 여행지에서부터 그의 태도가 달라졌다. 연애 때와 달리 내게 덤덤해졌다. 사실 결혼 전에는 내가 귀찮아할

만큼 사랑 표현을 했던 터라 내심 결혼 후 성관계를 과하게 요구하면 어쩌나 걱정도 했다. 그런데 그 걱정은 정말 오산이었다.

5박 6일 신혼여행 기간 동안 성관계가 겨우 두 번뿐이더니, 그게 이어져 아직 신혼인데 일주일에 고작 한 번에서 두 번 정도다. 하루 종일 자기만 기다리고 있는 걸 뻔히 알면서도 퇴근해서 돌아오면 나를 소 닭 보듯 대한다. 게다가 일주일이면 삼사 일은 회식이나 야근으로 늦게 들어오고, 어떤 때는 새벽에 완전히 술에 취해 인사불성으로 돌아오기도 한다. 언젠가는 와이셔츠에 립스틱까지 묻히고 왔다. 정말 기가 막힌다.

그런데 더 기가 막히는 건, 분명 남편이 이렇게 잘못했는데 정작 눈치를 보고 안절부절못하는 건 내 쪽이라는 거다. 내가 뭘 잘못했나, 나와의 성관계가 마음에 들지 않은 걸까, 내가 남편에게 이제 매력이 없는 걸까? 이런 생각을 하고 있다 보면 자존심도 상하고 굴욕감마저 든다.

나는 남자에게 이런 대접을 받아본 적이 한 번도 없다. 공주병이라고 할지 모르지만 결혼 전에 목을 매는 남자도 많았고, 그중 지금 남편보다 조건이 더 좋은 사람도 많았다. 하지만 언제까지 변치 않을 것 같은 남편의 성실성과 듬직함을 보고 결혼했는데, 지금은 완전히 속은 기분이다. 마음 같아선 모든 것을 물리고 싶다.

남편에게 내 혼란스러운 심정을 말하고, 왜 그러는지 물어보기도 했다. 그런데 남편의 대답은 "당신 참 답답하네. 왜 하루 종일 나만 기다리고 있어. 당신 생활을 가져야지. 언제까지 나한테 투정 부리고 징징

댈 거야. 그리고 부모님이 손자를 보고 싶어하시니 빨리 아이 가질 생각하는 게 좋지 않겠어? 그럼 당신도 뭐 나름대로 준비를 해야 할 거 아냐'였다. 그 말을 듣는 순간 속상해서 눈물밖에 나오지 않았다. 결혼 전과 달라진 것을 반성하고 미안해해야지, 어떻게 내가 문제라는 식으로 몰아붙일 수가 있는가? 내가 생각했던 결혼은 이런 게 아니다. 이렇게 결혼 후 변한 남편이 앞으로 어떻게 더 변할지 믿을 수가 없다.

연애 시절만 생각하는 철없는 아내

사회생활하는 남자들은 공감하리라. 밖에 나가 일하고 집에 돌아오면 얼마나 피곤하고 힘든지. 따라서 집은 휴식처이자, 안식처가 되어야 한다. 그런데 집에 와도 언제나 뭔가 해주길 바라는 눈으로 나만 바라보고 있는 사람을 볼 때마다 숨이 턱턱 막힌다. 아내는 결혼 후 내가 변했다고 한다. 하지만 결혼 생활이 어떻게 연애 때처럼 매일매일이 이벤트겠는가? 결혼 생활은 말 그대로 '생활' 아닌가? 직장 동료나 선후배들을 보면 결혼이란 게 다 그런 건가 보다 하고 사는데, 왜 그렇게 유난을 떠는지 모르겠다.

나는 결혼 전이나 후나 변함없이 아내를 사랑한다. 아내가 집안일 때문에 힘들어할까봐 아침밥 달라는 소리도 안 하고, 주말이면 내가 식사 준비하고, 부모님 집 방문도 큰 행사나 명절이 아니면 자제하려고 한다. 이렇게 나름대로 노력하고 있는데, 만족할 줄 모르고 변했다는 말만 되풀이한다. 회식을 하다 보면 늦을 수도 있고, 때론 노래방에서 동료들과 즐기다 보면 본의 아니게 화장품이 묻을 수도 있는 거 아닌가. 그 화장품이 동료 것인지, 지하철에서 묻은 것인지도 잘 모르겠다.

결혼 전에는 그렇게 당당하던 여자가 왜 결혼 후에 나만 바라보며 아이처럼 징징대는지 모르겠다. 아이를 낳으면 좀 괜찮아지지 않을까 싶어 그렇게 얘기했더니 "결혼 후에 변한 사람을 어떻게 믿고 아이를 낳겠어"라고 한다. 아직도 연애 때만을 그리워하는 아내를 어떻게 해야 할지 모르겠다. 이번 주말에는 친구 녀석 아기가 돌이란다. 나도 빨리 아이 낳고 안정적인 결혼 생활을 하고 싶은데 아직도 철없이 핑크빛 꿈만 꾸고 있는 아내, 대책이 안 선다.

결혼한 후 愛

혼수 준비보다 중요한 결혼 생활 준비

결혼한 지 얼마 되지 않아 상담실을 찾는 부부가 많아지고 있습니다.

결혼에 대한 가치관이 아직 확립되지 않은 상태에서 연애 때와는 다른 환경에 적응하지 못하기 때문이겠지요. 이런 경우 연애 시절 아무리 불같이 사랑했던 사이라도 그 불이 서로에게 원망의 화살로 변하기 십상입니다.

예전에 어른들은 신혼부부들이 이런 고민을 토로하면 "살다 보면 괜찮다, 참고 살아라"라고 조언하셨지요. 물론 살다 보면 괜찮아지는 경우도 있습니다. 하지만 문제를 그렇게 삭히고 묵히다 보면 언젠가는 불거질 게 뻔합니다. 그래서 요즘에는 참기보다 차라리 문제를 드러내고 해결책을 같이 찾는 편이 낫습니다. 그리고 더 좋은 것은 결혼 전에 혼수 장만보다 중요한 결혼 생활 준비를 먼저 하는 것입니다.

뭐든지 처음 하는 것은 서툴고 어려운 법입니다. 결혼 역시 그렇지요. 그렇다고 미리 살아보고 결혼하기도 어려우니 현실적인 결혼이 어떤 것인지에 대한 인식이 분명히 있어야 합니다. 결혼 날짜가 정해지면 예비부부가 함께 준비해야 할 것들이 많겠지만, 어떤 마음으로 함께 살아가야 하는지에 대해 커플 상담을 받아보는 것도 도움이 될 것입니다.

이 부부의 경우, 남편은 자신의 부모님 부부가 롤모델이 되었습니다. 남편의 기억에는 무덤덤한 아버지는 퇴근하고 집에 오시면 별반 말이 없으셨고, 어머니는 그런 아버지를 적당히 어려워하며 그다지 불만을 갖지 않으셨던 것이 남아 있습니다. 남편에겐 이러한 부부 관계가 정상적인 그림인 셈입니다.

한편, 부인은 어린 시절부터 막내딸인 자신을 예뻐하고 사랑해준 아버지 밑에서 자랐습니다. 그리고 무의식적으로 아버지 같은 남자를 만나고 싶다는 생각을 했지요. 아버지처럼 다정다감한 남자를 만나고 싶다는 바람이 잘못된 것은 아닙니다. 그런데 문제는 아버지와 딸의 관계와 남편과 부인의 관계를 동일시하고 있었던 것입니다.

배우자에게 무조건적인 사랑을 요구하는가

부인의 남성상은 아버지처럼 자신에게 무조건 잘해주고 사랑을 주는 남자였지만, 세상 어떤 남편도 아내에게 딸처럼 조건 없이 베풀 수만은 없습니다. 아버지에게 충분히 사랑받고 자란 여성들은 대부분 남편이 친정아버지 같았으면 하고 바랍니다. 하지만 자신 역시 시어머니가 아들을 대하듯 조건 없이 남편을 사랑하고 이해할 수 있는가를 생각해보면 불가능한 일이라는 것을 알게 될 것입니다.

결혼은 동등한 성인 대 성인의 새로운 만남입니다. 친정아버지와 같은 인품을 남편이 본받길 바라는 마음은 가질 수 있지만, 아버지와 딸처럼 무조건 한쪽이 일방적으로 베풀기를 바라는 것은 무리가 있겠지요. 부인은 의존적인 면을 개선하고 좀 더 독립적이고 자립적인 태도를 갖도록 애써야 하겠습니다.

부인의 의존성에는 또 다른 이유가 있었습니다. 그녀의 어머니는 노환의 시어머니를 돌보고 있습니다. 고부간의 갈등은 없지만 부인에게는 어머니의 삶이 무조건 참고 희생하는 모습으로 비쳤습니다. 자신은 결혼해서 절대 엄마처럼 희생하며 살지 않을 거라고 생각했습니다. 그래서 그녀가 가지고 있던 결혼에 대한 가치관은 남편이 무조건 아내를 위해주는 것으로 정립되어갈 수밖에 없었습니다. 하지만 남편이 잘해주면 행복하고, 남편이 관심을 쏟지 않으면 불행해진다면 자신의 주관 없이 다른 사람에 의해 좌지우지되는 삶을 사는 것입니다.

물론 예전처럼 여성이 희생하고 살아가는 것은 옳지 않습니다. 그런데 남편이 무조건적인 사랑을 주길 바라며, 얼마만큼 사랑을 주느냐에 따라 좌지우지되는 삶 역시 우리 어머니 세대의 무조건 참고 사는 삶보다 나을 게 없습니다. 어머니처럼 참고, 희생하고 살지 않겠다는 마음이 강하다면, 더욱 더 남편에게만 매달리지 말고 자존감을 가진 삶을 살아야 합니다.

결혼은 최종 목적지가 아니라, 함께 목적지로 가자는 약속

남성은 목적 지향적이며 여성은 관계 지향적입니다. 그래서 남자는 이 남편처럼 마음에 드는 여자와 결혼이라는 목적을 달성하는 순간 모든 것을 다 이루었다고 생각하고 노력의 끈을 놓아버리곤 합니다. 이것이 흔히 "잡은 고기에 밑밥 안 준다"는 태도겠지요. 하지만 그렇게 생각하다가는 큰코다칩니다. 시대가 변하다 보니 요즘은 잡아놓은 물고기가 낚시꾼을 갖고 놀기도 하고, 마음에 안 들면 '잡아놓은 물고기'라는 타이틀을 낚시꾼의 얼굴에 보기 좋게 집어던지고 어항을 뛰쳐나가기도 합니다. 어디 그뿐인가요? 때로는 물고기가 낚시꾼보다 더 능력 있어 낚시꾼을 먹여 살리기도 하고, 부려먹기도 하지요. 부인이 남편에 대한 의존성이 강한 것이 이 부부의 갈등 요소지만 모든 원인이 부인에게만 있는 것이 아닌 건 이 때문입니다.

남편은 현재 부인을 기능적이고 역할적인 존재로 인식하고 있는 경향이 짙습니다. 결혼했으니 애 낳고 그냥 그렇게 살면 되는 것 아니냐는 마음에서 결혼의 의미, 부인의 존재감, 부인에 대한 인격적인 존중을 찾아보기 힘듭니다. 그러면 부인은 자연히 외로워지고 공허한 마음을 달래기 위해 다른 곳에 관심을 갖거나 외부에서 시간을 갖게 됩니다. 그러면 부부는 또 다른 갈등을 맞게 되겠지요. 자신의 계획대로 배우자가 움직이기만을 바라는 자기중심적인 사고를 갖는 것은 위험합니다. 결혼을 했으니 각자 역할과 의무에 충실하라는 식의 압박은 실상 정략결혼에서도 성립되기 어려운 것입니다.

또한 연애 때 이상형의 남자가 결혼과 함께 변한 모습을 보인다면, 의존성이 있는 여성뿐만 아니라 그 누구도 참기 힘듭니다. 남편은 연애시절 의존성이 있는 부인의 성격을 모르지 않았을 것입니다. 그래서 자신의 모든 것을 접고 최대한 그녀의 바람을 들어주려고 노력했을 테지요. 이런 노력을 결혼과 동시에, 즉 목적 달성과 동시에 성취감에 겨워 접어버렸을지 모릅니다. 하지만 배우자의 기분과 입장이 현재 어떠한가에 귀를 기울여야 할 필요가 있었습니다. 배우자의 정서를 돌보는 것은 기혼자로서의 의무이며 예의이니까요.

결혼한 부부는 물론 결혼을 준비하는 모든 이들이 꼭 알아야 할 것은, 결혼 자체가 최종 목적지가 아니라는 점입니다. '결혼'은 부부가 최종 목적지를 향해 함께 가자는 평생의 약속입니다. 그 약속을 지키기 위해서 결혼 후에도 서로 연애 때처럼 꾸준히 노력해나가기 바랍니다.

남편이 내 말을 안 들어요

배우자의 영역을 인정해주고 사랑받고 싶은 마음도 알아주기

내 인생에 오점을 남기다니

2녀 1남 중 둘째 딸로 태어난 나는 어릴 때부터 언니와 남동생을 제치고 부모님의 사랑을 독차지했다. 원래 둘째는 이리저리 치이는 게 일반적이지만, 얌전하기만 하고 물러 터진 언니와 공부를 못해 내내 집안의 골칫거리였던 남동생에 비해 공부도 잘하고 맡은 일 똑 부러지게 해내는 나를 부모님은 제일 신뢰하셨다. 그런 부모님의 기대에 부응해 일류 대학을 나왔고 어릴 적 꿈꾸던 교사라는 직업도 갖게 되었다. 그렇게 내 인생은 탄탄대로였는데 남편과 결혼 후 모든 것이 엉클어졌다.

첫 발령 학교에서 세 살 위 선배가 관심을 보였다. 그 선배가 지금의 남편이다. 나와 같은 직업을 가진 것도 마음에 들고 모든 일에 적극적

으로 임하는 모습이 보기 좋아 연애를 시작했고, 마음을 다해 구애하는 모습에 감동해 결혼까지 했다. 그런데 결혼 후 가까이에서 지켜본 남편은 결혼 전 직장에서 봤던 적극적이고 진취적인 사람이 아니었다. 게으르고 개념이 없고, 하나부터 열까지 내가 알려주지 않으면 아무것도 하지 못한다. 그러면 내 말이라도 잘 들어야 하는데 그것도 아니다. 어떤 때는 저런 머리로 어떻게 대학에 갔고, 임용고시를 패스해 교사가 됐는지 의심스럽다.

결혼 후 하루도 빠지지 않고 양말 어디 있느냐 넥타이 어디 있느냐 묻는데, 양말이며 넥타이는 언제나 옷장 서랍에 있는데 왜 그걸 매일 묻는지 모르겠다. 물컵이며 과자 봉지도 내가 치우라고 하지 않으면 석 달 열흘 방바닥에 나뒹굴 것이다. 아이도 아닌데 침대 위에서 과자를 먹지 않나, 먹더라도 과자 부스러기가 침대에 떨어지지 않게 쟁반을 받쳐놓고 먹으라고 귀에 딱지가 앉도록 말해도 소용없다. 세 살배기 아이라도 그렇게 얘기를 하면 알아들을 것이다.

남편의 나쁜 버릇을 좀 고쳐보려고 하면 언제나 "대충 좀 하고 넘어가"라고 말한다. 그 '대충'이라는 말이 정말 나를 미치게 한다. 어떻게 매사 그렇게 대충대충인지 한심하기 그지없다. 그뿐만 아니다. 당장 다음 날 집안일로 친정에 가기로 해놓고 새벽 4시까지 술을 먹고 들어오지 않나, 선생님들과 회식을 한다고 해놓고 나중에 알고 보면 친구들과 모여 놀고 마신 거고……. 이렇게 매사 책임감 없이 굴고 술 마시는 거나 좋아하는 사람이 무슨 교사인가 싶다.

남편과 헤어지는 건 솔직히 두렵지 않다. 오히려 홀가분하다. 하지만 내 인생에 '이혼'이라는 오점을 찍게 된다는 게 너무 억울하다. 내 인생에 오점을 남긴 남편이 정말 원망스러울 뿐이다. 할 수 있다면 복수해주고 싶다.

아내가 아니라 잔소리쟁이 선생님이다

우리는 지금 최악의 상황에 다다랐다. 이제 와 이런 상담이 무슨 소용이 있고, 대화가 무슨 필요가 있나 싶지만, 이혼을 하더라도 서로 감정을 정리하는 데 제삼자의 도움이 필요할 것 같아 신청했다. 상담을 가자고 했을 때 아내는 자신은 잘못한 것이 없기 때문에 어디 가더라도 떳떳하다고, 상담을 받고 누가 옳고 그른지 가려보자고 큰소리쳤다. 그렇게 말하는 걸 보며 더 이상 희망이 없다고 생각했다.

아내는 언제나 자신의 판단이 옳다고 생각하고, 자기 기준에 차지 않으면 참지 못한다. 내 행동 하나하나에 토를 달고 불만을 갖고, 이건 이렇게 해야지 그렇게 하면 어떻게 하느냐, 그렇게 하라고 전에도 말했는데 왜 듣지 않느냐를 입에 달고 산다. 처음에는 아내 말이 틀린 게 아니라서 어느 정도 맞추려고 노력했지만, 조금의 틈도 주지 않고 목줄을 죄어오니 이젠 징글징글하다. 침대 위에서 과자를 먹고 부스러기 좀 흘리는 게 길이 날뛸 정도로 끔찍한 일인지 나는 잘 모르겠다.

아내는 내가 아무리 좋은 말로 부탁을 해도 무시한다. 하지만 아내는 좋은 말로 내게 부탁한 적이 없고, 반면 나는 아내의 말을 무시한 적이 없다. 아내가 물컵을 싱크대에 갖다 놓으라고 하면 그 순간에 내가 무엇을 하고 있든 상관없이 즉시 실행하지 않으면 큰일이 난다. 바로 카랑카랑한 아내의 목소리가 귀에 꽂히고 만다. 이러니 어디 사람이 간이 오그라들어 살 수가 있겠는가.

우리는 현재 부부 사이라고 하기 어려운 지경이다. 오죽하면 주위 사람들이 이혼을 권유하겠는가. 내가 아내의 성격을 여기저기 떠들고 다녀서가 아니다. 남자가 오죽 못났으면 그러겠느냐고 할까봐 오히려 숨기고 싶다. 하지만 내가 숨기고 싶어도 숨길 수 없게 만든 장본인이 바로 아내다. 학교에서 회식을 해도 아내는 동료 선생님들한테 일일이 전화해서 확인을 한다. 내가 '어디서 어떤 사람들과 있을 것이다'라고 미리 얘기해줘도 소용없다. 얼마 전에는 동창들과 술을 마시고 늦게 들어간 일이 있었는데, 그 일을 우리 반 학부모들과 교직원 모두에게 문자메시지로 알렸다. '교사가 새벽까지 술을 마시고, 집에서 연락을 해도 받지 않는 등 불성실한 태도로 일관한다'고 말이다. 하도 기가 막혀 도대체 왜 그런 짓을 했느냐고 물었더니, 내가 말을 안 들어 벌을 주려고 그랬다는 것이다.

주위 사람들은 아내가 의부증이 있는 게 아니냐고 묻는다. 정말 아내가 의부증일까.

부부도 각자의 영역이 필요하다

상담을 시작하면서, 부인은 그동안 실패한 경험이 없었는데 남편 때문에 인생에 오점이 남을 것 같아 끔찍하다는 말을 했습니다. 그 말을 듣고 누구보다 똑똑하고 자신의 분야에서 열심히 일하며 인정받고 있는 사람인데 왜 그런 생각을 할까, 하고 너무 안타까웠습니다.

부부는 각자 자신의 입장을 피력했듯이 서로 매우 다른 성격 유형을 가지고 있습니다. 연애 때는 그 다른 성격 때문에 서로 끌렸을 것입니다. 장마철 우산을 잃어버리기 일쑤인 남자에게 여자는 천사처럼 우산을 챙겨주었습니다. 정리 정돈의 달인인 여자 덕분에 남자의 책상은 늘 깨끗했고, 항상 옆에서 이번 주 할 일을 꼼꼼하게 챙겨주니 허둥지둥하지 않아도 되어 좋았습니다. 남자는 그럴 때마다 여자에게 마음을 다해 고마움을 표시했습니다. 남에게 인정받기 좋아하는 여자는 남자의 고맙다는 인사도 좋았지만, 주위에서 자신 덕분에 그가 훨씬 멋있어졌고 훨씬 성실해졌다고 칭찬하는 게 좋았습니다. 하지만 이렇게 잘 맞았던 이들이 결혼 후에 삐걱거리기 시작했습니다. 남편은 하나하나 따지고 드는 부인의 잔소리가 참을 수 없었고, 아무리 이야기해도 달라지지 않는 남편을 부인은 이해할 수 없었습니다.

부인은 남편이 잘못하는 일에는 벌을 주고 잘한 일에는 상을 주어야 한다고 생각합니다. 그러다 보니 통제를 위해 평가하기(그 옷에는 파란색 넥타이가 더 어울리니까 바꿔), 비판하기(당신이 그렇게 행동하고도 교사야?), 불평하기(왜 늦게까지 연락이 없는 거야?), 잔소리하기(침대에서 과자 먹지 말랬지), 위협하기(다음 번에 또 늦으면 현관문 비밀번호 바꿔버릴 거야), 벌주기(직장 동료에게 문자로 창피주기) 등 외부 통제의 방법을 동원하는 것입니다. 외부 통제란 자신이 목적한 행동을 상대방이 하도록 강제적으로 심리적인 압박을 가하는 것입니다. 여기서 상대를 인격적으로 존중하는 마음은 찾아볼 수 없습니다.

외부 통제는 하는 사람이나 당하는 사람 모두에게 참 힘든 일입니다. 특히, 동등한 부부 사이에서는 말할 필요가 없겠지요. 그래서 우리는 배우자가 스스로 알아서 잘해주길 바라는 것인지도 모릅니다. 말하기 전에 내가 원하는 바를 읽어주고, 걱정하기 전에 먼저 얘기해주면 얼마나 좋겠습니까? 그런데 그렇게 알아서 잘해주도록 유도할 수 있습니다. 바로 내부 통제를 통해서입니다. 내부 통제의 기본은 행동의 상벌이 아니라 정서적인 교감과 심정적인 믿음입니다. 그리고 이를 위해서는 배우자에게 고마워하는 마음을 가져야 합니다. 고마워하는 마음이 생기면, 좋아하는 마음이 커지고, 그러다 보면 그 사람의 의중을 말하지 않아도 자연스럽게 알게 되기 마련입니다.

사랑받고 인정받고 싶은 마음 알아주기

현재 부인은 매우 강력한 외부 통제를 사용하고 있습니다. 그런데 그녀가 그렇게까지 남편을 통제하려는 이유는 무엇일까요? 단순히 내가 완벽하니까 남편도 완벽하게 만들고 싶어서일까요? 이유는 다른 곳에 있습니다.

그녀가 남편을 쫓아다니면서 잔소리를 하는 이유는 사실 따뜻한 사랑을 받고 싶은 욕구 때문입니다. 그녀는 어릴 때부터 부모님께 인정받고 사랑을 독차지했습니다. 남편도 연애 시절 자신이 옆에서 챙겨줄 때 고마워하는 마음을 갖고 사랑을 주었습니다. 그래서 결혼 후에도 계속 남편이 자신 덕에 더 나아지기를 바라고, 고마움을 계속 표현해주기를 원했던 것입니다. 그리고 자신은 그런 찬사를 받을 자격과 가치가 있다고 생각했습니다. 물론 부인의 생각이 틀린 것은 아닙니다. 다만, 부인이 간과한 것이 있습니다. 남편 역시 자신의 욕구를 존중받을 자격이 있다는 점입니다. 어떤 사람과 결혼하더라도 배우자의 욕구를 인정하고 존중하는 마음이 없다면 지금과 같은 상황이 생길 수밖에 없습니다.

부인을 힘들게 하는 것은 사실 남편이 아니라 자기 자신입니다. 완벽만을 추구하는 자신의 성격이 스스로를 가장 힘들게 하고 못살게 하고 있는 것입니다. 부인은 상대의 잘못을 조금도 용납하지 못합니다. 그러면서 자신의 잘못된 행동은 마땅히 그럴 만했기 때문이라고 말합니다. 사실, 동창과 술 마시고 늦게 들어왔다고 해서 학부모들과 교직원들에게 문자를 보낸 것은 상식적으로 납득이 안 되는 부분이며, 다른 사람들이 보았을 때 부인의 인격을 의심하고도 남을 수 있는 행동입니다.

부모가 자식을 소유물로 생각하면 안 되듯이, 부부나 연인 관계도 마찬가지입니다. 서로 다른 욕구를 존중해주고, 다름을 인정해주어야 합니다. 이 부부도 연애 시절처럼 부인이 기쁜 마음으로 남편을 챙겨주고, 남편은 이를 고맙게 받아들이는 마음을 유지했더라면 좋았겠지요. 그리고 남편의 욕구도 인정을 해주었다면 훨씬 순조로운 결혼 생활을 할 수 있었을 것입니다.

내조의 여왕을 꿈꾸다

배우자의 성공이 곧 나의 성공이라고 생각하는 삶

남편을 꼭 성공시키고 말겠다

남편을 정말 사랑해서 결혼했다. 사랑하지 않았다면 학력 차이 때문에 극심하게 말리는 집안의 반대를 무릅쓰고 결혼했겠는가? 나는 대학원을 졸업했고, 남편은 대학 중퇴다. 하지만 그런 건 하나도 문제가 되지 않았다. 남편이 대학을 나오지 못한 건 당시 집안 형편이 어려웠기 때문이지, 공부를 못하거나 머리가 나빠서가 아니다.

남들보다 사회생활을 일찍 시작한 그는 어른스럽고 생활력도 강해 오히려 장점이 더 많다. 남편은 한마디로 아직 갈고 닦지 않은 보석 같은 존재였다. 나는 남들이 보지 못한 그런 가능성을 보고 사랑에 빠졌다.

연애 시절부터 우리는 함께 새벽에 영어 학원을 다니고, 주말이면 도서관에 가서 책을 읽었다. 데이트 장소도 서점을 주로 애용했다. 그렇게 같이 노력한 결과 남편은 회사에서 대졸 사원 못지않게 인정받는다.

그런데 언젠가부터 남편이 연애 때와는 달리 흐트러지기 시작하더니, 이제 걷잡을 수 없게 되어버렸다. 다니던 영어 학원도 끊어버리고, 밤늦게까지 술이나 마시고, 곧 승진시험인데 공부도 전혀 하지 않는다. 그리고 나 때문에 숨이 막힌단다. 그 말을 듣는 순간 하늘이 무너지는 것 같았다. 내가 누구 때문에 박사 과정을 밟지 않고 집안에 들어앉았는데…… 꿈을 포기하고 희생한 나에게 어떻게 그런 말을 할 수 있는지…….

남편이 능력이 없어 성공하기 어려운 사람이면 이렇게 투자를 하지도 않았다. 능력도 있고 가능성 있는 그가 왜 미래를 포기하려 드는지 모르겠다. 남편을 꼭 성공시키고 말 것이다. 지금 슬럼프에 빠져 저러지만, 빨리 극복하고 다시 예전의 모습으로 돌아오길 바란다. 그때까지 기다려줄 수 있다.

나는 꼭두각시가 아니다

휴! 이제 결혼한 지 1년이 좀 넘었는데 벌써 10년은 산 느낌이다. 그렇게 사랑스럽고 예쁘기만 했던 아내가 이젠 나를 옭죄는 족쇄처럼 벗어나고만 싶은 존재가 되었다.

나는 평범한 남자다. 그런데 아내는 나를 과대평가하고 크게 성공할 거라고 믿어 의심치 않는다. 그리고 수험생 못지않게 공부를 시키고, 여가를 즐기거나 친구를 만나거나 외출하는 것까지 막는다. 심지어 우리 집에는 TV도 없고, 컴퓨터가 있어도 업무나 공부 이외의 이유로는 켤 수조차 없다. 나의 미래를 위해, 아니 우리 미래를 위해 지금 열심히 자기계발을 해야 한다는 아내의 뜻 때문이다.

연애 시절 아무것도 아닌 나를 높이 평가해주고 격려해주는 그녀가 무척이나 고마웠다. 그녀의 도움이 없었다면 지금 회사에 입사하기도 어려웠을 것이다. 대학 중퇴라는 학력 때문에 어디 변변한 회사에 입사나 할 수 있을까 싶었는데, 아내가 영어 학원에 함께 다니며 스펙을 갖출 수 있게 도와주었다. 부끄럽지만 이력서나 자기소개서를 쓰는 데도 도움을 받았고, 면접 후 내주는 과제 역시 함께 하다시피 했다. 뿐만 아니라 아내는 머리 스타일부터 옷, 구두, 시계까지 완벽하게 코디해준다. 그 덕에 어디 가서나 옷 잘 입는다, 스타일 좋다는 소리를 듣곤 한다. 정말, 아내한테 감사한다.

하지만 이제는 이게 사람 사는 건가 싶다. 나는 완전히 아내의 꼭두각시다. 내 생각, 의견, 꿈 따위는 아예 존재하지도 않았던 것 같다. 고민하고 있는 내게 친구 녀석은 배부른 고민이란다. 집안 좋고, 똑똑하고, 예쁘고, 남편밖에 모르고, 게다가 '내조의 여왕'인 부인을 만났으니 완전 로또 맞은 거란다. 물론 그럴지도 모른다. 하지만 로또 맞은 사람들이 다 행복할까 싶다.

새벽 5시에 아내가 깨우면 일어나 몸에 좋다는 야채즙을 먹고 나서, 골라주는 넥타이와 양복을 입고 학원으로 간다. 학원 끝나고 출근하면 아내의 문자가 들어온다. '오늘 학원에서 열심히 공부했어? 파이팅 여보!' 그걸 시작으로 업무 내내 수시로 문자를 넣고 전화를 한다. 담배는 절대 피지 마라, 업무 능률이 안 오를 때는 이미지 트레이닝을 해라, 점심은 영양가 있는 걸로 챙겨 먹어라, 프레젠테이션 할 때는 자신감 있게 해라, 오늘 미팅인데 옷을 너무 센스 없이 챙겨준 것 같아 미안하다, 저녁에 들어올 때 꼭 서점에 들러서 신간을 사와라 등등. 그렇게 퇴근하면 아내가 짜준 스케줄대로 밥 먹고 인터넷 강의 듣고, 12시까지 독서하다가 잔다. 그리고 다음 날 새벽 5시에 일어나면 똑같은 하루가 나를 기다리고 있다.

주말이라도 하고 싶은 걸 하면서 보내고 싶다. 짧게라도 여행 다니며 사진을 찍고 싶은 게 꿈이다. 아내에게 그런 바람을 말했다가, 자기계발을 게을리하면 도태된다고 일장 연설만 들었다. 이렇게 나는 아내가 묶어놓은 끈에 매달려 사는 꼭두각시일 뿐이다.

내조의 여왕과 평강공주 콤플렉스 사이

우리나라에는 집안에 여자가 잘 들어와야 흥하고, 아내가 뒷바라지를 잘해야 남편이 출세한다는 말이 있지요. 그래서 그럴까요? 우리나라 여성들은 남편을 사회적으로 성공시키고 싶어하는 욕구가 매우 큽니다. 그런데 그것이 '내조'라는 이름으로 칭찬받는 경우가 있고, '평강공주 콤플렉스'로 변질되는 경우가 있습니다.

여성의 사회 진출이 쉽지 않은 시절 인정받을 수 있는 유일한 길은, 남편을 출세시키고 자녀를 성공시키는 것밖에 없었습니다. 그래서 우리네 어머니들은 기꺼이 자신을 희생하고 그 길을 걸었는지 모릅니다. 하지만 요즘 여성들은 남편과 자녀의 성공 못지않게 자신의 꿈을 위해 노력하는데, 이 부인의 경우 왜 꿈을 접고 남편 뒤에 숨어 평강공주를 자처했는지 생각할수록 안타깝습니다.

부인의 어머니는 주변 사람들로부터 내조를 잘한다고 칭찬을 많이 들었습니다. "세연 엄마는 살림을 얼마나 잘하는지 몰라. 살림만 잘하나, 남편 뒷바라지도 정말 잘한다니까. 세연 아빠는 세연 엄마 아니었으면 출세 못했지. 아마 평생 업고 다녀도 모자랄 걸……." 그녀는 어린 시절 평범한 아버지가 내조 잘하는 어머니 덕에 성공했다는 말을 사람들에게 많이 들었습니다. 그렇게 인정받는 어머니가 참으로 자랑스러웠습니다. 그렇다고 어머니처럼 희생하고 싶은 마음은 없었습니다. 그래서 꿈을 위해 대학원에 진학도 하고, 이루고 싶은 일을 하겠다고 생각했습니다.

그런데 남편을 만난 후, 자신을 위해 노력할 때보다 그를 위해 노력할 때 더 많은 성취감을 느끼게 되었습니다. 자신을 위해 노력할 때는 아무도 칭찬하지 않지만, 그를 위해 노력하면 주위에서 대단하다는 시선을 보냈으니까요. 더욱이 그가 고마워하는 것을 온몸으로 느낄 수 있었습니다. 함께 영어 학원에 다니며 모르는 걸 가르쳐주면 그는 진심으로 고마워했습니다. 세련된 옷을 사 입히고, 신발을 사주면 그의 친구들이 아낌없는 찬사를 쏟아냈습니다. 결혼할 때는 그것이 절정에 이르렀습니다. 친정에서는 반대가 심했지만 시집에서는 아들을 출세시킨 복덩어리가 따로 없다고 좋아했습니다. 시어머니는 아들에게 "새아기 덕분에 회사 취직도 하고 사람 구실도 한다. 평생 잘해라"라는 말을 입에 달고 살 정도였습니다. 그렇게 남편을 가꾸고 광내는 데 희열을 느끼며 행복했는데, 갑자기 변한 남편 때문에 그녀는 지금 당황스럽겠지요.

남편은 바보 온달이 아니다

부인은 남편이 왜 변했는지, 이해할 수 없다고 했습니다. 그런데 그녀에게는 지금 남편을 이해하기보다 자신을 먼저 되돌아보는 시간이 필요합니다. 말로는 남편을 위해서라고 하지만 정말 그를 위한 건지, 그의 의견을 물어보고 의사를 존중해준 적은 있었는지, 진짜 그가 원하는 것과 하고 싶은 일이 무엇인지 깊이 생각해본 적은 있는지, 자문해봐야 합니다. 자신이 이루고 싶은 꿈을 남편을 통해 대리 만족하려는 것은 아닌지 하고 말입니다.

  부인에게는 뼈아픈 말이겠지만, 그녀는 남편을 위한다는 미명하에 그의 의사는 전혀 존중하지 않습니다. 남편이 무엇을 하고 싶은지, 관심사가 무엇인지보다 자신의 관심사를 더 우선시하며, 자신의 생각에서 벗어난 사고와 행동을 하면 한심하다고 생각했습니다. "내 말만 잘 들으면……"이라는 그녀의 말, 배우자가 무조건 자신의 말을 잘 듣기 바라는 생각 자체가 무척 이기적입니다. 이는 자녀에게도 해서는 안 되는 말입니다. 부인은 지금 자신의 잘못된 신념 때문에 가장 소중한 남편을 자신도 모르게 무시하고 있습니다.

  부인은 현재 스스로에 대해서는 오히려 자신감이 없습니다. 정작 자신은 세상에 나아가 인정받을 만한 수준에 올라설 자신이 없는 것입니다. 그래서 남편을 성공 반열에 올려 대리 만족하고자 하는 욕구가 있습니다. 사실 우리 주변에는 남편의 성공이 자신의 성공이라 착각하는 부인, 자녀의 명문대 입학이 자신의 성공이라 착각하는 부모를 어렵지 않게 볼 수 있습니다.

  정말 내조를 하고 싶다면 동기를 부여하는 따스한 격려와 지지를 보내기 바랍니다. 그리고 남편에게 쓰는 마음과 시간을 스스로를 돌보는

데 더 할애했으면 좋겠습니다. 부인 스스로 자기계발에 힘써 사회적인 성공과 내면적인 성숙을 이뤄낸다면, 남편도 긍정적인 자극을 받고 삶을 향상키기 위해 더 애쓸 것입니다. 남편은 이런 부인의 모습을 더 존중하고 자랑스러워하지 않을까요? 또한 부인이 바라는 주변의 인정도 받을 수 있겠지요.

남편은 사회적으로 크게 성공하기보다 작은 성취를 이루며 삶의 여유를 즐기고 싶어합니다. 그렇다면 자신의 욕구를 명확하게 부인에게 전달하길 바랍니다. 자신의 가치관을 꾸준히 전달하고, 관심사를 존중받길 바라는 마음을 진정으로 보여줘야 합니다.

'내조의 여왕'은 어쩌면 모든 부인들의 로망일지도 모릅니다. 내 남편이 나로 인해 근사해지고 더 멋있는 사람으로 변해가고 사회에서도 인정받는다면 얼마나 좋을까, 생각합니다. 그러나 이 케이스처럼 남편에게 미치는 자신의 영향력을 확인하려는 마음이 앞서다 보면, 정작 중요한 남편의 욕구와 의견을 무시하는 상황이 벌어집니다. 알맞은 정도로 협조하고, 적당한 선에서 멈춰야 합니다. 무엇이든 과하면 문제가 생기니까요.

나는 집에서 뭘까

원하는 모습이 아니라 있는 그대로의 모습을 사랑하기

내게 마음이 없는 아내

도대체 집에서 나는 어떤 존재일까. 아내와 아이들이 나를 돈 벌어오는 기계 정도로 여기는 게 아닌가 하는 자괴감이 든다. 밖에서는 사업이 꽤 잘되고 있어서 인정받고 있지만 집에만 오면 아무것도 아닌 존재가 되는 듯하다. 아내와 아이들은 내가 출근하면 하나 보다, 퇴근하면 하나 보다 하고 시큰둥하다. 누구 때문에 뼈가 부서져라 일하는데⋯⋯ 정말 살맛이 안 난다. 가정에 소홀한 것도, 그렇다고 가사 분담을 안 하는 것도 아닌데 왜 그런지 모르겠다. 아내는 집안일 도와주는 걸 고마워하지도, 좋아하지도 않는다.

한번은 이런 일이 있었다. 키가 작은 아내가 높은 선반 위에 있는 상자를 꺼내느라 애쓰기에 안쓰러워 대신 꺼내주었다. 보통 이럴 때는 "고마워, 여보"라고 하든지, 적어도 상자를 다 꺼낼 때까지 옆에서 도와주거나 기다려주지 않는가. 그런데 아내는 내가 선반에 손을 올려놓자마자 뒤도 안돌아보고 자리를 떠버렸다. 정말 어이없고 화가 났다. 더 어이없는 건, 옆에서 도와줄 사람이 필요해 초등학교 4학년 딸아이를 불렀더니 "예" 하고 한걸음에 달려오는 것이 아니라, 소파에 앉아서 "왜요?"라며 쳐다만 보는 게 아닌가. 아이의 그런 반응에 아내가 남편을 우습게 보니 아이까지 저러는구나 싶어 너무 화가 나 한바탕 잔소리를 퍼부을 수밖에 없었다.

결혼 전부터 좋은 남편과 아빠가 되겠다고 마음먹었다. 지금까지 그렇게 되기 위해 노력해왔다. 아내에게 여유 있는 생활을 주고 싶어 열심히 일했다. 아이들이 많은 것을 경험할 수 있도록 인터넷이나 신문 기사를 스크랩해놨다가 주말 농장, 도자기 공방, 동굴 탐험, 전통가옥 체험, 바다낚시 등을 데리고 다녔다. 이렇게 가족 나들이를 갈 때 으레 떠오르는 그림은, 가족과의 한때를 즐거워하는 남편, 자상한 남편의 배려에 감사하는 아내, 그리고 여행에 들뜬 아이들의 모습일 것이다. 나는 그런 모습을 상상하며 가족들을 데리고 여행길에 나선다. 그러나 아내와 아이들은 고맙다, 행복하다는 표현은 고사하고, 마지못해 따라간다는 표정이다. 가족을 위해 열심히 돈을 벌고, 이것저것 신경 쓰는 노력은 보람도 없는 듯해 가슴이 싸해진다.

얼마 전 친구를 만나 술 한잔 기울이며, 아내는 나한테 마음이 없고,

아이들은 날 따르지도 않고…… 이럴 바엔 차라리 이혼을 하든지, 나를 좋아해주는 애인을 하나 두고 살든지, 이렇게는 더 이상 못살겠다고 푸념했다. 그랬더니 그 친구 왈 "나도 그래, 자식아!"라는 것이다.
　정말 이렇게밖에 살 수 없는 걸까?

그대로의 나를 사랑할 수는 없는 걸까

　연애 시절 남편은 조용한 성격의 내 모습을 좋아했다. 그런데 지금은 그 성격에 불만을 품고 있다. 다른 부인들처럼 애교도 부리고 명랑하게 말하고 발랄하게 행동하길 요구한다. 성격이 하루아침에 변할 수 있는 것도 아니고, 나와 다른 모습의 나를 요구하는 남편이 버겁기만 하다. 활달하고 애교 있는 아내를 원했다면 왜 나 같은 여자와 결혼했을까?
　남편은 월요일부터 주말에 어디로 놀러 갈까를 계획한다. 가족과 즐거운 한때를 보내고 아이들에게 좋은 경험을 시켜주려는 마음은 감사하다. 그런데 혼자 신이 나서 여행 계획을 세우고 거기에 동조하지 않으면 화를 내니 힘들기만 하다. 게다가 막상 여행을 가면 운전석 옆에 앉아 있는 나는 여행을 즐기지도 못하고, 운전하는 남편의 시중을 들어야 한다. 귤 까달라, 호두과자 달라, 음료수 달라, 휴지 달라……. 여행지에 가서도 끊임없이 뭔가를 해달라고 요구하며, 꼭 "좀 알아서 미리 미리 챙겨주면 안 돼? 사람이 왜 그렇게 눈치가 없어?"라고 면박을 주거나, 때로는 욱하는 성질을 참지 못하고 험한 욕을 해대기도 한다. 부모의 그런 모습을 보는 아이들은 아이들대로 잔뜩 긴장한다. 그렇게 가는 여행이 뭐가 그리 좋겠는가?

아이들은 아빠를 무서워한다. 작은 잘못도 그냥 넘기지 않고 큰소리 내고, 때로는 심한 체벌까지 한다. 자신의 성질을 못 이겨 초등학생 딸아이에게 손찌검하는 모습을 보면 정말 가슴이 찢어진다. 그리고 그런 폭력이 아이들에게서 그치지 않는다. 화가 나면 나에게도 폭력을 행사한다. 전등을 갈다가도 잘 되지 않으면 괜히 옆에 있는 나에게 화를 낸다. 그러니 남편이 집안일을 한다고 덤비면 겁이 나서 자리를 뜰 수밖에 없다. 내가 자신을 우습게보고, 고마워하는 마음이 없다고 하는데, 나는 남편을 무시하는 게 아니라 무서워하는 것이다. 그리고 분명 고마움을 표현하는데, 그것이 성에 차지 않기 때문에 고마워하지 않는다고 생각하는 듯하다.

오히려 남편이 나를 대하는 태도는 단순한 무시를 넘어섰다고 생각한다. 때로는 내 손목을 잡고는 내 머리를 때리게 하는 행동을 하곤 하는데, 그럴 땐 모멸감을 느끼면서도 힘으로 이길 수 없어 당하고만 있다. 남편에게 마음의 문을 닫은 지 이미 오래다. 더 이상 아이들 가슴에 못 박으며 살 수 없다는 판단이 들어 이혼을 결심했다.

결혼한 후 愛

겉모습만 화목하고 단란한 가족

두 아이를 데리고 주말마다 여행을 하는 부부의 모습은, TV 광고 속에 등장하는 단란한 가족과 같아 보입니다. 그런데 그 집의 창문을 자세히 들여다보면 하루가 멀다 하고 크고 작은 갈등이 벌어지고 있었습니다.

작은 체구의 부인은 가정불화로 상처받는 자녀들에 대해 크게 걱정했으며 이혼하고 싶다고 했습니다. 현실적인 대안이 있느냐는 물음에 친정이 큰 식당을 하고 있어 거기서 일하며 월급을 받고, 남편에게도 양육비를 받으면 될 거라고 대답했습니다. 친정 근처로 가면 아이들이 전학을 해야 하고, 일하느라 아이들을 돌볼 시간이 줄어드는 어려움도 있지만, 친정의 배려로 대여섯 시면 퇴근할 수 있어서 그럭저럭 괜찮을 것 같다는 얘기도 덧붙였습니다. 이렇게 구체적인 계획을 세우기까지 얼마나 많이 참고 견뎠는지, 그리고 또 얼마나 많은 고민을 했을지 생각하니 마음이 참 아팠습니다.

남편은 겉으로는 부인을 위해주려고 노력한다고 말하지만, 실제 행동은 그 말에 부합하지 않는 면이 많습니다. 먼저, 남편은 가족을 위해 산다고 하지만, 가족에게 자신의 방식만을 강요하는 이중적인 면을 보입니다. 자신의 의사를 이야기하고, 받아들여지지 않을 때는 설득하고 이해를 구하는 것이 아니라 무조건 '내 말대로 해'라는 일방적인 태도로 일관합니다.

그리고 자신의 잘못에는 관대하고, 다른 사람의 잘못에는 매우 엄격한 잣대를 대고 있습니다. 자신에게 고마워하지 않는 가족의 잘못은 큰 바위같이 느끼면서 자신이 가족에게 준 상처는 인식하지 못하는 것이지요. 아내에게 던진 모욕적인 언사는 농담일 뿐이고, 폭력적인 행동은 남자가 화가 나면 그럴 수도 있다고 생각합니다. 자녀들을 때린 것도 교육상 어쩔 수 없는 것이라고 생각합니다. 하지만 남편 입에서 나오는 "니가 그 모양이니 딸년이 똑같지……"라는 식의 말은 절대 농담이 될 수 없습니다.

동등한 부부 사이에서 배우자가 어떤 잘못을 저질렀다 해도 폭력을 휘둘러서는 안 됩니다. 자녀 교육에서도 부모의 감정적인 체벌은 문제가 되고요.

행복해지기 위한 연습이 필요하다

남편은 상담받는 걸 참 부담스러워했습니다. 그럼에도 상담 시간에 맞춰 꼬박꼬박 참석했는데, 자신이 좋은 남편, 좋은 아버지가 되기 위해 얼마나 노력하는지를 알리고 싶은 마음이 있다는 걸 읽을 수 있었습니다. 그런 모습을 보면서, 그도 나름대로 많은 노력을 했지만 그것이

표가 나지 않으니 얼마나 답답했을까 싶었습니다. 사실 그에게 가장 안타까웠던 점은, 가족을 사랑하지만 그 표현 방법을 제대로 모르고 있다는 것입니다. 상담을 하면서 다행히 자신의 마음과 행동이 서로 다른 방향으로 가고 있었다는 사실을 깨닫게 되었으며, 왜 그렇게 되었는지도 스스로 되돌아보았습니다.

남편은 매우 가부장적인 가정에서 성장했습니다. 가부장적이라기보다 폭력적인 가정이라고 하는 게 맞을 것입니다. 그나마 막내아들이었던 그는 아버지께 많이 맞지는 않았지만, 큰형과 어머니는 아버지의 폭력에 많이 시달렸다고 합니다. 그런 가정에서 자라면서 자신은 절대 아버지처럼 가족을 힘들게 하지 않겠다고 결심했습니다. 그래서 지금 나름대로 가족을 위해 애쓰고 있지만, 어떤 것이 진정으로 가족을 위하는 길이고 행복하게 만들어주는 것인지 그 방법을 모릅니다. 특히, 전날 밤에 아버지에게 흠씬 두들겨 맞고도 다음날 아무렇지도 않게 아침을 준비하고 집안일을 해나가는 어머니를 보며 잘못된 여성상과 부인상을 그리고 있습니다. 그래서 여성의 인격을 존중해주어야 한다는 의식이 별로 없고, 여성에 대해 편협한 사고방식을 가지고 있는 것이지요. 이제 남편이 할 일은 정말 좋은 남편, 좋은 아빠가 되는 길을 새롭게 배워나가는 것입니다.

가족은 소유물이 아니고 마음대로 조종할 수 있는 대상도 아닙니다. 대우받는 남편, 존경받는 아버지가 되고 싶다면, 자신이 받고 싶은 만큼 먼저 주어야겠지요. 자신의 노력을 몰라준다고 존경하지 않는다고 괴로워할 것이 아니라, 그렇게 된 과정에 관심을 두어야 할 것입니다. 내 말대로 하기 바라기 전에, 그들의 말에 귀 기울이고 더 나아가 그들의 생각을 헤아리기 위해 노력해야 합니다. 때로는 진정성을 가지고 양해를 구해야 할 때도 있고, 허락을 받아야 할 때도 있다는 걸 깨닫기 바랍니다. 이런 노력 없이 가족의 존경과 사랑을 요구하는 것은, 공부도 하지 않고 시험을 봤다는 자체만으로 백 점을 기대하는 것과 마찬가지일 테니까요.

부인은 자신이 원하지 않을 때 남편이 개입하는 것을 힘들어합니다. 하지만 남편은 부인이 원하는 바를 파악하지 못하고, 아니 파악할 생각도 안 하고 무조건 개입하지요. 남편은 부인이 요청할 때만 협조해나가는 법을 연습해야 하겠습니다. 만약 부인에게 도움을 주고 싶다면 먼저 이렇게 의사를 물어보는 것부터 해봅시다.

"내가 도와줄까?"
"아니, 괜찮아요. 혼자 할 수 있어요."
"그래도 혹시 힘들면 얘기해."
"예, 그럴게요. 고마워요."

이런 대화 연습이 이들에게는 필요합니다. 물론, 남편이 노력하는 만큼 부인도 적극적으로 고마움을 표하는 연습을 해야겠습니다. 그리고 남편도 부인에게 도움을 받고 싶다면, 옆에서 좀 알아서 하라는 식이 아니라, 분명하게 요청을 해야 합니다.

"전등을 갈아야 하는데 아래서 전등 좀 받아줘."
"아, 그래요. 알겠어요."
"고마워!"

자녀에게도 마찬가지입니다. 무조건 아빠가 부르면 냉큼 달려오길 바라지만 말고, 왜 그러는지 이유를 알려줘야 합니다.

"얘야, 아빠 선반 정리하는데 와서 좀 도와줄래?"
"네, 지금 갈게요."
"고맙다!"

물론 아내에게 도와달라고 하고 자녀에게 부탁을 했을 때, 그들이 하고 있는 일을 멈출 수가 없어 못 하겠다고 거절할 수도 있습니다. 그럴 때는 남편, 아빠를 거절한 것이 아니라 그 일을 지금 하기 곤란하다는 표현일 뿐임을 알아야 합니다. 부탁한 일과 자신을 동일시해 자신이 거절당했다고 생각해 화를 내거나 섭섭해할 필요가 없습니다. 그럴 때는 "그럼 언제 할 수 있어?"라고 묻고 시간을 정합니다. 내가 지금 당장 전등을 교체하고 싶은 것처럼 상대방도 현재 하고 있는 일을 우선시할 수 있다는 것을 이해하길 바랍니다.

이런 연습을 통해 남편이 아주 작은 긍정적인 변화라도 눈에 띄면 부인은 "설거지 도와줘서 고마워요"라든지 "역시 당신은 뭐든지 잘한다니까"라고 행동을 강화하는 피드백을 주어야 합니다. 교과서에나 등장하는 이상적인 대화 같아, 어색하고 낯간지럽다고요? 하지만 실제로 이렇게 대화하는 법을 익혀서 서로 존중하고 이해하는 모습을 보여주어야 합니다.

이런 연습에 앞서 남편에게 선행되어야 할 것이 있습니다. 바로 자기 성찰의 과정과 자신의 잘못을 겸허히 수용할 수 있는 진정한 용기를 갖는 것입니다. 많은 남편들이 마음은 가족을 위하지만 그 표현 방법을 잘 몰라 이중적인 태도를 취할 때가 있습니다. 내 아버지처럼 하지 않겠다는 마음만 있지, 실제 행동은 가족을 배려하지 않고 마음대로 권위를 휘두르던 아버지의 행동을 그대로 답습하는 경우가 많지요. 정말 가족을 위하고 싶고 존경받는 남편과 아버지가 되고 싶다면, 이제 새로운 롤모델을 만들어 자신의 삶을 새로 써나가야 하겠습니다. 그것이 그토록 바라 마지않던 인정받는 남편, 존경받는 아버지가 되는 길입니다.

5. 아름답고 소중한 성

온 마음으로 사랑하고,
온몸으로 표현하라

어떤 영화에서 성관계를 요구하는 부인에게 남편이 "가족끼리는 동침하는 거 아니야"라고 대답했다는 이야기를 들었다. 이 농담 같은 이야기가 부부 사이의 성생활을 단적으로 보여주는 게 아닐까 싶어 실소했다. 부부 사이에서 빠져서는 안 되는 것이 '성생활'이다. 그런데 이 때문에 갈등을 겪을 때는 어디 가서 속 시원히 털어놓지도 못하는 것은 물론, 부부 사이에서도 이를 수면 위로 끌어올리기가 껄끄러운 게 사실이다. 하지만 일단 수면 위로 올려놓으면 해결할 방법이 생기고, 때로는 문제의 원인이 생각지도 않았던 곳에 있다는 걸 알 수 있다. 부부의 성관계는 몸으로 하는 대화라고 할 수 있다. 대화가 단절된 부부라면 그 어떤 일도 함께해 나갈 수 없다. 자신의 생각과 느낌을 '말'로 전달하며 친밀감과 소통의 기쁨을 느끼듯이, 몸으로 하는 대화에서도 소통의 기쁨을 느낄 수 있기 바란다.

사랑하지만, 아내를 사랑하지만

정신적인 사랑 VS 육체적인 사랑

신앙의 힘으로 이겨내려고 해봤지만

어스름한 조명 아래 침대에는 발가벗은 남녀가 뒹굴고 있다. 뭐가 그리 좋은지 마주보고 깔깔거리며 찍은 동영상이다. 낯선 곳을 배경으로 행복한 미소를 짓고 있는 사진도 있다. 동영상과 사진 속 남자는 남편이지만 남편 곁에 있는 행복한 표정의 여자는 내가 아니다. 남편의 노트북에 담겨 있는 이 말도 안 되는 동영상과 수많은 사진을 본 날, 배신감에 치를 떨었다. 반쯤 정신이 나가 집 안의 물건을 있는 대로 집어던졌다. TV까지 부서뜨리며 울었다.

미쳐 날뛰는 나를 붙잡고 남편은 용서를 빌고 또 빌었다. 그 여자와 헤어지겠다고, 그 여자를 사랑한 것도 아니고 실수일 뿐이라고 했다.

나도 사랑스러운 네 살배기 아들과 아직 세상 빛도 보지 못한 배 속의 아기를 생각해서라도 이혼만은 피하고 싶었다. 그래서 일단 남편의 약속을 믿고, 가정을 지키기 위해 덮어두려 했다. 그런데 그게 말처럼 쉬운 일이 아니었다. 마음으로 덮는다고 덮어지는 일이 아니었다.

그 전에 나는 남편이 늦게 귀가해도 얼마나 고생이 많냐고 위로하는 부인이었다. 그리고 회식 자리에 있는 남편에게 전화를 걸어 일찍 오라고 닦달하는 부인들을 이해 못 하겠다고 입버릇처럼 떠들곤 했다. 그런데 지금은 남편이 당장 눈에 보이지 않으면 숨쉬기 힘들 정도로 불안하다. 뿐만 아니라 남편의 외도 흔적과 증거물을 매일 들여다보고 미칠 듯한 배신감에 떨다, 남편을 향해 그 여자가 그렇게 좋았느냐고 악다구니를 친다.

그러기를 벌써 1년이다. 신앙의 힘으로 이겨보려고 노력도 했고, 아이들을 보며 참아보려고 했지만 안 된다. 태교도 제대로 못하고 낳은 둘째는 지금도 내 보살핌을 제대로 받지 못하고 있는 실정이다. 이러다가는 정말 미쳐버릴 것만 같다. 아니 난 벌써 미쳤는지도 모른다.

모두 내가 잘못한 것이다

아내는 평생 지켜줘야 할 내 사람이다. 우리는 어릴 때 같은 교회를 다니며 남매처럼 자랐고, 집안끼리도 속속들이 알고 지낼 정도로 돈독했다. 아내가 남자는 나 하나밖에 모르고 결혼했듯이 나도 여자라고는 아내밖에 몰랐다. 그래서 아내가 느끼는 배신감이 얼마나 클지 잘 안다. 지금까지 한 순간도 아내를 사랑하지 않은 적이 없고 지금도 사랑한다. 내 실수로, 정말 단 한 번의 실수로 평생 지우지 못할 상처를 준 건 정말 미안하다. 사랑하는 사람이 아파하는 모습을 보는 나도 너무 힘들다. 두 아이들에게도 죄스럽다. 더 잘해주고 계속 사죄하는 마음으로 살겠다.

아내를 사랑하지만…… 남편의 또 다른 고백

내게 아내는 여자라기보다 여동생 같은 존재였다. 어린 시절부터 바르고 예쁜 아내가 좋았다. 종교도 같고 집안 어른들끼리도 사이가 돈독했기 때문에 함께 있으면 편했고, 무엇보다 이야기가 잘 통했다. 그게 사랑인 줄 알고 지금까지 살아왔다.

그런데 회사에서 함께 프로젝트를 진행하며 눈에 띈 그녀는 그동안 내가 모르고 있던 새로운 세계가 있음을 깨닫게 했다. 그녀의 육감적인 육체는 숨이 멎을 만큼 자극적이었다. 그녀와 처음 성관계를 맺은 날, 내면에 깊이 숨어 있던 무언가가 깨어난 느낌이었다. 내 몸 구석구석을 애무해주는 그녀의 손길과 혀, 그리고 내 손길 하나하나에 반응하고 탄성하는 그녀의 몸짓에 나는 행복했고, 지금까지 감히 상상도 할 수 없는 체위도 불사할 만큼 과감해졌다. 그녀와의 섹스는 회를 거듭할수록 나를 걷잡을 수 없게 했고, 진정한 남자임을 느끼게 만들었다. 지금도 그녀를 생각하면 수시로 발기가 된다. 그러면 안 된다는 걸 아는데, 정말 나도 미칠 노릇이다.

아내와 성관계를 하지 않은 건 아니다. 하지만 그동안 아내와의 관계에서는 그녀와 느꼈던 기쁨이나 환희를 맛본 적이 없었다. 아내 역시 나와 성관계를 하면 언제나 수동적이기 때문에, 내가 아내를 만족시켜 줬는지 잘 모르겠다. 힘들어하는 아내를 보면 죄책감을 느끼지만, 더 잘해주면 될 거라고 스스로 위안한다. 그녀와 숨 막히는 절정의 시간을 보내고 집에 들어가면 아내에게 더 친절한 나 자신을 발견한다. 나도 안다. 이건 아니라는 걸. 하지만 끊을 수가 없다.

결혼한 후 愛

몸 따로 마음 따로인 남편의 두 얼굴

외도는 부부 상담에서 가장 많은 케이스에 해당합니다. 부부가 그간 가지고 있던 갈등이 수면 위로 올라와 나타난 증상이 바로 '외도'이기 때문입니다. 다시 말해 감기라는 병에 의해 두통 증상이 나타날 수 있듯이, 부부의 어떠한 갈등 때문에 '외도'라는 증상이 나타날 수 있다는 얘기입니다. 감기로 인해 두통에 시달릴 때 단순히 두통약만 먹는다고 낫지 않듯이, 외도만 해결한다고 부부 갈등이 해결되는 것은 아닙니다.

부부는 남편의 외도 후 수 개월이 된 상황에서 상담을 왔습니다. 부인이 그 일을 덮어두고 가정을 지켜보려 노력했지만 도저히 가정생활이 안 된다는 것이 이유였습니다. 남편 휴대전화에 위치 추적을 걸어놓고 하루 종일 컴퓨터에 매달려 있는 그녀는, 육아나 살림에는 거의 손을 놓고 있는 지경이었습니다.

상담을 진행하며 이 젊은 부부를 어떻게 해야 하나 하는 생각에 마음이 착잡했습니다. 아직도 한창 엄마 손이 필요한 어린 자녀가 있는 젊은 부부. 두 사람 모두 이혼은 염두에 두지 않았습니다. 어떻게 하면 잘 살 수 있을까만을 운운하고 있었지요. 하지만 안타깝게도 이 부부의 실제 모습은 결혼 생활을 지속하기 어려운 상황이었습니다. 외도 후 남편을 계속 의심하는 아내, 그리고 겉으로는 모든 관계를 청산하고 뉘우친 듯하지만 실상은 아직도 외도 중인 남편. 이것이 그들의 현실이었습니다.

남편은 힘들어하는 부인을 걱정하며 죄책감까지 갖고 있으면서도, 다른 여자와의 관계를 끊지 못합니다. 그리고 스스로 이 점을 광장히 괴로워했습니다. 남편이 나쁘다, 잘못했다라고 하기에 앞서 어떻게 이 상황에서 부부 관계를 개선해볼까에 초점을 맞추려 합니다. 부부 상담실은 사건 사고의 시시비비를 가리는 곳도 아니고, 상담사 역시 누가 잘못했는지 가려주는 판사도 아닙니다. 이 부부가 현재 왜 이런 모습을 갖게 되었는지 그 원인을 밝혀 관계를 회복하도록 함께 해결책을 모색하고, 때론 부부 스스로 선택할 수 있도록 도와주는 것이 중요합니다.

남편은 외도를 하면서도 계속 부인을 사랑한다고 말합니다. 남편의 말은 거짓이 아닙니다. 그는 진심으로 부인을 사랑하고 있습니다. 그런데 남편이 가지고 있는 부인에 대한 사랑은 이성으로서의 사랑이기보다 여동생을 향한 연민과 같은 것입니다. 그는 부인을 떼려야 뗄 수 없는 혈육으로 인식하고 있습니다. 그래서 다른 사람에게 이성으로서의 사랑을 느끼면서도 헤어질 생각이 없고, 부인에게 더 잘해줘서 보상해주면 된다는 자기 합리화를 하고 있습니다.

부부는 가족이지만 혈육은 아니다

부부는 절대 혈육 관계가 아닙니다. 서로 믿고 의지하고 지지해주어야 하는 건 맞지만 그것이 전부는 아니라는 말입니다. 부부 관계에서 빠져서는 안 되는 것이 '성생활'입니다. 부부에게 '성생활'은 부부만이 누릴 수 있는 소중한 쾌락이어야 합니다. 사실, 성관계가 없으면 부부 생활을 유지하기 쉽지 않습니다. 그런데 이 부부에게는 부부간에 누려야 할 진정한 성이 결여된 상태입니다.

이들은 어린 시절부터 오누이처럼 편안하게 지내다 보니 서로에게 성적인 매력을 크게 느끼지 못했지만, 그래도 연애를 하며 자연스럽게 결혼까지 하게 됐습니다. 그런데 남편이 뒤늦게 다른 여성에게 성적 매력을 느끼고 헤어나오지 못한다는 문제가 발생했습니다. 이들 부부가 성관계를 하지 않은 것도 아닙니다. 하지만 그건 가정을 지키기 위한 일종의 의무감 같은 행위였습니다. 남편은 좀 더 적극적으로 성관계를 하고 싶고 부인이 자신에게 다가와주길 바랐습니다. 그러나 부인이 워낙 성적으로 소극적이다 보니 그들의 침실 생활은 무덤덤한 일상이 되어버렸던 터입니다. 부부 사이에 성관계가 즐거움이 아니라 일종의 의무처럼 덤덤하게 느껴지는 건 문제입니다. 게다가 한쪽이 성적인 즐거움에 눈을 뜨고 배우자가 아닌 타인에게서 그것을 찾고 있으면 더 심각한 문제이지요.

남편은 가정을 유지하면서 성의 쾌락은 다른 곳에서 찾겠다고 생각하지만, 이러한 이중 심리는 결혼 생활에서 절대 허락될 수 없습니다.

부부에게는 부부 상담 이외에 성의학 클리닉을 권했습니다. 남편은 외도를 통해 자기 부부에게 무엇이 필요한지 알게 되었으니, 이제 부인과 함께 그 필요를 충족시키기 위해 노력해야 합니다. 부인에게 그간의 성생활에 있어 아쉽고 어려웠던 점을 담담하게 표현하고 함께 노력해보길 권해야겠지요. 그리고 부인도 그동안 가지고 있던 종교적인 관념으로 남편의 요구를 밀쳐내지만 말고, 육체적 관계를 통해 부부 사이를 더 돈독하게 할 수 있다는 점을 깊이 생각해봐야 합니다.

남편과 부인에게 한 가지씩 과제를 주었습니다.

먼저, 남편에게는 현재 외도 중인 여성과 철저하게 관계를 청산할 것을 요구했습니다. 배우자에게 성적으로 만족하지 못한다고 해서 외도가 합리화될 수는 없습니다. 따라서 남편에게 외도를 하는 대신 다른 부분을 더 충실하게 보충하면 된다는 것은 이기적인 생각일 뿐이며, 부인을 기만하는 행위임을 인식하도록 했습니다. 남편은 외도로 인해 자신의 영혼에도 상처를 주고 있다는 것을 알아야 합니다. 또한 배우자의 지속적인 외도로 인해 부인이 얼마나 고통스러울지를 외면한다면 어떠한 문제도 해결되지 않는다는 것도 인식해야 하고요. 이러한 부분을 남편은 바로 수긍하며 인정했습니다.

부인에게는 남편의 외도 관련 동영상과 사진, 이메일 등을 폐기하도록 권유했습니다. 위치 추적도 그만두라고 했고요. 결혼 생활을 유지하려는 마음이 있다면, 자신을 위해서라도 당장 이를 실천해야 합니다. 남편의 외도에 상처 받은 심정은 충분히 이해하지만, 이러한 증거물을 수시로 들춰보는 것은 상처 치유에 전혀 도움이 되지 않습니다. 그리고 남편의 행적을 눈으로 확인해야만 믿을 수 있다면, 결혼 생활을 더 이상 유지할 수 없습니다. 한마디로 외도 증거물과 위치 추적은 부부에게 독이 되고 있습니다. 독을 품고 있으면서 부인은 절대 자유로운 존재가 될 수 없겠지요.

부부는 각각 과제를 지키기로 약속했고, 성의학 클리닉도 찾겠다고 했습니다. 상담을 마치고 이 부부는 다시 상담실을 찾지 않았습니다.

성 클리닉을 통해 서로에게 만족할 만한 성과를 거두었는지, 남편이 외도를 멈추고 부인도 위치 추적을 그만두었는지는 잘 모르겠지만, 이들 부부에게는 '성관계' 못지않게 오랜 세월 끈끈하게 이어준 끈이 있기에 모든 것을 극복하고 회복했으리라 믿습니다.

   부부의 성관계는 몸으로 하는 대화라고 할 수 있습니다. 자신의 생각과 느낌을 말로 전달하며 친밀감과 소통의 기쁨을 느끼듯이, 몸으로 하는 대화에서도 상대방의 느낌을 확인하고 자신이 더 원하는 것이 있다면 요구해볼 필요가 있겠습니다. 또한 부부의 침실에서는 성관계라는 행위만이 이루어지는 것이 아니라, 대화와 함께 서로를 더 깊이 사랑해주는 풍부한 스킨십도 필요합니다. 그리고 이러한 부부만의 시간은 많을수록 좋겠지요.

나를 피하는 남편

성생활이 부담이 되어버린 부부들

침대에서 다가오는 아내가 부담스럽다

안다, 아내가 얼마나 힘든지……. 이미 그녀는 우울증에 걸렸는지도 모른다. 몇 달 전만 해도 먼저 대화도 시도하고, 함께 외출하자고 하곤 했는데 지금은 모든 걸 포기했다는 듯한 태도다. 아내에게 미안하고 비겁한 나 자신이 싫다. 왜 이렇게 되었는지 정말 나도 알고 싶다.

아기를 낳기 전까지만 해도 우린 문제없는 부부였다. 만삭일 때도 아내가 그렇게 사랑스럽고 예쁠 수가 없었다. 그 전에는 물론 말할 것도 없다. 남들 못지않게 열정적으로 사랑했고, 그만큼 아기를 낳기 전까지 성관계도 정열적으로 했다. 다만, 아기를 낳고 여느 집과 마찬가지로 갓난아기 돌보느라 정신이 없어 성관계를 생각할 겨를이 없었다. 그래도 큰 문제없이 잘 지냈다. 나는 변함없이 아내를 사랑하고, 육아와 살림 모두 잘해내는 모습에 고맙고 미안한 마음이었다.

　그렇게 잘해나가고 있다고 여겼는데 생각지도 못한 문제가 생겼다. 어느 날부터인가 아내가 침대에서 내게 다가오는 게 겁이 났다. 잠자리 사인이라도 보내면 나도 모르게 외면하고 피하기까지 했다. 발기도 잘 되지 않고 왠지 자신도 없다. 어쨌든 이런 내 심정을 어떻게 아내에게 전달해야 할지 정말 모르겠다. 하루 이틀도 아니고 진짜 미칠 노릇이다. 성관계를 피하는 나 때문에 아내가 많이 상처 받았다는 걸 알지만, 나도 어떻게 되지 않는 부분이다. 비뇨기과에 가보자는 아내 말도 뒤로 하고 그냥저냥 시간만 보내고 있는 실정이다.

여자로서 얼마나 상처를 받았는지 모른다

　한참 전부터 남편에게 비뇨기과 진료를 권했다. 혼자 가기 좀 그러면 함께 가자고까지 했다. 여자로서 자존심도 상했지만 큰 용기를 내서 말한 건데, 차일피일 계속 미루고만 있다. 사실, 비뇨기과에 가면 해결될 문제인지, 무엇 때문에 남편이 그러는지 답답해서 마지막이라는 심정으로 부부 상담실을 찾았다. 둘 다 젊은데 아기만 바라보며 이렇게 계속 사는 건 아닌 것 같다. 남편은 이 문제를 풀어보려는 의지도 없는 것 같아 한편으론 나만의 문제인가 싶기도 하다.

우리 부부는 출산 후 아이가 네 살이 되도록 성관계를 제대로 한 적이 없다. 언제나 내가 먼저 다가갔고, 그럴 때마다 그는 물러서곤 했다. 어쩌다 성관계를 하게 되더라도 발기가 안 되는 건 차치하더라도, 하고 싶지 않은데 억지로 하는 것이 역력했다. 그때마다 여자로서 얼마나 상처 받았는지 모른다. 시간이 갈수록 상처는 점점 깊어가고 있다. 내가 어쩌다 이렇게 됐나 싶은 생각에 가만히 있어도 눈물이 주르륵 흐른다. 천진난만하게 놀고 있는 아이를 보면 우울한 마음이 더 심해진다. 아이를 갖기 전에는 그러지 않았던 남편이었는데…….

연애 때나 결혼 초기에는 지금 같지 않았다. 스킨십이나 성적 표현도 적극적으로 했고, 그런 표현을 통해 나를 얼마나 사랑하는지 보여주고 싶어했다. 언제나 내게 팔베개를 해주고, 잠자리에서 한시도 떨어져 있길 싫어하던 사람이었다. 남편의 가정적이고 자상한 모습에서 사랑을 느끼고, 성관계를 통해서도 그 사랑을 더욱 체감하곤 했다. 하지만 출산 이후 모든 게 달라졌다.

솔직히 출산 후 나도 몸을 추슬러야 하고, 초보 엄마로서 아이한테 신경을 쓰느라 남편에게 소홀했던 건 사실이다. 출산 전부터 방송 매체나 관련 책을 통해 임신 기간이나 출산 직후 부부 관계에서 남편이 욕구 불만을 느낄 수 있다는 점을 봤기 때문에 이 부분에 대해서 신경을 써야겠다고 마음은 먹었다. 하지만 막상 출산을 하고 나니 어쩔 수 없이 남편보다 아이에게만 신경을 쓰게 되었다. 그런데 그것이 이런 결과를 낼 만큼 잘못한 일이었을까?

남편에게 미안한 마음에 내가 먼저 다가가려고 노력했다. 혹시나 출산 후 몸매가 망가져서 성적 매력이 없어진 게 아닐까 싶어 열심히 다이어트도 했고, 홈쇼핑에서 야한 속옷도 사 입고 정말 유치하게 유혹도 해봤다. 심지어 친정엄마한테 아기를 맡기고 둘만의 여행도 해보고 데이트도 해봤지만, 뭔가 매우 부족함을 감출 수가 없었다. 남편은 괜찮다고 한다. 하지만 왜 나는 괜찮지가 않을까?

피곤하다며 멀리하고 미안하다며 거절하는 남편을 보며 나는 점점 병들어가고 있는데, 내 마음을 알고나 있을까? 내가 무슨 성관계를 못해서 안달난 여자도 아닌데, 표현할 수 없는 이 께름칙한 마음을 어떻게 털어버릴 수 있을까?

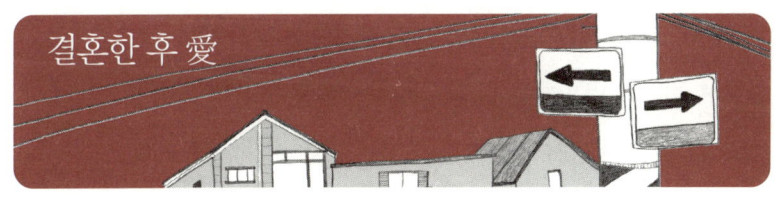

결혼한 후 愛

어느 날부터 아내가 여자로 보이지 않는 남편

아무리 젊은 부부라도 이런 문제로 부부 상담실을 찾기는 쉽지 않습니다. 연애결혼을 하고 별다른 문제없이 잘 살아왔기 때문에 갑자기 찾아온 생각지 못한 시련에 이들은 매우 힘들어했고, 그래서 어떻게든 극복해보고자 용기를 내서 문을 두드렸을 터입니다.

서로 사랑하고 있는 젊은 부부의 성관계를 어렵게 하는 원인이 도대체 무엇일까요? 어느 날부터인가 부인과의 성관계가 제대로 되지 않자, 남편은 자신이 남자 구실을 못하게 된 건가 하고 겁이 덜컥 났습니다. 그래서 나름대로 개선해보고자 노력했습니다. 하지만 이젠 그 노력도, 시도도 할 수가 없는 지경에 이르렀습니다. 남편은 부인이 곁으로 다가오면 온몸이 긴장되고 무엇보다 발기가 되지 않았다고 합니다. 말을 안 하고 표현을 제대로 안 해서 그렇지, 부인보다 남편이 이런 상황을 더 걱정하고 있었습니다.

남편은 아내가 실망하는 모습을 보면서 심리적으로 더 위축되고 힘들었으며, 스스로도 인정하고 싶지 않은 자신의 신체 변화에 괴로웠다는군요. 그런데 우연히 친구에게 받은 야동을 보고 정상적으로 발기하고 예전처럼 성욕을 느끼는 자신을 발견하고 놀라기도 했고 한편으론 안도했습니다. 비뇨기과에 가서 검사를 해보자고 해도 미룰 수밖에 없었던 건 이 때문이기도 했습니다. 정상인데 아내와의 관계만 잘 되지 않는다는 걸 알게 되면 아내가 더 상처를 입을 것이라고 걱정한 것이지요.

남편에게 신체적인 문제가 없다면 심리적인 이유가 있을 것입니다. 이들의 성관계를 소원하게 했던 출발점은 부인의 출산이었습니다. 상담을 통해 남편이 부인의 출산 전 과정을 지켜본 것과 부인과의 성관계시 신체 반응이 관련 있음을 알게 되었습니다. 사실 젊은 부부의 상담 케이스에서 이런 유사 상황은 꽤 있습니다.

요즘, 산부인과에서는 출산할 때 남편이 함께하는 것을 당연한 일로 받아들입니다. 이 부부도 남편이 부인의 출산 과정을 함께했습니다. 남편은 고통스러워하는 부인을 지켜보며 안타까운 마음에 같이 울기도 했고, 그 고통 속에서 탄생한 사랑스러운 아기를 보며 그 경이로움에 또 한 번 울었습니다. 의료진이 지켜보는 가운데 부인과 핏덩이 아들을 연결하고 있던 탯줄도 직접 잘라주며, 힘든 과정을 잘 견디어낸 부인에게 고마워했습니다. 그리고 앞으로 아내에게 더 잘해주어야겠다고 다짐도 했습니다. 출산 과정은 정말 모든 것이 신기하고 경이로웠습니다. 하지만 이 모든 것이 아름다운 것만은 아니지요.

아내의 고통에 일그러진 얼굴, 의료진 앞에서 거의 벌거벗은 모습으로 죽을힘을 다해 버둥거리는 몸짓, 그리고 쏟아져 내리는 피와 그 피 범벅을 뚫고 나오는 아기……. 충격적으로 다가온 이 모든 장면이 남편의 내면에 자리를 틀고 앉아 내내 괴롭혔습니다. 부인과의 성관계 때마다 성적 희열이나 즐거움보다는 출산 장면이 그의 의식을 지배하고 있어 몸이 경직될 수밖에 없었습니다. 출산 장면을 지켜본 남편에게는 성관계를 하게 되면 또다시 부인이 아프고 고통스러울 것이며, 자신 역시 그 장면을 또다시 지켜봐야 한다는 생각이 남아 있었습니다. 특히, 출산시의 생생한 장면이 부인의 벗은 몸을 보면 더 가중되어 괴로웠습니다. 출산할 때 부인도 굉장히 고생을 많이 했지만 옆에서 남편도 큰

고생을 한 셈이지요.

탯줄을 잘라줘야만 좋은 아빠가 되나

남편이 부인의 출산을 지켜보는 것은, 출산의 과정을 함께하기 위한 좋은 취지입니다. 부부가 함께 아기를 잉태한 후, 임신 기간 동안 함께 태교에 힘쓰고 출산 때도 같이 고통을 감내하며 아기를 맞이하는 고귀하고 거룩한 마음은 그 어디에도 비길 수 없이 소중합니다. 나도 이러한 과정을 통해서 세상에 나왔겠구나 하면서 자신의 생명도 귀하게 생각하며 다시 한 번 돌아볼 수 있고, 어머니에 대한 감사한 마음도 되새길 수 있는 좋은 기회가 되겠지요.

하지만 이 부부처럼 모두에게 다 괜찮은 것은 아닌 듯합니다. 좋은 뜻이 있는 것과는 별개로 부부 관계에서 큰 부분을 놓치게 될 수 있으니 말입니다. 출산을 지켜본 남편들 중에 부인에게 여성으로서의 매력을 잃는 경우를 종종 봅니다. 여자라기보다 지켜줘야 할 누이, 혹은 엄마처럼 느껴진다고 말하는 사람도 있습니다. 실상 부인은 자신의 출산 장면을 직접 보진 못하기 때문에 오히려 남편보다 충격적인 장면에 대해서는 모를 수 있습니다.

지인 중에 산부인과 의사가 있는데 그분 역시 이런 상황에 대해 잘 알고 있었습니다. 그렇다면 환자들에게 이러한 위험 상황도 알려주고 있느냐고 물었더니, 문제는 알려줘도 젊은 부부들은 출산을 반드시 함께하겠다고 고집하는 경우가 대부분이라고 합니다. 산부인과 의사 입장에서는 산모와 가족의 뜻에 따라주어야 하기 때문에 끝까지 막지는 못한다더군요.

그렇다면 부부가 출산의 과정도 함께하고, 혹여나 남편에게 충격을 줄 수 있는 상황은 배제할 수 있는 절충안을 찾아볼 수도 있지 않을까요? 절충하는 방법을 산부인과에서 마련해주기도 합니다. 남편은 부인 곁에서 지켜서 있고 의료진이 있는 방향으로는 커튼이나 칸막이가 된 채로 출산을 하는 경우가 되겠지요. 그리고 탯줄은 얼마든지 아기 아빠가 자를 수 있도록 의료진이 배려하는 것입니다.

과거에는 남편이 출산 과정에서 제외되었지만, 지금은 임신 전후뿐만 아니라 분만 과정에도 남편이 참여하는 것이 자연스러워졌습니다. 그런데 이 부부처럼 분만 과정에 대해 잘 모르면, 분만의 후유증으로 부부 관계에 좋지 않은 영향을 줄 수 있음을 알아야 할 것입니다. 이 남편처럼 부인의 출산 장면을 보고 충격을 받는 경우도 있겠지만, 부인 입장에서도 출산의 과정을 남편에게 보여주고 싶지 않을 수 있습니다. 남편이 함께 있어 심리적인 안정을 찾을 수 있으면 괜찮지만, 그렇지 않은 경우도 생각해봐야 합니다. 게다가 출산 후에는 심리적 변화가 생기고 달라진 몸매 때문에 스트레스를 받는데, 거기에 출산 과정을 지켜본 남편이 자신을 여자로 보지 않는 것 같으면 매우 불안해질 수 있습니다.

남들이 다 하니까 추세라니까 그저 따라하는 것이 아니라, 미리 분만 과정에 관한 책이나 비디오를 보고 공부해가며 남편의 참여 여부를 정하는 것이 좋겠습니다. 모르고 갑자기 경험하는 것보다 미리 알면 아무래도 도움이 되겠지요. 그리고 혹시나 자신이 없는 남편이라면 분만실에 들어가지 않기를 권유합니다. 꼭 아이가 나오는 것을 눈으로 직접 보고 탯줄을 잘라야만 좋은 아빠가 되는 건 아니니까요.

결혼 전이 문제라고

자신의 약점 때문에 배우자를 의심하는 투사 심리

남편과 마주하면서 지내는 건 고역이었다

대학과 대학원을 졸업하고 사회생활을 시작한 지 얼마 되지 않아 지금의 남편을 만났다. 지인의 소개로 만난 그는 첫 만남 때부터 예의 바르고, 올곧은 사람이라는 인상을 주었다. 공무원이라는 안정적인 직업에 우리 부모님도 매우 마음에 들어하셨다. 나는 남편도 남편이지만 시아버지의 중후하고 점잖은 모습을 보고 나중에 그도 저렇게 멋있게 나이 먹어가겠구나 싶어 더욱 마음에 들었다. 시집 쪽에서도 나를 예뻐해 주셨고, 서른 살 이전에 딸내미를 시집보내고 싶어하는 친정 분위기에 휩쓸려 연애 기간을 길게 갖지도 못하고 결혼을 결정했다. 그러고 보니 결국 만난 지 3개월 만에 결혼 날짜를 잡고, 모든 것이 일사천리로 진행되어 6개월 만에 결혼을 한 셈이 되었다.

　많은 사람의 축복 속에서 행복한 미래를 약속하는 남편의 속삭임을 믿고 나는 내내 그렇게 행복하게 살 거라 믿었다. 눈이 시릴 정도로 아름다운 푸른 바다에 밝고 따사로운 햇빛 가득한 휴양지로 신혼여행을 갔다. 그곳에서 우리는 정말 첫날밤을 보냈다. 나는 물론 남편도 긴장했다. 그동안 점잖은 성격으로만 알고 있었던 그는 조금은 거칠게 내 몸을 훑었고, 그런 모습이 당황스러워 나는 더욱 긴장을 할 수밖에 없었다.

　그런데 내 몸 위에서 거친 숨을 몰아쉬던 남편이 문득 멈추더니 "그동안 성관계를 얼마나 해본 거지? 몇 명이랑 했어"라며 낮은 목소리로 거북한 질문을 해왔다. 어처구니없어 아연실색해 있다가, 겨우 "무슨 소리예요? 뭐라고 하는 거예요?"라고 불쾌감을 표시했다. 하지만 남편은 내 성기와 유두가 경험이 많은 여자의 것이라고 했다. 특히 색깔이 이를 증명하는데 성기의 색이 검은빛을 띠고 탁하다며 경멸하는 눈빛으로 바라보더니, 이내 욕실 문을 쾅 닫고 들어가버렸다. 이때부터 나의 고통스럽고 불행한 결혼 생활이 시작된 것이다.

　대학원 시절 교제한 남자 친구가 있었다. 그와 성관계를 했던 건 사실이다. 그러나 남편의 주장처럼 많은 남자를 만나거나 문란하지는 않았다. 당시 남자 친구를 진심으로 사랑했고, 인연이 아니어서 헤어지긴 했지만 단 한 번도 그와의 관계를 후회한 적이 없었다. 그런데 그 친구와 성관계를 한 게 사실이기 때문에, 남편의 말도 안 되는 주장에 반박

한번 제대로 할 수가 없었다.

남편은 첫날밤 이후 지금까지 결혼 전 경험이 많은 여자를 어쩔 수 없이 데리고 산다는 식으로 행동했다. 시집에 갈 때건 친정에 갈 때건 기고만장한 태도로 일관하고, 나는 큰 죄를 지은 사람처럼 주눅 들어 있다. 생활이 이렇다 보니 나는 모든 일에 자신감을 잃고 매일 울면서 지내다시피 하다가 결국 다니던 회사까지 그만두어야 했다.

그렇다고 우리 부부가 성관계를 안 하는 것도 아니다. 하지만 남편은 그때마다 어쩔 수 없다는 듯, 마치 동정이라도 하듯 대충 시늉만 하다가 돌아서서 욕실로 들어가버린다. 그때마다 모멸감으로 죽어버리고 싶다. 내가 왜 이런 대접을 받아야 하는지, 혼전 성경험이 이토록 잔인한 벌을 받을 만큼 잘못한 일인지 모르겠다. 이렇게 계속 지내다가는 미쳐버릴 것 같다. 차라리 혼자 사는 게 낫지 이건 사람의 삶이 아니다.

결혼한 후 愛

혼전 경험은 현재 남편과 상관없는 일

30대 초반 부인의 고운 얼굴에 어울리지 않는 그늘이 드리워 있어 참으로 안타까웠습니다. 남편에게는 우울증 치료를 받는다고 말하고는 이곳으로 향했다고 합니다. 물론 부부 상담은 남편과 부인의 이야기를 다 들어봐야 하지만, 이들의 경우 남편은 상담에 오지 않을 것이 자명합니다. 그래서 남편에게는 부인의 개인 상담을 위해 필요한 심리 검사지 만큼은 작성해주길 권유하고, 부인의 개인 상담만 진행했습니다.

부인은 죄책감과 억울함 그리고 자신에 대한 원망으로 상담 당시 아무것도 할 수 없을 만큼 무기력한 상태였습니다. 그녀는 첫날밤 남편의 말 한마디에 치명상을 입고 결혼 생활 내내 상처 속에 살고 있었으며, 남편은 그 상처를 매일매일 후벼 파며 아물지 못하도록 했습니다. 한마디로 부인은 남편에게 약점을 잡혔고, 남편은 그 약점을 이용해 부인을 쥐락펴락하고 있는 듯한 인상이었습니다. 이런 관계는 부부 사이에서는 말도 안 되는 것입니다. 부부는 상대를 평가하거나 잘못을 지적하고 벌을 주어서는 안 되는 관계이기 때문입니다. 아무리 부부라도 서로에게 그렇게 할 자격이 없습니다.

부인은 결혼 전 다른 남자와의 교제와 성관계를 말로는 후회하지 않는다고 하지만, 스스로 죄책감을 느끼고 주눅 들어 있습니다. 부인 스스로 자신의 혼전 성관계에 대한 개념을 재정립할 필요가 있습니다. 남편에게 예전의 이성교제와 성관계에 대해 친절히 설명할 필요도 없고, 결혼 후 외도를 한 것도 아니기 때문에 그 일에 대해서는 떳떳해야 합니다. 부인이 결혼 전 열 명의 남자를 만났더라도 남편과는 전혀 무관한 일이며, 남편 역시 결혼 전 몇 명의 여자를 만났든 부인과는 무관합니다. 따라서 남편이 성관계시 혼전 경험을 운운할 경우, 남편의 얼굴을 똑바로 마주하고 눈을 응시하며 분명히 말해야 합니다. 당신 이전에 다른 남자와의 관계는 당신과 상관이 없으며, 당신을 만난 이후 나는 당신에 대한 예의와 지조를 분명히 지켰다고 말입니다. 그리고 남과 다른 신체 특징에 대해 당신에게 평가받을 이유가 없다고 당당히 밝혀야 합니다. 사람마다 얼굴 생김새와 피부색이 다르듯 성기 모양과 색깔 역시 천차만별인데, 이를 가지고 이러쿵저러쿵 말하는 것 자체가 참으로 옹졸합니다. 부인이 이렇게 당당하게 말해야만 남편의 잘못된 인식을 바로잡을 수 있음과 동시에, 두 사람 다 이 일로 더 이상 흔들리지 않게 됩니다.

남편의 투사 심리

부인을 통해 받은 남편의 심리 검사지를 분석해본 결과, 그는 보수적인 면이 강했으며 완벽을 추구하는 강박성과 의심이 많은 것으로 판단되었습니다. 부인 말로는 남편이 사회적으로 유능하며 대인관계 역시 좋은 편이라고 했는데, 표면적으로는 그렇게 보일지 몰라도 실제 남편은 내면적으로 그렇게 편안한 사람이라 보기 어려웠습니다.

남편의 심리 검사지와 부인과의 상담, 그리고 여러 가지 정황을 종합해보니, 그가 성기능에 그다지 자신이 없는 사람이거나 발기부전 증세를 갖고 있을지도 모른다는 의심이 들었습니다. 성관계시 피스톤 운동의 리듬이 그다지 길지 않고 사정을 하는 일도 거의 없으며, 삽입조차 제대로 했다는 느낌이 묘연하다는 부인의 말이 이를 뒷받침해주는 증거였습니다. 성 의학전문가가 아니기 때문에 확신할 수는 없지만, 그리고 남편과의 상담이 이루어지지 않았기 때문에 확실치 않지만, 이 남편의 경우 자신의 성기능 문제를 부인 탓으로 돌리는 투사 심리가 있는 듯했습니다.

투사 심리는 일종의 방어기제로, 자신이 가진 좋지 않은 충동의 원인을 다른 사람의 탓으로 돌리는 것입니다. 즉, 남편의 경우 성기능에 자신이 없는 문제가 드러나는 것이 두렵고, 인정하는 것 역시 괴로워 성관계가 잘 되지 않는 원인을 부인의 혼전 성경험으로 돌리는 것이 아닐까 하는 생각을 떨치기 어렵습니다.

자신감과 자존감 회복

남편의 투사 심리 때문에 상황이 이렇게까지 되었든 아니든, 이런 상황에 부인의 대처 자세가 아쉬웠던 것만은 분명합니다. 그래서 상담 과정에서는 남편의 투사 심리에 대한 문제보다는 부인의 자존감 회복에 중점을 두었습니다. 몇 회기 상담이 진행되면서 부인은 요즘 젊은 세대다운 자신감을 점점 회복해나갔습니다. 객관적인 입장에 있는 사람의 말에 힘을 얻어 그간 일방적으로 당한 부당하고 억울한 감정을 하나하나 풀어나가며 자존감을 회복해나갔습니다. 그리고 상담을 통해 확신한 자신의 의사를 남편에게 또박또박 전하기 시작했습니다.

　무기력한 생활에서 벗어나 자신을 찾기 위해 첫 번째로 선택한 것은 일을 갖는 것이었습니다. 그녀는 남편에게 주눅 들지 않고 당당한 태도로, 취직자리를 알아보고 있어서 바쁘니 직접 저녁을 해먹고 설거지까지 다 해줬으면 좋겠다 말하고, 며칠 동안 일자리를 알아보러 다녔습니다. 매우 불쾌한 심정을 드러내며 불만을 토로하는 남편을 향해 배우자로서 격려해줬으면 좋겠다. 그리고 당신은 누구보다 똑똑하고 반듯한 사람이라 우리가 인격적으로 동등한 부부라는 것을 잘 알 터이니 마땅히 나에게 협조해줄 것으로 기대하고 있다고 차분하게 얘기했습니다. 그러자 남편은 아무 말도 하지 못했다고 합니다.

　두 번째로 부인은 남편의 성 문제를 전면으로 드러냈습니다. 그간 2년 동안 한 번도 제대로 발기가 되었다는 느낌을 못 가졌는데, 함께 행복한 결혼 생활을 영위하고 싶으니 같이 비뇨기과 진료를 받으러 가길 원한다고 말한 것입니다. 그래야 진정으로 행복한 결혼 생활을 할 수 있음을 강조하면서 말이지요.

　어찌 보면, 이제는 남편이 괴로울 차례가 되었는지도 모릅니다. 지금까지는 비뇨기과 진료에 대해 이렇다 할 말이 없는 남편이지만, 이전과는 태도가 많이 달라져 부인은 참 다행이라고 했습니다. 벌써 그 정도 변화되었다면 앞으로 남편에게 부인의 진정성이 좀 더 전해진다면 부부는 분명 더 나은 삶을 맞을 수 있을 거라 봅니다.

과거보다 현재가 중요하다

부부 사이에 간혹 배우자의 혼전 이성교제에 대해 운운하는 경우가 있습니다. 그런데 이런 문제는 입에 담는 순간 분란거리가 될 수밖에 없습니다. 심하면 결국 의부증, 의처증으로까지 발전하게 됩니다. 실제 젊은 부부들 중 개인 홈페이지나 블로그, 각종 카페와 동호회 등등 여러 가지 형태의 사이버 공간에서 배우자의 지난 추억을 역추적해 어느 사이트에 어떤 글을 남겼고 몇 년 전 어떤 이성 친구와 어떤 사진을 찍었는지까지 밝혀내는 사람이 있습니다. 현재 결혼 생활과 무관한 과거의 일을 걸고넘어지며 서로에게 괴로운 상황을 만드는 것은 참으로 안타까운 일입니다.

이는 자신의 피해의식에서 나온 행동입니다. 혹시나 나를 떠나지는 않을까, 나를 배신하는 건 아닐까, 하는 피해의식 때문에 배우자를 속박하고 괴롭히는 것이지요. 그리고 자신 없는 본인을 숨기고 내가 봐줄 테니 나한테 더 잘해라 식의 왜곡된 메시지를 보내기도 합니다. 이런 상황이라면 대응이 상당히 중요합니다. 의존적 성격을 갖고 있는 사람의 경우 이럴 때 문제를 본인에게 투영해서 죄책감을 갖곤 하는데, 절대 그래서는 안 됩니다. 그리고 의심하는 배우자에게 지금은 연락을 하지 않는다, 그렇게 깊은 관계가 아니었다, 예전에 사귄 것은 맞지만 지금은 생각도 안 난다 식으로 부정하며 그 관계를 설명하게 되면 결국은 배우자의 의도에 휘말리게 된다는 걸 알아야겠습니다.

이런 경우에는 당황하거나 죄책감을 갖지 말고, 자신의 지난 교제에 대해서 당당하고 의연한 마음을 가질 필요가 있습니다. 자신에게 정직한 마음 자세로 내면의 소리를 듣고 그에 합당한 행동을 하는 것이 맞습니다. 그리고 배우자의 본심이 무엇인지 생각해보아야 합니다. 즉, 과거를 운운하는 배우자의 불안 심리를 읽어야 한다는 말입니다. 배우자는 현재 당신에게 그 누구보다 사랑과 관심을 받길 원하고, 최고로 보이길 바라고 있습니다. 그 심정을 헤아려 "당신이 내게 유일한 사랑이고, 그것이 진심이었기 때문에 부부의 연을 맺었다"고 말해주십시오. 그렇게 현명하게 위기를 서로의 사랑을 다시 한 번 확인하는 시간으로 탈바꿈시켜보십시오. 얼마든지 가능한 일입니다.

남자는 힘

혼자 만족하기보다 함께 행복할 수 있는

내가 언제 무너질지 겁이 난다

"부부가 한 방을 써야지, 왜 걸핏하면 애들 방에서 자는 거야?"

남편의 고함 소리가 늦은 밤 집 안을 쩌렁쩌렁 울린다. 어디서 코가 비틀어지게 마시고 들어와서는 안방에 내가 없는 것을 확인하고 이렇게 소리를 질러댄다. 그가 걸어 다니는 소리만으로 거친 공포가 몰려온다. 놀라 깨어난 아이들을 안아 진정시키고 "엄마가 아빠랑 얘기하고 올 테니까, 이불 덮고 코 자고 있어"라고 웃어준다. 큰 아이가 슬픈 표정으로 고개를 돌리며 동생을 다독인다. 그런 큰 아이가 이제 일곱 살이다. 동생을 다독이는 고사리 손이 너무 가늘어 안쓰럽다.

아이들 방에서 나온 나는 죽으러 가는 심정으로 안방으로 향한다. 그래, 난 산 송장이다. 차라리 죽은 목숨이라 생각하자. 내가 감정이 있는 살아 있는 인간이라는 생각을 하면 남편에게 몸을 대주지 못한다. 남편은 부부니까 성관계를 하는 것은 당연한 의무라고 그래야 사랑도 생긴다고 말한다. 하지만 그런 남편에게 나는 욕지기가 치민다. 부부의 사랑이라니…… 최소한의 예의도 없는, 내 의사와 상관없는 성관계는 엄연한 폭력이다. 남편은 내가 거절하면 고래고래 소리를 지르고 성질을 내며 물건을 집어던진다. 그러면 집안은 공포의 도가니다. 아이들을 공포에 떨게 하느니 차라리 내가 참고 대주고 마는 게 낫다.

남편은 매일 성관계를 요구한다. 정말 하루도 쉬지 않는다. 가끔 이런 내 모습이 슬퍼 접대부들의 삶은 이보다 더 비참하겠지 하고 위로한다. 다른 집 부인들은 남편이 밖에서 바람이라도 날까봐 전전긍긍하겠지? 하지만 나는 남편이 다른 여자를 만났으면 좋겠다. 다른 집 남편들은 돈 좀 있으면 바람도 잘 피운다는데, 남편은 그런 주변머리도 안 되는 인간이다. 두 딸을 잘 키우기 위해 버티고 있는 내가 언제 무너질지 겁이 난다.

나는 아내를 사랑한다

마흔이 넘어 늦은 결혼을 했다. 내 나이 이제 곧 쉰인데, 이런 곳까지

와서 결혼 생활에 문제가 있네 하고 떠들고 있으니 정말 어이가 없다. 당최 내가 무슨 잘못을 했다고 마누라가 저러는지 모르겠다. 분명히 말하지만 난 아내와 두 딸을 사랑한다. 그리고 우리 가족이 행복하게 살기를 바란다.

그런데 아내는 늘 피죽도 못 얻어먹은 사람처럼 기운이 없고 얼굴은 늘 우거지상이다. 게다가 부부간에 당연히 해야 할 잠자리도 하기 싫어한다. 내가 성관계할 때마다 폭력적이라고 하는데, 매번 구걸하듯이 애원하는 데 지치고 자존심도 상하니 어쩔 수 없는 일이다. 사실 내가 성욕이 강하고 정력이 센 편이다. 성관계도 젊은 사람 못지않게 오래 잘할 수 있다. 한 번 할 때마다 한 시간은 할 수 있다. 부부니까 충분히 성관계를 즐기면서 할 수도 있는데 아내는 빨리 끝내라는 말뿐이다. 어디 한눈을 파는 것도 아니고 마누라와 애밖에 모르는 나 같은 가장이 어디 있다고 저러는지……. 요즘 같으면 내가 장가를 잘못 간 건 아닌지, 아내를 잘못 만난 건 아닌지 하는 생각이 든다.

나는 아내에게 도리를 다하고 있다. 그만큼 아내도 역할을 잘해줬으면 한다. 아버지한테 물려받은 재산이 좀 있어, 요즘 같은 불경기에도 우리는 어려움 없이 살고 있다. 아내는 이게 복인 줄도 모르는 여자다. 게다가 어려운 처갓집에 경제적인 도움까지 주고 있는데, 그럴 때만 고맙다 말하고 도대체 나를 남편으로 취급하지 않는다.

요즘 아내가 하도 우울해하기에 도대체 왜 그러냐고 했더니, 마지막 부탁이라며 끌고 온 곳이 여기다. 그래 이왕 왔으니 우리 부부 사이에 무슨 문제가, 아니 아내에게 무슨 문제가 있는지 알고라도 가야겠다.

결혼한 후 愛

부부의 성관계는 일상 관계에 따라 달라진다

부부간의 성관계는 건강하고 행복한 가정의 원천이자 핵심입니다. 따라서 성관계가 뜸하거나 아예 없다면 다시 회복하기 위해 노력해야 합니다. 그러나 서로에 대한 친밀감이나 사랑 없이 어쩔 수 없는 의무감 혹은 단순한 쾌락을 위한 것이라면 안 되겠지요. 부부간의 성은 부부의 일상 관계에 따라 달라질 수 있습니다. 왜냐하면 평소 나누는 대화와 행동 등이 상호 성욕과 성 기능에 영향을 주기 때문입니다. 따라서 성관계 이전에 일상에서 서로 존중하고 친밀한 관계를 유지하는 것이 필수적입니다.

부부의 성생활은 인격의 나눔, 그리고 자신의 가장 소중한 마음과 몸을 나누는 거룩한 행위입니다. 남편은 성을 통해 사랑을 말하고, 아내는 사랑의 감정을 통해 성을 말합니다. 그러므로 한쪽의 일방적인 강요에 의한 관계는 부인 말대로 폭력이라 해도 과언이 아닙니다.

남편이 폭력에 가까운 성관계에 집착하는 데는 이유가 있을 것입니다. 상담을 통해 그 이유를 밝혀봤습니다. 초등학교 때 그의 부모님이 이혼을 했습니다. 어머니는 그 후 바로 재혼을 해 떠났고, 그는 아버지와 함께 살았습니다. 그런데 그나마 아버지도 일 때문에 멀리 떠나시게 되어 고모 집에서 어린 시절을 보냈습니다. 고모 집에는 그보다 나이가 많은 사촌형이 두 명 있었는데, 어린 그는 형들 사이에서 늘 주눅 들어 있을 수밖에 없었습니다. 고모가 아무리 살뜰히 챙겨주더라도 언제나 어머니에 대한 그리움이 있었고, 자라면서 그것이 내면에 원망으로 자리 잡았습니다. 그러던 중 중학교 때 그는 사촌형 방에서 성인잡지를 보게 된 후 자위행위를 시작했습니다. 그는 그렇게 하고 나면 마음이 왠지 편안해졌고 그럴수록 매달릴 수밖에 없었다고 고백했습니다.

자라면서 부모에게 받은 애정과 스킨십의 정도에 따라 성장기 이후의 성적 관점과 관심도가 달라집니다. 부모의 관심과 사랑이 필요한 시기에 방치된 경우, 그 불안 심리를 자위행위나 잘못된 성행위를 통해 해소하고자 하는 욕구가 강하게 생기기도 합니다. 특히 남성에게 그런 경향이 강한데, 남편의 경우가 이에 해당됩니다. 게다가 어린 자신을 두고 떠나간 뒤 한 번도 찾아오지 않았던 어머니에 대한 원망까지 부인에게 투사하고 있었습니다.

어머니를 세상에서 가장 소중한 존재로 여겼고, 자신 역시 어머니에게 소중한 존재이길 바랐던 그는, 어머니 대신 부인에게 소중한 존재로 인정받고 싶어했습니다. 그래서 이를 확인하기 위해 성관계에 집착했고, 이를 통해 자신이 얼마나 괜찮은 남편인지를 매번 확인시키고자 했습니다. 이는 부부의 말을 통해 들은 성관계 패턴에서도 잘 나타납니다. 남편은 성관계를 시작하면 삽입 시간을 지속시키는 데 주력했는데, 이는 부인에게 자신이 성적으로 얼마나 능력 있는 사람인지 입증하기 위한 부담감 때문입니다. 부인이 싫은 기색을 보여도 남편은 겉으로 싫은 척할 뿐 속으로는 좋아할 것이라 여길 만큼 잘못된 생각을 가지고 있었습니다. 그의 이러한 집착은 일면 공격성의 또 다른 표출로, 내면의 불안과 낮은 자존감이 원인이라 할 수 있습니다. 남편은 성관계에서뿐만 아니라 일상생활에서도 부인과 상의하거나 배려하는 모습이 없습니다. 자녀들에게도 따뜻한 아빠의 모습을 보이지 못하고 가장으로서의 권위만을 내세웁니다. 그런데 이 역시 현재의 가족들에게서 분리되고 싶지 않은 애처로운 외침입니다.

사실 성관계에서 여성은 시간이나 양이 문제가 되지 않습니다. 여성은 따스하고 부드러운 스킨십과 대화 등으로도 충분히 교감하며, 과하지 않은 성행위로도 깊은 신뢰와 사랑을 느낍니다. 강한 남성임을 증명하고 싶어 음란 비디오를 통해 각종 체위를 심도 있게 공부(?)하는 남성들이 있습니다. 하지만 그런 음란 비디오를 만드는 사람은 결국 남성이기 때문에, 그런 걸 교재 삼아 백날 공부해봤자 여성을 만족시키지는 못합니다.

남편들에게 부탁하는데, 일방적인 방법이나 생각이 아니라 부인과 대화를 통해 서로 만족하는 성관계를 가져야 하겠습니다. "내가 어떻게 하면 좋아? 어떻게 하는 것이 만족도가 높아?" 성관계 때 이렇게 대화를 하며 서로를 알아가는 것이 혼자 공부하는 것보다 훨씬 좋은 효과를 냅니다. 그리고 여성들은 강한 남성을 증명하려고 하는 모습을 보면, 외면하기에 앞서 인정받고 싶어하는 마음을 이해하고 알아줄 필요가 있습니다.

일상의 작은 변화가 결혼 생활에 큰 변화를 가져온다

문제의 원인을 밝혀내면 의외로 해결 방법은 쉽게 찾을 수 있습니다. 이 부부는 특히, 남편에게 올바른 성 가치관을 심어주고, 자신이 현재 하는 행동이 그렇게도 지키고 보호하고 싶은 가정을 깨는 길임을 인식시키는 데 중점을 두었습니다. 부인은 남편의 상처를 상담을 통해 알게 되었습니다. 그리고 진작 남편의 깊은 아픔을 알았더라면 어루만져주었을 것이라고 안타까워했습니다.

강압적이고 폭력적인 남편 앞에서 부인들은 힘없이 무너지는 경우가 많습니다. 그리고 자식을 위해 묵묵히 참고 살다가 끝내 폭발하고 맙니다. 그러나 폭발하고 깨지기 전에 빨리 문제의 원인을 찾아 함께 풀어가야 합니다. 부부에게는 딸이 둘 있는데, 딸들은 어머니의 모습에서 자신의 미래를 찾습니다. 거칠고 폭력적인 남편에게 제대로 대응하지 못하고 힘없이 무너지는 어머니의 모습을 본 자녀들은 어려운 일이 닥치면 혼자 울고 참는 것이 최선이라는 가치관을 가질 수 있습니다. 그리고 남자나 결혼에 대해 부정적인 생각을 갖게 됩니다. 자녀들을 위해서라도 부부는 서로 부당한 것에 대해서는 부당하다 말해야 하며 적극적으로 대처해야 합니다.

이들 부부는 상담을 해나가며 일상의 여러 가지를 서로 조절해갔습니다. 임대 사업을 하면서 낮에도 집에 머물던 남편은 사무실 출근 시간을 규칙적으로 정했으며, 운동과 취미 활동을 통해 성에 대한 집착을 끊으려 노력했습니다. 그리고 부부간의 성관계는 서로의 의사를 존중하도록 했습니다. 게다가 남편은 가족을 위해 주말 식사 준비를 도맡겠다고 나섰습니다.

이러한 일상의 작은 변화가 이들 부부에게는 큰 변화를 일으켰습니다. 남편은 외로운 어린 시절부터 그렇게도 갖고 싶었던 화목한 가정을 갖게 되었고, 부인과 자녀들 역시 가정을 소중히 하는 자상한 남편과 아빠를 갖게 되었으니까요.

에필로그

나는 한 번도 월요병을 앓았던 적이 없다. 상담실을 찾는 부부들에게 정말 간절하고 감사한 마음이 들기 때문에 월요병 따위를 앓을 틈이 없었는지도 모른다. 누군가 듣기 좋은 얘기도 한두 번이면 족하다는데, 온종일 결혼 생활이 버겁다는 호소, 또는 이혼에 임박해 풀어놓는 절절한 이야기를 듣는 게 힘들지 않느냐는 질문들을 한다. 물론 부부 상담은 어려운 일이 분명하다. 특히 내담자 내면의 목소리까지 잘 들어야 하기 때문에 말을 하는 것보다 듣는 것이 훨씬 어려운 일임을 상담할 때마다 깨닫는다. 하지만 가장 갑갑하고 예민한 상황에서 나를 찾아온 부부들이 한 회, 한 회 상담을 거쳐 변화가 생기고 마음이 다시 이어지는 모습을 볼 때마다 내 일이 진정 의미 있는 일이라 생각한다. 부부도 부부지만 그 가정의 자녀를 살려내는 마음으로 이 일을 하는 것 같다.

상담실에는 어둑어둑한 늦은 오후에 짙은 선글라스를 쓰고 방문하는 분, 한여름에도 오한이 느껴진다며 긴팔을 입고 계시는 분, 불면증으로 며칠째 잠을 못 자 부석부석한 얼굴로 오는 분, 과다 수면으로 모든 의욕을 상실한 표정인 분들이 많다. 그런 분들을 볼 때마다 가슴 한 곳이 아려올 수밖에 없다. 나 역시 그런 증상들로 어려움을 겪었던 시간이 있었기 때문이다.

22년 전 동갑의 남자와 결혼한 후 14년을 함께 살다 나는 이혼했다. 실제 법정에서 이혼을 하는 과정이 오래 걸렸지, 결혼 생활을 더 이상 유지할 수 없는 지경에 이른 것은 순식간이었다. 끝나지 않을 것 같은 긴 터널을 빠져나오기까지 수많은 정신적인 고통을 감내해야 했다. 믿었던 사람에 대한 배신감과 분노, 무기력한 나에 대한 자괴감……. 그 힘든 과정을 거치면서 나와 아이들이 왜 이런 상황을 맞아야 하는지 알아야겠다는 강렬한 욕구가 일었다. 근본적인 이유가 무엇이며 왜 그 여파가 아이들에게까지 가야 하는지, 그 모든 것이 명료하지 않아 마음이 너무 힘들고 슬펐다. 결혼 생활이 삐걱거리기 시작할 즈음 누군가 어떻게 바로잡으면 된다고 조언해줬더라면 이 지경에 이르지 않았을 거라는 회한이 들었다. 무조건 위로해주고 내 편을 들어주는 가족과 주변의 지인이 아닌 객관적이며 전문적인 사람의 이야기도 듣고 싶었다. 하지만 어디서도 그런 조언을 들을 수 없었다.

어쩌면 나는 누군가 나와 같은 힘든 일을 겪기 전에 혹은 겪고 있다면 빨리 일어나게 하기 위해 이 일을 하고 있는지 모른다. 전업주부였던 나는 이혼의 고통을 겪은 후 당장 아이들과 먹고살 궁리를 하라는 친정의 염려를 뒤로하고 대학원에 진학해 상담심리를 전공했다. 슬픔과 분노, 원망만을 품고 삶을 망가뜨릴 수만은 없다는 깨달음과 누구보다 나 자신이 소중했고, 전적으로 내가 보호하고 잘 키워나가야 할 귀한 내 아들들이 있었기 때문이다. 이렇게 나는 그 누구보다도 결혼 생활의 행복과 불행의 원인을 안다. 그래서 고통의 저 밑바닥에서 어떻게 나와야 하는지, 방법이 무엇인지를 오늘도 내담자들과 함께 찾고 있다.

우리 사회는 유교 사상의 영향으로 가정을 유지하기 위해 자신이 희생하는 것을 당연하게 여겨왔다. 하지만 내 삶에서 가장 소중한 것은 바로 '나 자신'이라는 점을 생각할 때 결혼 생활에 있어서도 무엇보다 중요한 것은 나의 행복, 우리 부부의 행복이다. 나는 힘들고 아픈 마음으로 나를 찾는 부부들에게 "서로 좀 더 참고 희생하라"는 말 대신 "둘이 함께 행복할 수 있는 길을 찾아보자"라고 말한다. 책에서도 계속 강조했지만 결혼 생활에서 가장 중심이 되어야 하는 것은 부모님도, 자녀도 아닌 바로 부부 두 사람이다. 이 책을 읽는 독자들 역시 부부가 함께 행복해지는 길을 찾기 바라는 마음 간절하다.

출판사에서 책을 내자는 제의를 받고 많은 고민을 했다. 그간 여러 차례 출간 제의를 조심스럽게 물러왔던 터였다. 더 많은 분들에게 '부부 중심의 결혼 생활'에 대해 이야기해드리고 싶긴 했지만, 우선 어떻게 써야 할지 엄두가 나지 않았고 큰 산처럼 거대하게만 다가왔기 때문이다. 이렇게 오늘을 맞을 수 있었던 것은 이진영 편집장님 덕분이다. 이 책이 나오기까지 이끌어주고 기다려준 그분께 감사의 마음을 전하고 싶다. 그리고 오늘의 내가 있도록 크게 가르쳐주신 윤호균 교수님, 정남운 교수님, 장성숙 교수님, 심흥섭 교수님과 내가 제일 닮고 싶은 상담자 류진혜 소장님께도 진심으로 감사드린다. '이주은 부부 상담 심리센터'라는 개인 상담실을 열면서 처음부터 지금까지 온갖 궂은일을 도맡아 나를 보필해준 서정원 선생님께 하늘만큼 감사드린다. 아마도 서정원 선생님의 정성스러운 도움이 없었다면 지금의 나와 상담실은 없었을지도 모르겠다. 그리고 언제나 나를 지지해주고 깊은 우정을 나누는 내 소중한 친구들과 지인들, 특히나 소중한 이웃들과 함께 공부했던 수많은 선생님들에게 감사드린다. 마지막으로 내 삶을 지탱해주는 가장 든든한 지원군인 부모님과 형제들, 내 가족에게도 온 마음을 다해 감사한다. 나는 정말 정말 행복한 사람이다.

www.yesmind.net

이주은 부부 상담 심리센터

원장 이주은

국립중앙도서관 출판시도서목록(CIP)

나는 다른 사람과 살고 싶다 :
죽을 듯 사랑해 결혼하고 죽일 듯 싸우는 부부들의 외침 :
이주은의 부부 상담 에세이 / 지은이: 이주은. -- 고양 : 위즈덤하우스, 2011
 p. ;   cm

ISBN 978-89-5913-621-6 03810 : \12000

부부[夫婦]

332.23-KDC5
306.872-DDC21   CIP2011001311

나는 다른 사람과 살고 싶다

초판1쇄 발행 2011년 4월 8일 초판4쇄 발행 2013년 8월 1일

지은이 이주은 | **펴낸이** 연준혁

출판 6분사 분사장 이진영
편집 정낙정 박지숙 박지수 최아영 | **디자인** 강홍주
제작 이재승

펴낸곳 (주)위즈덤하우스 | **출판등록** 2000년 5월 23일 제13-1071호
주소 경기도 고양시 일산동구 장항동 846번지 센트럴프라자 6층
전화 031-936-4000 | **팩스** 031-903-3895
홈페이지 www.wisdomhouse.co.kr | **전자우편** wisdom6@wisdomhouse.co.kr
종이 월드페이퍼 | **인쇄·제본** (주)현문 | **후가공** 이지앤비

값 12,000 ⓒ 이주은, 2011   ISBN 978-89-5913-621-6 (03810)

• 잘못된 책은 바꿔드립니다.
• 이 책의 전부 또는 일부 내용을 재사용하려면
  사전에 저작권자와 (주)위즈덤하우스의 동의를 받아야 합니다.